人物访谈电视节目互动修辞研究

娄炜利 著

中国社会科学出版社

图书在版编目(CIP)数据

人物访谈电视节目互动修辞研究 / 娄炜利著.—北京：中国社会科学
出版社，2017.11

ISBN 978 - 7 - 5203 - 0555 - 6

Ⅰ.①人…　Ⅱ.①娄…　Ⅲ.①谈话 - 电视节目 - 语言艺术 - 修辞 -
研究　Ⅳ.①G222.3

中国版本图书馆 CIP 数据核字（2017）第 135664 号

出 版 人　赵剑英
责任编辑　宫京蕾
责任校对　李　莉
责任印制　李寡寡

出　　　版　中国社会科学出版社
社　　　址　北京鼓楼西大街甲 158 号
邮　　　编　100720
网　　　址　http://www.csspw.cn
发 行 部　010 - 84083685
门 市 部　010 - 84029450
经　　　销　新华书店及其他书店

印刷装订　北京市兴怀印刷厂
版　　　次　2017 年 11 月第 1 版
印　　　次　2017 年 11 月第 1 次印刷

开　　　本　710×1000　1/16
印　　　张　18
插　　　页　2
字　　　数　286 千字
定　　　价　78.00 元

目　录

第一章

绪　　论

第一节　选题缘起及意义

（一）选题缘起

众所周知，中华民族素有讲求口语修辞的优良传统：在古代，各诸侯国外交官员在彼此公务往来之时，就喜欢竞相引用《诗经》等文献来赋诗言志，藉以完成相关使命。诸子百家在民间开馆授徒之时，会时常灵活运用一些诸如讽喻、排比和引用等修辞手法来传道解惑。更有甚者，唐代一些僧众在开坛讲经之时，亦会或多或少涉及一些口语表达技巧。

时至今日，尤其到了人际沟通表现形态日益丰富多彩的 21 世纪，伴随着多种现代口语交流活动的蓬勃兴起，我国口语修辞学的研究范围更是日趋广泛。

于是，一方面为了能够更好地继承既有口语修辞学研究历史传统，另一方面也为了能够更好地拓宽我国口语修辞学今后发展思路，人物访谈类电视节目①便进入了我们的研究视野。

基于以上诸种考虑，我们拟以"人物访谈电视节目互动修辞研究"为题，试图对国内一些主流人物访谈类电视节目中的典型互动活动从修

---

①　仅以中国广电总局 2005 年数据统计资料显示，全国电视人口综合覆盖率约为94.61%，有近 11.54 亿潜在的收视观众，在每天 19：00—21：30 这段黄金档期约有 6.924 亿观众在同时观看。而另据同期中国国家计生委的统计数据显示，截至 2005 年 1 月 6 日全国人口总数约为 13 亿人。由此可以预见，随着中国成为全球第二大经济体，也随着我国文化大繁荣时期的全面到来，电视（广义上也包括网络电视、优酷网络等视频集散地）这个媒体必将迎来更好的明天。电视传媒也必将成为我国现代汉语修辞学研究的一个重要领域，人物访谈电视节目更是其中的重中之重。

辞学视角进行观照，希冀能够从其话语运用过程中总结出些许互动规律，间接促进我国口语修辞研究。

（二）选题意义

对于研究的具体意义，我们可以从如下两方面来进行理解。

1. 本书研究的理论意义

诸多历史经验一再证明，大凡一门学科能否实现快速、持续和健康发展，很大程度上都离不开既有学科体系的构建与完善。而这往往又和自身研究视域广度和深度的有效拓展密切相关。值得一提的是，此处所指拓展有如下两层意义：一是学科内的小拓展，二是学科间的大拓展。具体来看就是：对于同一个课题，既可以在同一学科体系内从不同角度进行切入，也可以经由跨学科交叉研究谋求实现更深层次的突破。

我们认为从修辞学视角对人物访谈活动进行研究，更有利于在综合借鉴其他相关跨学科理论的基础上，进一步丰富修辞学理论内涵。之所以可以走这样一条研究道路，主要也还是因为我国修辞学学科自身就较为鲜明地凸显着这种复合特性，诚如宗廷虎和李金苓所言："从层次性的观点来看，修辞学本身不仅是一个有机整体的系统，而且是一个由不同层次逐级组合起来的复杂系统。"[①]

所以，我们不仅可以从纵向对修辞学发展历史进行修辞学史论研究，而且可以由横向对修辞学诸多分支理论进行修辞学本体理论拓宽，甚至也还可以结合相关跨学科理论知识对修辞学进行多维延伸式探究。值得一提的是，本书研究视域内的"越位之思"其实更多体现为语用学、传播学和修辞学这三者的有效融合。

2. 研究的实践意义

关于修辞学体系的划分，历来是仁者见仁，智者见智。但在本书研究视域中，我们主要采用的是王德春和陈晨的"两分"理念："偏静态"的语言修辞学和"偏动态"的言语修辞学两大类，具体表述如下："基于语言和言语的划分，修辞研究也逐步形成了两种主要趋势。一种以语言体系的修辞手段为研究对象，研究语言体系中有修辞分化的语言单位，收集、归纳各种语言表达手段，并使之体系化，研究语言手段固

---

① 宗廷虎、李金苓：《汉语修辞学史纲》，吉林教育出版社1989年版，第10页。

有的修辞特性和语言的修辞资源，这就是语言修辞学。另一种以言语规律、言语中的修辞现象为研究对象，它研究语言材料在具体的言语环境中的使用特点，阐明、描写和解释语言材料在特定语境中的修辞效果，这就是言语修辞学。"①

在此基础上，假使要谋求口语修辞学的深入研究，首要工作便是应凸显出其"偏动态"性特征。这其中也蕴含着两层内涵：一是所选语料应是一个呈动态化态势演变的口语交际活动整体；二是应在言语交际基础平台上，对这些语料进行全过程动态式考察。

为了能将这一"动态化"研究理念贯彻到底，我们在对人物访谈活动进行修辞学视角研讨时，根本目的不应只是为了顺应时代发展和满足群众生活需求，为今后国内人物访谈类电视节目中主持人与受访嘉宾更有效开展互动交流活动贡献些许经验教训，而且还在于希望能够以此为契机，进一步为在更纷繁、复杂的言语交际活动中苦苦追求良性互动效果的表达和接受主体双方，提供一个切实有效的突破点——言语（行为）策略的多元动态化择取。

众所周知，人是有着传情达意基本交际诉求，并且喜欢群居的高级灵长类动物，其生命历程中大部分时间都需要与社会中其他个（群）体进行各式各样的交流互动，这便是人类生产生活的要义。

修辞学恰巧能为人类认知和改造世界提供这样一种全新视角，而正如鞠玉梅所言："修辞是一种形成和维持人类社会固有的活动，是一种理解和改善人际关系的工具……修辞的功能更能体现修辞在建构和谐社会方面的作用，修辞有三大功能，即修辞的社会功能、政治功能与认知功能……"② 当代修辞学更是以直面社会生活为根本导向，其研究目的不再仅仅局限于纯粹理论命题探讨，而且还在于经由个体日常交际行为的合理规范，进而构建起整个社会群体和谐关系。在某种程度上，这是一门教授人们如何智慧生存的学问，其中言语（行为）策略的有效运营便是其精妙所在。值得一提的是，这也正是本书研究的实践意义所在。

---

① 王德春、陈晨：《现代修辞学》，上海外语教育出版社 2001 年版，第 8 页。

② 鞠玉梅：《修辞的本质与功能——兼论修辞与和谐社会的构建》，《福建师范大学学报》（哲学社会科学版）2007 年第 6 期。

综上可知，对国内主流人物访谈电视节目中的典型交际活动从修辞学视角进行探究，无论是在本体理论深化层面上，还是在实践拓展层面上都具有重要意义。与此同时，开展此项研究，不仅仅是对修辞学、语用学和传播学等学科进行的一次尝试性跨界整合，也是对修辞学全新实践领域的一次深入开掘。

第二节　相关概念阐释

（一）主要概念

在正式开展研究之前，我们先对电视访谈、互动活动和修辞这三个重要概念分别加以阐释。

1. 电视访谈

电视谈话节目（TV Talk Show）其实最初舶自外国①，经由港台（音译成脱口秀）才传至中国内地。

美国版的《电视百科全书》中曾对谈话节目有过定义："（它）包括了从一有电视起就存在的所有不用写脚本的对话和直接对观众讲述的各类节目形式……而'电视谈话节目'则是一种主要围绕着谈话而组织起来的表演。谈话节目必须在严格的时间限制内开始和结束，并且要保持话题的敏感性，以便在面对上百万观众的时候能够提起大众的兴趣。"② 在我国传播学界，吴郁认为电视谈话节目应该被界定为："由主持人邀集有关人士及受众，围绕公众普遍关注的重要问题在轻松和谐、平等民主的氛围中展开讨论的群言式言论节目。"③ 通过这两个定义，我们可以发现谈话主题、受众和操作方式等细节均属于电视谈话类节目的重要构成要素。

众所周知，我们电视谈话类节目最早经由东方电视台于 1993 年 1 月 28 日开播的《东方直播室》起家，一直到 20 世纪 90 年代的中

---

① 电视史学家一般把美国 NBC 电视台于 1954 年推出的由喜剧演员斯蒂夫·阿伦先生主持的《今夜》看成电视访谈类节目的源头之作。美国脱口秀节目样式较为丰富，可以利用卫星通信技术让不同地域嘉宾进行同时交流的谈话形式。

② Horace Newcomb, *Encyclopedia of TV*, Rutledge：Rutledge Press，1997：64.

③ 吴郁：《主持人的语言艺术》，北京广播学院出版社 1999 年版，第 402 页。

后期经由央视王牌节目《实话实说》的火爆播出，才逐渐呈现出了一种遍地开花之势。据不完全统计，目前全国各地所推出的电视谈话类节目的总数已近 200 个。但数量多并不等同于质量优，除去几个节目的质量还有所保证外，其他电视谈话节目或多或少还存在着诸如抄袭和低俗化等一些问题。与此同时，加之国内电视谈话类节目的兴起距今不过十几年，故而我们在后续语料选取时亦是慎之又慎。

众所周知，按照不同的分类标准，电视谈话类节目又可以细分为诸多类别：如按栏目整体氛围定位来看，可以分为轻松性和严肃性电视谈话节目两类；如按受众年龄阶层定位来看，又可分为青少年、中壮年和老年人各自专属的三类电视谈话节目；如按现场观众实际列席情况来看，则又可以分为有现场观众列席和无现场观众列席两类电视谈话节目。

但在本书研究视域内，我们主要借鉴了国内传播学界史可扬的分类标准。在其著作《电视栏目和频道辨析》中，他认为："根据内容来划分，电视谈话节目则大体上可分为新闻性谈话节目、娱乐性谈话节目、社会民生普通话题谈话节目、专题性谈话节目四大类。"[①] 他把访谈类电视节目归为专题性谈话电视节目，与辩论类（如凤凰卫视的《一虎一席谈》和《时事辩论会》等）和讲述类（如中央电视台的《讲述》和凤凰卫视的《世纪大讲堂》等）电视谈话节目划为一类，而人物访谈类电视节目，又是其下辖子层级中的典型代表。故而直观来看，即人物访谈类电视节目的概念内涵＜访谈类电视节目的概念内涵＜电视谈话节目的概念内涵。

在此基础上，再结合目前所掌握的语料详情，我们认为所谓人物访谈类电视节目可以被界定为：它是一种通常由主持人（们）、受访嘉宾（们）和（或）现场内观众们[②]在节目组演播大厅现场（也有诸如私

---

① 史可扬：《电视栏目和频道辨析》，中山大学出版社 2007 年版，第 26 页。
② 据我们所收集的低互动度语料显示，有时人物访谈类电视节目中并没有现场观众的直接参与。

宅、公司会客室等其他场所），为了实现访谈交流预定的主旨目标①，在特定时间段内，以互相直面的话语交谈和（或）其他行为展现方式，围绕着既定话题适应情境地进行既定和（或）即兴，具有真诚、和谐②等特质的互动活动的综合建构平台。与此同时，它也是一种通过电视传媒现场"仿拟"日常生活中社会群体之间普通交际谈话情景的新兴节目架构形态，亦即其也具备有些学者所谓的"表演性"③。

此外，单就传播学层面而言，人物访谈电视节目中所进行的互动活动，在本质上应被视为一种基于人际传播基础之上的大众传播④交流活动。这主要是因为人际传播是大众传播的基石，而后者则又是前者的泛化延伸。

2. 互动活动

在修辞学界，也曾有一部分学者谈及过互动概念。例如祝敏青曾认为："从控制论角度说，言语交际过程也是一种话语互动过程。"⑤ 李军也曾认为："修辞的实质是言语交际中的话语效果互动行为，即发话人有效调控言语交际的进程和交际的各种参与因素，运用针对性的话语策略，最大限度地促使发话人所期望的话语效果的成功实现。"⑥ 但值得一提的是，在本书研究视域中，互动概念的内蕴更丰富一些：一是主体双方共同参与。互动主体不仅指称表达方，同时亦涉及接受方。二是传情达意方式更趋多元化。表达方和接受方在进行言语交流之时，有时根据需要也会灵活征调一些非语言资源来辅助交际。

---

① 其具体运营目标体系中有很重要的一块是对于该节目实际播出收视率的全力追求。在某种程度上而言，现场内外观众的审美趣味对主宾双方互动活动的实际运营有较为显著的影响。在整个互动过程中，所选取的互动子话题都必须是观众所喜闻乐见的。所选取的至少也是主宾双方认为会受观众所喜欢的那种互动子话题。

② 很多时候，一方面出于实现既定主旨目标的需要，主宾双方需要尽量努力去维持或完善较为良好的自我形象；另一方面为了创建和谐访谈氛围，主宾双方亦需充分遵循格莱斯等学者所倡导的"礼貌原则"去开展沟通。

③ 崔智英：《电视访谈的语体特征研究》，博士学位论文，复旦大学，2011 年。

④ 大众传播模式由美国学者威尔伯·施拉姆提出，在这个模式中中心媒介组织执行着编码、释码和译码的功能。媒介组织发布的讯息可由个体接受者传达给群体中其他成员。大众传播媒介受众与其群体成员相互影响。

⑤ 祝敏青：《话语互动与语境》，《语言文字应用》2000 年第 3 期。

⑥ 李军：《互动修辞理论——交际修辞观的建构》，《福建师范大学学报》（哲学社会科学版）2009 年第 2 期。

所以在本书研究视域内，互动活动指的是：（在人物访谈类电视节目中）表达和接受主体双方在特定情境下，灵活运用语言和（或）非语言要素进行信息（也包含情感要素）传递，藉以圆满实现各自（态度或行为）影响的交际活动①。

此外，其实互动活动一直都贯穿在人物访谈电视节目整个流程中，如果将访谈前主持人收集受访嘉宾资料和策划访谈方案，算作一种预先式互动活动的话，那么节目播出后收视率的统计，在某种程度上又可被视为后续式互动活动，而整个电视节目（直播）录制过程中访谈主持人与受访嘉宾的具体言语（行为）交流活动，则可视为即时式互动活动。本书研究视域中互动活动也就单指这种即时式互动活动，这也是研究重点所在。

3. 修辞

对于修辞这个概念，许多前辈学者已有过详细论述。

在本书研究视域内，我们仅以陈望道对于修辞的定义为准。他在《修辞学发凡》中曾认为：

修当作调整或适用解，辞当作语辞解，修辞就是调整或适用语辞。②

修辞原是达意传情的手段。主要为着意和情，修辞不过是调整语辞使达意传情尽可能适切的一种努力。③

修辞以适应题旨情境为第一义。④

值得一提的是，因为交际活动在很多时候必定需要主体双方共同参与，方能正常开展下去，所以对此定义可进一步阐释为：

所谓修辞，是指在人类生存环境（主要指人文社会环境）中，从事交际活动的表达和接受主体双方依据具体题旨情境，为实现特定的交际目的，各自充分发挥主观能动性，灵活选择诸种适切的方式，进行传情达意的一种努力。

---

① 目前这种高级互动活动仍旧主要以主持人（们）主控，受访嘉宾（们）受控的典型形态呈现在观众眼前。

② 陈望道：《修辞学发凡》，上海教育出版社 1979 年版，第 1 页。

③ 同上书，第 3 页。

④ 同上书，第 11 页。

其中"各自充分发挥主观能动性"意指表达和接受交际主体双方要根据具体语境，紧紧围绕主旨意图，本着真诚恳切的合作态度，充分发挥自己的主观能动性去进行沟通交流。而"灵活选择各种适切的方式进行传情达意的一种努力"意为交际活动的开展，需要多种传情达意方法手段的灵活、有效复合：既可是言语手段，又可是行为手段，同时这也是主体积极发挥主观能动性的鲜明体现之一。值得一提的是，鉴于修辞情境往往是动态易变的，所以修辞手段的复合亦无定式。在现实交际活动中，这种传情达意的努力可能会一次性奏效，抑或需要多次即时调整方才能真正奏效。

自电视和网络等全息化新媒介兴起后，人类就如同生活在一张"大网"之中：人与人之间的交互关系愈趋紧密；人与人之间的交互内容愈趋丰富；人与人之间的交互方式也愈趋新颖。与此相适应，我们认为现如今的修辞学研究也应更具多面性：不仅要注重表达，也要注重接受；不仅要注重理论构建，也要注重实践应用；不仅要注重书面修辞，还要注重言语修辞。

（二）研究展开过程中所涉及的其他一些概念

1. 节奏

在西方古希腊时代，曾出现过一个名唤"rhythm"的单词，而其词根本源则可追溯到意为流动的"rhin"，初始意为匀速运动。后来该词义又被逐渐引申为"rhythm"（节奏），意为规则性律动。

在中国，节奏原本就是一个音乐学概念，指的是"音乐中交替出现的有规律的强弱、长短的现象"①。如《礼记·乐记》中就曾有这样的说法："乐者，心之动也；声者，乐之象也；文采节奏，声之饰也。"三国时魏文帝曹丕也有类似的观点，他在《典论·论文》中认为："譬诸音乐，曲度虽均，节奏同检，至于引气不齐，巧拙有素，虽在父兄，不能以移子弟。"

其实，音乐上节拍轻重缓急的更替变化，不仅仅在于揭示表象层面上声音的强弱变化，例如 2/2 拍指的是强弱，3/4 拍就指的是强弱弱，

---

① 中国社会科学院语言研究所词典编辑室编：《现代汉语词典》（修订本），商务印书馆1996年版，第645页。

4/4 拍则指的是强弱渐强渐弱，更在于能在深层意味上揭示出乐感流变的起承转合：随着节拍运行速度的一系列快慢变化，经由节奏变幻实际呈现出来的往往就是具有一定艺术内蕴的乐感流变，再经过一系列调校，一曲具有一定时长，且美妙动人的交响乐或圆舞曲也就随之产生了。

众所周知，世间万事万物的生长发展具有一定"类同性"，在某种程度上，我们也可以将国内主流人物访谈类电视节目中的互动活动视作一场音乐盛会：主体双方需要像演奏家一样，在具体情境下通过对各自言（行）表达节奏的灵活把握，进而相互配合着谋求实现整场演出的精彩呈现，而其间既定主旨目标就如同是指挥棒一样，掌控与协调着整个局面。

这期间节奏的快慢变幻与交融，又着重体现在如下两个方面：一是宏观层面上的彰显。主要体现为相关互动子话题流的灵活设置，这往往也能极为鲜明地体现出主持人个性风采。二是微观层面上的显现。主要体现为主体双方言语（行为）表达方式的各自灵活调整，体现为诸如重音、插入语、句类和副语言交际方式等因素的参差演变。在很多时候，这往往也能极为鲜明地体现出主持人和受访嘉宾各自表达技巧的高超与否。

2. 修辞策略

所谓策略，原先是指"根据形势发展而制定的行动方针和斗争方式"。

在国内修辞学界，郑荣馨在《语言交际艺术——修辞策略探索》中认为："修辞策略是在语言交际活动中，说写者为顺利达到交际目的，努力适应听读者而选择和运用语言材料的一种谋略设计。"[①] 高万云在《浅谈修辞策略》一文中认为："修辞策略自然就是关于修辞的方针、思考、方案和程序。"[②] 张宗正则认为"修辞策略是修辞主体对自己的修辞活动、修辞行为先期所做的总体设计，是对修辞活动总体特征的规

---

① 郑荣馨：《语言交际艺术——修辞策略探索》，山西人民出版社 2007 年版，第 2 页。

② 高万云：《浅谈修辞策略》，《修辞学习》2001 年第 5 期。

划,对修辞活动主干路径的选择,对修辞活动基本流程的编制"①。

在此基础上,我们发现修辞策略其实一直兼顾着"静态"与"动态"两性:首先修辞策略的前期策划具有静态性。这是因为在一定复杂交际环境中,尽可能最大化实现特定主旨目标是一个系统工程。其间有些理论思考需要及时物化为预案,方才便于后续执行。其次是修辞策略的后期运用具有动态性。这是因为在目标实现过程中,随着情境等要素的变化,预案往往也需要随之适时加以调整变通。通过策略的有效运营,我们方能在顺应当时情态语境变化的大前提下,真正找出具体可行的目标实现渠道,进而谋求尽可能最大化地实现交际意图。由于修辞策略的动态运用更注重其实效性,所以在实际交际活动中,为尽可能最大化发挥其作用,还需多方协调相关因素,进而最终实现修辞情境、修辞主旨和修辞策略之间的完美契合。诚如李军认为的那样:"(我们应)从动态的交际活动着眼将语境因素和言语交际进程本身作为实现交际目的的修辞策略的构成要素,从而充分调动人际、社会、文化和语言等手段的力量,形成语言因素与环境因素有机统一的综合话语策略,并激发出足够的话语策略驱使力。"②

值得一提的是,在其真正实施过程中,有时既可是单纯一个策略直贯到底,有时也可是多个策略组合搭配,而这些方式选用的最终依据都可归结为情态语境和既定主旨的即时函变关系,所以我们也完全可以将修辞策略看成一个具体方案集合｜M｜,其间该集合｜M｜包含着M1、M2、M3……,那么单纯一个策略的互动活动就可记作｜M｜=M1,两个则是｜M｜=M1、M2,以此类推即可。

在本书研究范畴中,修辞策略应是一种避害就利、谋求达到最佳交际效果,且兼具静态设计性和动态运营性的战略或战术性思考集合。它的基本形态往往呈现为题旨、情境与主体双方之间整体联动的复合函变关系,是主体双方为了达到信息传递最优化,而对语言或非语言资源作出的某种选择,同时也是兼顾意图、环境、对象以及诸多其他因素的交

互作用后所作出的综合性决策和安排。

此外，修辞策略按照不同的分类标准，可从不同层面进行细分：如按其集群具体形态要素的自身特征来分，可进一步分为言语修辞策略和行为修辞策略；按其具体操作方式层面要素的自身特征来分，可进一步分为奇谲修辞策略和平正修辞策略；按其具体情感显现层面要素的本质特征来进一步细分，又可分为刚强修辞策略和柔化修辞策略。

在本书研究视域内，我们以第一种分法为准，即将其分为言语修辞策略和行为修辞策略两种。

第三节　基本语料库构建

（一）语料选取的标准

陈望道曾对一门学问的构建，也有过精辟的论述："任何学问都是材料和观点的结合。材料充足，观点正确，就可以成为学问……要有材料必须进行调查研究……"① 材料是一门学问能否得以成学的基石，观点则是在此基础上，后天营建起来的诸种亭台楼阁，其间的诸种建筑劳作便是脚踏实地的调查研究。

要得出具有一定信服力的结论，就势必需要有充足的语料做数据支撑。基于这点，我们才着手进行整个课题语料库的构筑。

值得一提的是，虽说鉴于世间万事万物一直都处在不断发展变化中，相关语料库按理应需要不定期进行素材增添，但囿于本书篇幅有限，我们无法也无须在较短时间内，对所有人物访谈类电视节目语料都按期进行补充更新，并作穷尽式分析。与之相比，更具实际操作性的还是缩小研究范围，将典型语料进行集中浓缩，以期形成一个封闭体系，便于后续研究工作的顺利展开。

在研究过程中，我们对语料的选取秉承如下三条标准：一是真实性，二是典型性，三是多元性。其中所谓"真实性"指的就是明确反对任何形式的主观虚构。本书所选取的语料都真实存在于现实生活中，而且均在各自专属的电视节目中明确被播放过，可以落实到具体哪一年

---

① 陈望道：《陈望道修辞论集》，安徽教育出版社 1985 年版，第 258 页。

哪一月的哪一期，而且在文字转录过程中，我们也务求实事求是地加以落实。而且在实际行文过程中，我们还会对所有录用语料一律进行出处说明，甚至也包括对所截取视频资料起止时间段的详细信息标注，以备随时随地查询之需。"典型性"指的是语料必须具有一定的代表性。所选素材必出自于国内主流人物访谈类电视节目，亦即：人物访谈节目要在较为有名的电视台播出过，并有着较高的收视率，且节目中的互动活动均要由国内知名主持人和著名受访嘉宾共同努力完成。与此同时，人物访谈电视节目要想形成品牌必须牢牢扎根于广大观众日常社会生产生活实践中，所以说"多元性"指的就是本书所选取的语料，应囊括人们日常社会生产生活中诸如经济、政治、学术和演艺等各个领域。只有经由这样，方能为深层研究提供一个较为广阔的基础平台。基于这点考虑，我们所收集的语料主要来源于财经、演艺（包含体育）、政治和学术等四大重要社会生产生活领域，但其中尤以前两者圈内知名人士的访谈节目居多。

其实就整体来观照，三个标准彼此之间又属于相辅相成的关系。真实性是另外二者得以发生关联的先决要件，而典型性和多元性之间又互为辩证统一的两端。其中多元性为典型性提供存在的基础性平台，而典型性又是对多元性的升华和提炼。所以说，只有坚持这种"三性统一"语料择取标准，方能保障经由语料的分析可得出真实可靠的数据，进而为国内主流人物访谈类电视节目中互动活动开展基本规律的归纳奠定下扎实基础。

（二）语料的宏观分类

在进行语料的宏观分类之前，我们还需要对作为划分依据的"互动度"概念进行简要说明，以便于后续研究顺利推进。

首先，"度"是一个哲学概念，意为质和量的统一，是世间万事万物保持其质其量的界限和范围。换而言之，"度"就相当于是数学上 x、y、z 三维数轴所共同构建的象限：在其幅度变化之内一般无甚大碍，但一旦超越了任何一面的边界，那么就会随之实时发生本质性改变。

在此，为便于考量访谈互动活动是否发生（高低）层级跃迁，我们可引入一个互动度临界测定基准 H_d，然后再将在各种互动活动中实际呈现的互动度外化形态界定为 H。在此基准以下，互动活动呈现的是低数量级的形态（H < Hd），而在此基准之上，互动活动则往往是以高数量级形态存在着的（H > Hd）。

值得一提的是，在研究正式开展之前，还有一种特殊形态（H = Hd）需要加以说明，亦即零度互动度访谈互动活动。它是指在具体节目中主持人、受访嘉宾和现场内外观众之间根本不需要，也不会发生任何形式互动行为的一种特殊状况，但这种情况在目前国内主流类人物访谈电视节目中还未出现过，故暂时排除在本书研究范畴外。

其次，还可从力度与速度两个角度对互动度概念进行分析，其中"力度"主要侧重于强调参与互动活动主体数目的多寡。诸多语料证明，实际参与互动主体数目的多少，往往会在一定程度上左右着访谈互动活动后续的发展趋势，尤其在高、低互动度访谈活动中，会对究竟是多方主导还是单方主导这个重要问题的界定产生较为明显的影响。而"速度"主要强调主体双方在实际互动过程中，具体话语表述轮次往复推进频率的高低，这往往更能鲜明体现出互动主体的个性特质。诸多语料也证明，互动主体间话语表述轮次往复推进间隔时间的长短，在一定程度上也往往能反映出访谈互动活动现场氛围的激烈与否，尤其在实际人物访谈活动中呈现出来的形态究竟是高维互动还是低维互动这个具体问题上会有着较为显著的影响。值得一提的是，我们进行二元分类并不意味着完全否认人物访谈互动活动中还有其他影响因素的存在，初衷仅是便于顺利开展后续研究。

于是根据互动度概念，我们可将所收集的国内主流人物访谈类电视节目语料在宏观层面上二元划分为：低互动度语料和高互动度语料。

1. 低互动度语料

尽管许多人物专访类电视节目已开办多年，可供选择的低互动度语料数量也较为庞大，但为了便于开展研究，我们主要选取如下一些颇具代表性的主流电视节目（时间跨度主要为 2008—2011 年）来进行切入：一是财经类人物访谈电视节目，如罗振宇（或崔艳）主持的《中国经营者》81 个视频，崔艳主持的《亚洲经营者》6 个视频，仇芳芳主持的《意见领袖》4 个视频，赖丹丹主持的《财富人生》4 个视频，此外还有杨澜主持的《杨澜访谈录》中采访麦睿博和陈光标等的 2 个专访视频。二是学术类人物访谈电视节目，如曲向东主持的《大家》中对余光中的 2 个专访视频，杨澜主持的《杨澜访谈录》中对中国故宫博物院郑欣淼和复旦大学历史学系钱文忠等的 2 个专访视频，曹可凡主持的《可凡倾听》中对贝聿铭的 1 个专访视频。三是政治类人物访谈，如杨澜主持的《杨澜访谈录》中对克林顿、新加坡历任总理、黄奇帆和陈至立的 4 个专访视频，水均益主持的《高端访问》中对穆沙拉夫、骆家辉和安南的 3 个专访视频，（香港）吴小莉主持的《问答神州》中对林毅夫和沙祖康的 4 个专访视频，（香港）许戈辉主持的《名人面对面》中对陈冯富珍、洪博培和王旭明的 4 个专访视频，王志主持的《面对面》中对王岐山在"非典"期间的 1 个专访视频，共计磁盘容量为 8.5G（其中包含部分以网页模式播放的视频）。

2. 高互动度语料

关于高互动度语料的选取，我们将着重选取如下一批主流电视节目：一是财经类人物访谈电视节目中的一部分，如袁鸣（白云峰周瑾）主持的《波士堂》82 个视频。二是演艺类人物访谈电视节目，如杨澜主持的《杨澜访谈录》中对黄渤、胡玫和林丹等演艺圈人士的 12 个专访视频，（台湾）陈文茜主持的《文茜与我们的人生故事》中对冯小刚夫妇和张艾嘉等的 2 个专访视频，（台湾）沈春华主持的《沈春华 LIFE 秀》中对吴奇隆、徐怀钰和刘墉父子等的 4 个专访视频，曹可凡主持的《可凡倾听》中对白岩松、袁雪芬和木村拓哉（日本籍演艺明星）等的 10 个专访视频，李静主持的《非常静距离》109 个专访视频，戴军和李静共同主持的《超级访问》32 个专访视频，陈鲁豫主持的《爱传万家说出你的故事》125 个专访视频，朱军主持的《艺术人生》中对赵本山、徐克和老版《三国演义》剧组等的 8 个专访视频，共计容量为 27.5G（其中也包含部分网页模式播放的视频）。

第四节　研究的历史与现状梳理

（一）国内研究的历史与现状

虽说在本书研究过程中，不可避免会涉足其他学科领域，但也仅是适当借鉴而已，立足点还是应牢牢钉在修辞学这块基石上。

在走遍在沪各大图书馆后，也在分别以"互动"和"修辞"作为主题、题名、关键词和摘要等要素在中国知网、超星图书馆和读秀网等学术资源网上对于近 33 年的期刊（1979—2012 年）和相关著作进行穷尽式搜索后，我们发现，近些年来国内修辞学界前辈学者们对于本书的研究还未系统成形，有时些许精妙见解还仅仅只是散见于其相关刊发著作或文章的只言片语间，以专文或专著等方式正式对此课题进行大篇幅研究的则更是少见。而且在语言（修辞）学学科框架内，单独以"互动活动（行为）修辞研究"为题的学士、硕士和博士学位论文亦是罕见其踪影。

目前我国修辞学界中关于此类研究的着力点主要还只是集中在诸如原则探讨、概念构建、话语实践和叙事范式分析等基础性领域内：如冯广艺的《互动：修辞的运作方式》（《修辞学习》1999 年第 4 期）、胡习之的《论修辞效果及其评价》[《福建师范大学学报》（哲学社会科学版）2010 年第 4 期]、李军的《互动修辞理论——交际修辞观的建构》[《福建师范大学学报》（哲学社会科学版）2009 年第 2 期] 和《修辞理论的新构想：修辞控效说》[《暨南学报》（哲学社会科学版）2002 年第 6 期]、祝克懿和盛若菁的《〈话语修辞理论与实践〉：叙事范式的解读》（《修辞学习》2008 年第 6 期）、吴方敏的《主持人语言对受众的情感控制作用》（《修辞学习》2000 年第 2 期）、童山东的《论修辞效果的整体控制》（《中国人民大学学报》1999 年第 2 期）和张春泉的《基于受话心理的话语节奏调整》（《北方论丛》2004 年第 2 期）等。

当然，也有一部分学者另辟蹊径，尝试综合运用各类语用学理论对修辞学进行跨域解读。例如有马睿颖和林大津的《从表达效果到交际效果：现代汉语修辞观的语用学转向》[《福建师范大学学报》（哲学社会科学版）2008 年第 4 期]等。

专书专章论及本书研究范畴的也有一部分：如李军的《话语修辞理论与实践》（上海外语教育出版社 2008 年版），其主要章节涵盖话语交际模式研究、话语修辞语境论、话语修辞本质和话语使役取效等八方面。其中话语使役取效这一章，主要是从语用学研究的角度来谈如何进行话语控效，其中对一些具体话语行为也进行了较为详尽的定量统计数据分析。张宗正在其著作《理论修辞学：宏观视野下的大修辞》一书中也提到了今后修辞理论或可从交际双方、主体与修辞作品、语境与修辞过程和效果与评价等多方面来开展互动性研究的精辟见解。夏中华的《口语修辞学》虽然成书较早，但对本书研究亦有所裨益。

此外，在语用学理论研究学术圈内，何兆熊在《新编语用学概要》中从静态和动态两方面也曾对会话结构进行过较为深入的探讨。刘虹也曾在《会话结构分析》一书中利用会话分析的理论，对我们汉语中一些日常会话范式的整体和局部结构进行了仔细考量。

而在电视访谈节目应用语言学研究领域，陈曼的硕士学位论文《电视访谈节目中语气词使用的性别差异》曾对电视访谈节目中不同性别主持人的语气词使用情况，从静态和动态相结合的角度进行过细致入微的考察。值得一提的是，虽然相关领域的研究一直在不断深入，但其中还是存在不少问题："第一，研究对象本身跟传媒有关，所以以前的研究大部分偏重于新闻传播方向，有很多重复的研究；而在外文系的研究成果也大部分是将国内节目和国外节目简单比较，真正从语言学角度，特别是语体学角度上进行的研究几乎没有。第二，谈话分析的研究也大部分都是描述性的，很少通过定量分析得出的准确的性质分析和研究成果。第三，已有的不多的语言学角度上的研究也都偏重于职业语言和机构性语言分析。第四，几乎没有对访谈节目的嘉宾的回答的分析研究。"[1]

（二）国外研究的历史与现状

我们在查阅国外文献资料时发现国外一些语言研究学派所提出的一些较有参考价值的观点也对本书研究很有借鉴意义，如功能语言学派的"自然语言互动工具"论。他们认为整个自然语言的运用活动原本就可看作一种语用现象，自然语言天生就应是社会交际具体实施的有效依托工具。而且自然语言中的形态句法主要是在为语义服务，而语义则又是在为语用服务，所以说通过主体之间的交流，完全可以实现具体行为模式的相互影响。

又如，20 世纪 70 年代以 Sacks 等人为主的互动语言学派，也曾明确提出过要将日常会话作为"社会秩序中心"来进行研究的观点。因为他们认为通过考察具体交际活动中的话轮序列转换，完全可以分析并

---

[1] 崔智英：《电视访谈的语体特征研究》，博士学位论文，复旦大学，2011 年。

总结出话语交际实际运营的诸种规律，同时交际参与者也可经由对这些规律的归纳，进而完成对于客观世界和自我身份的双重认知。为此，他们还特意发明了一个全新的概念——"互动中的交谈"（Talk in interaction），并希望借此来包含一切可以自然出现在互动交际过程中的言语交际①。值得一提的是，该学派所努力倡导的话轮分析法，也将会有选择性地被我们吸纳成为本书的主要研究方法之一。

　　综上所述，国内外学界所有的前期研究成果都在以各自特有的方式为我们在实践探究层面上的后续研究提供了多种可能性，同时亦在理论探索层面上，积累下了一些较有价值的经验教训。

第五节　研究相关基本面探讨

（一）本书研究的基本内容

　　就本书研究而言，我们可着重从如下四区块内容入手：第一章的绪言单独列为第一区块，主要明确本书研究选题缘起、理论实践双重探索意义、相关概念阐释、语料划分和主要研究方法等相关前期准备工作。第二章可单独列为第二区块，主要涉及本书探究所需两大基本理论的解读和互动活动基本模型的草创。最后一章结语部分亦可列为第四区块，主要涉及人物访谈互动活动中相关表达与接受规律的归纳。

　　而中间剩下的第三、四和五章则可列为第三区块，主要涉及在两大理论综合统率下，对于相关语料的定点分析，其下又统辖两大子部分：第三章和第四章是第一子部分，涉及国内主流人物访谈类电视节目中典型互动活动修辞学研究中纵向实践操作方面的问题，主要受制于"调控适配协调化"理论。在这两章中，我们首先将会分别明确高、低互动度访谈活动的诸种典型形态，其中低互动度层面主要涉及的是单方主导的低维互动，而高互动度层面主要涉及的是单方主导的高维互动和多方主导的高维互动。秉承着中国古代文论中有关于文本叙事结构分析的传统理念，按照互动活动整体发展的时间结构顺序，我们可再将整个言语交

---

① 详情参见 Sacks，Schegloff，Jeffersonl，"A simplest systematics for the organization of turn - talking for conversation"，*Language*，1974，（50）：696 – 735。

际过程进一步划分为起始、展开、高潮和结束等四个阶段。除却高潮阶段只涉及相关具象形态探讨外，对于其他三个阶段，我们会进一步作主要互动类型的划分和主要互动方式的归纳。此外，我们还将在这两章末尾处分别对相关典型语料个案尝试进行专题性分析①，其中将秉承话语分析为主干框架，语言学诸要素分析为重要突破点的总体思路来开展研究。值得一提的是，我们费心将修辞学和语用学各自专属的研究方法尽量协调起来运用的主要目的在于：一方面既可展示出对于国内主流人物访谈类电视节目中典型互动活动，从修辞学视角开展语料分析的具体操作方法；另一方面也可为相关章节中所论述的观点和模型提供适度实践佐证，以期通过点面交融的方式，更能增强其说服力。

通过第三、四两章的语料分析，我们在纵向实践操作层面上，已能对国内主流人物访谈类电视节目中典型互动活动修辞学研究的基本面有一个初步认知，所以更期望在第二子部分即第五章中，更进一步力求在横向语料专题分析层面能够有所收获。我们在这一子部分语料分析时主要会以"电视传媒语境顺应理论"为整体理论支撑基点，然后再从特定主旨、特定时期、特定场合、特定对象和特定文化等五个角度，以语言学诸要素与互动子话题流设置互相结合这种研讨方式进行切入，力求可以从横向层面再总结出一些互动规律。

总而言之，我们期望在本书研究过程中，能切实将微观层面上的实践操作和宏观层面上的理论构建紧密结合起来。与此同时，我们也期待能进一步丰富传统修辞学理论内涵，拓展我国现代修辞学全新的实践研讨空间，进而能够促使更好地将修辞学综合研究成果源源不断地投入社会大熔炉中进行理论检验与实践应用。

（二）本书研究的基本方法

在谈及修辞学研究方法时，陈望道曾认为："我们研究语文，应该屁股坐在中国的今天，伸出一只手向古代要东西，伸出另一只手向外国要东西。这也就是说立场要站稳，方法上要能网罗古今中外。"② 在他看来，开展修辞学研究时"立场站稳"与"方法借鉴"之间是相辅相

---

① 个案专题分析由于材料等因素的限制，不能将得出的结论简单扩大化，但可以为研究者的研究假想在一定范围程度内提供合理佐证，故而值得一试。

② 陈望道：《陈望道修辞论集》，安徽教育出版社1985年版，第261页。

成的关系：有时出于深化修辞学研究的考虑，适当借鉴一些外来学说用来辅助，也未尝不失为一种行之有效的研讨方法，但关键还是要明白其根本立足点，应当是且永远只能是我国修辞现象实际本身，选取合适的科研方法，也仅是为了能够更好地开展相关客观规律的探索。

秉承这种理念，我们在具体研究过程中，将着重会采用如下几种方法。

1. 题旨情境适应性分析法①

陈望道在《修辞学发凡》中曾说过："修辞以适应题旨情境为第一义，不应是仅仅语辞的修饰，更不应是离开情意的修饰。"② 与之相伴随，我们可以发现在一个完整修辞活动中，对于实际修辞效果是否达到预期目标的判定，也必须与题旨情境等制约因素的综合考量紧密结合起来。这主要是因为修辞活动自身具有一定的动态性，离开了具体题旨情境因素的限定，其后续铺展往往也就随之失去了赖以维系的支撑框架，更有甚者，有时或许还会受各种各样突发情况的阻碍，而无法继续深入下去。

借鉴统计学知识，我们知道在一个完整的修辞活动中，实际修辞效果的最终判定也应是一个具有倾向性的累积加权③值：在该次活动的每个子阶段中，囿于题旨情境等要素的变化，经过对该阶段修辞效果的判定，都可以随之得出一个具有倾向性的数量值，于是对于整个修辞活动中实际修辞效果的判定，就应是其众多子阶段修辞效果判定的累积加权值。当然这也仅仅只是我们对于今后修辞学研究中修辞效果判定的一种数理统计假说，在本书研究视域内，为了便于研究，当前我们更多的还是立足于定性角度来进行判定。

陈光磊在《修辞论稿》中也曾有过这样一个定性设想：

---

① 此种研究方法是复旦大学陈光磊先生在《修辞研究的基本方法》一文中提出的修辞学研究的方法，参见陈光磊《修辞论稿》，北京语言大学出版社 2001 年版，第 60—65 页。

② 陈望道：《修辞学发凡》，复旦大学出版社 2010 年版，第 9 页。

③ 在统计学中，计算平均数等指标中，对各个变量值具有权衡轻重作用的数值即可称为是权数。采用这种方法进行多次累积计算所得出的数值即是累积加权值。此项数值意在能够尽可能精确地体现出其间不同变量要素在整个活动体系构成范畴内各自所占比重的众寡，以此来凸显出诸多变量在整个修辞活动中各自所发挥影响效能的不同。我们在此仅是表明影响修辞活动顺利圆满开展的影响要素有很多，且其各自所占分量也往往不尽相同。

　　话语文章，就是修辞对应题旨情境所形成的具体表达；它是一定的语文形式同一定的情意内容相联结的产物。而题旨情境正是这种语文形式与情意内容相联结、相统一的条件；同时，也是判断这种联结和统一是否完美的依据。这种具体表达切合了题旨情境，那就是完美的；否则，就是不完美的。所以陈望道先生关于"修辞所须适应的是题旨和情境"和"修辞以适应题旨情境为第一义"的论断，就正是指明了修辞的一条总原则和总规律。而分析话语文章对题旨情境的适应性，也就成为研究修辞的一个基本方法。①

　　在本书研究视域内，互动活动语料文本也被视为一定的语文形式同一定的情意内容相联结的产物。主要是因为人物访谈类电视节目中的互动活动，虽说各有其独特的表现载体，但其核心目标仍在于试图将附着于其上的一定情意内容，经由这些平台传递给现场内外的所有观众群体。当然，这也丝毫不会影响参与互动的主体双方在活动实际开展过程中，能从中获得各自所需的资讯传递和情感交流。在研究实际操作过程中，在涉及具体互动效果观照时，我们也会适时采用这种方法来进行综合分析。

　　2. 言语交际全过程分析法

　　此法全称即：表达修辞学与接受修辞学互动互补的"言语交际全过程"研究法。

　　这种科研思想由来已久，自20世纪30年代起已经过陈望道、王德春、童山东、宗廷虎、李金苓、谭学纯和陈汝东等前辈学者们的生发阐释而臻于完善，最终得名还有赖于宗廷虎②。究其本质而言，它应算是我国修辞学动态化研究方法论体系中的一种典型范式。

　　所谓言语交际全过程分析法，主要体现出以下两点：一是强调"面"，也即要明确整个访谈互动交际活动发展的全过程，二是强调"点"，亦即在研究过程中，我们不仅要注重表达方传情达意规律的总结，同时亦需注重接受方对于传情达意准确理解规律的归纳。

---

　　① 陈光磊：《修辞论稿》，北京语言大学出版社2001年版，第61页。

　　② 参见宗廷虎《论百年来与时俱进的汉语修辞学研究方法》，《福建师范大学学报》（哲学社会科学版）2003年第6期。

就其具体操作而言，我们打算将这种分析方法主要运用在第三、四两章末尾的典型语料个案分析中。

3. 话语轮次结构性分析法

在本书研究过程中，我们还将较为频繁地采用话语轮次结构分析法，其实此法也源自于语用学。

由于修辞学在通常情况下都可视为语言学学科体系中的重要分支，加之修辞学主要涉及的也是语言符号资源在特定题旨情境下的动态化表达和理解。而语用学也主要是以语言符号与其使用者之间的诸种行为关系作为其研究重点。基于这层考虑，在本书实际研究开展过程中，我们会尝试将修辞学和语用学各自专属的研究方法在一定程度上综合起来运用，并希冀由此能够收到更好的科研效果。其实胡范铸曾专文探讨过修辞学与语用学整合的问题："语用学的诞生源于哲学界对理论的有效性的追求，但由于与生俱来的原因，总是摆脱不了形而上的姿态。汉语修辞学非常形而下，但却摆脱不了表面化的倾向。就此而言，语用学与修辞学的整合便不但是可能的而且是必要的。"① 其实仔细来看，修辞学与语用学彼此之间也并非风马牛不相及：生活在特定群体中的人们，不仅仅首先要学会独自适应环境，同时也必须能兼顾同伴给予的诸种刺激，且这些刺激往往又体现为言语与行为的多重统一。对于这些刺激的表达与接受，在很多时候又会随之触发语用交际行为，进而才能实现思想和情感等要素的交流互通。

所谓话轮（Turn），一般认为是由西方学者 Sacks 等人提出的学术概念。根据西方学界的传统认识，此概念通常可以从如下两方面进行理解：一是言说者双方在某一时刻具有的使用特定话语权力的机会，二是主体在言语交际过程中所表述的内容。在本书研究视域内，我们更倾向于认为它应是参与交际的主体双方在整个或某个阶段互动过程中所谈及的内容，这些内容又往往外显为一系列相对独立的互动子话题流的有效串接。在一定程度上，也可将其视为互动活动的基本组成单位，且其具体展现形态可长亦可短。

---

① 胡范铸：《汉语修辞学与语用学整合的需要、困难与途径》，《福建师范大学学报》（哲学社会科学版）2004 年第 6 期。

　　在具体判定标准认知上，我们同意刘虹的观点："一是说话者是否连续，即在一个语法语义完成序列的末尾有无沉默。如有沉默，那么说话者的话就不止一个话轮。二是是否发生了说话者和听话者的角色互换。如果发生，就标志着一个话轮的结束和下一个话轮的开始。"① 显然，其关键点主要有两处：一是说话者是否连续，二是角色是否发生互换。推而广之，要使得互动活动能顺利开展下去，就势必需要满足一个充要条件——在相关条件的限定下，一定要实现交际主体双方间话轮的有序轮换推进。

　　所谓话语分析，质而言之就是在对所收集的众多语料数据进行综合考察分析后，进而试图总结出话语发生机制或运行模式规律的一种语用学尝试。对于此种分析法，法国一些学者一直持较为认可态度："关注于真实世界的语料，关注发生在一定情境中、与上下文有密切关联的交谈，这是 Sacks 所有研究的特点……"② 这其实也点出了会话分析研究的本质价值所在。我们选取国内主流人物访谈类电视节目中的典型互动活动来进行修辞化研究，也有基于努力实践这种科学实证主义语言学思想这一层面的考虑。

　　但鉴于对话语活动进行轮次分析是一种有着较为丰富内涵的语用学研究方法，在本书科研方法借鉴中，应当不仅仅只关注其适用性，同时亦需注重其实际操作便捷性，所以我们努力尝试着将研究关注点放在话语轮次分析方法论集合中问答相邻对分析③这一种下辖子方法的实践应用上：在对于人物访谈互动活动语料的实际考察过程中，主持人（观众、受访嘉宾）的提问（question）被我们标记为 Q，而受访嘉宾（主持人、观众）的回答（answer）被标记为 A。

　　值得一提的是，在一般情况下，某一特定 Q \ A 问答相邻对能且仅能同属于一个子话题 H。但一个子话题 H 中有时亦可包含多个特定Q \ A 问答相邻对，众多 Q \ A 问答相邻对又会共同组建成多个子话题 H1，

　　① 刘虹：《会话结构分析》，北京大学出版社 2004 年版，第 46 页。

　　② Hutchby & Wooffitt, *Conversation Analysis*: *Principles*, *Practices*, *and Application*, Cambridge: Polity Press, 1999: 21.

　　③ Sacks 等人的理论认为一次会话至少得由两个话轮组成，也即会话语句是两两相对的。本书主要研究人物访谈类节目中的互动活动，故而选择问答相邻对进行分析，以图凸显出互动子话题流串联衔接的作用。

H2，H3……，然后这些子话题再共同复合成总话题集合｛H｝。与此同时，这个总话题集合又必须高度适切于相关的题旨情境，最后以上种种方能进一步再外化为互动主体双方之间信息询问和信息给予的有序交替演进。

4. 统计归纳综合性分析法

为了在讲求研究便捷化的同时，亦能有效保障研究质量，在本书众多语料分析过程中，我们会适时采用一些定点切入式探索策略，亦即：针对所选的语料，仅选择特定的切入点作出相关数据统计（图示表），进而使得所处理语料的特性能有较为直观的展现，最后为整个特征综合语料的分析奠定下扎实基础，其实这体现出的就是控制变量法思想。

所谓控制变量法，源自于物理实验学中的一种思维范式：由于事物（事件）的发展在一定程度上往往具有复杂性，为得出正确结论，我们需要占有不同层面、尽可能最多和最真实的原始资料来进行分析，然而这种理念在具体实践操作过程中，往往又会受制于诸多要素的实时变化而无法有效深入下去。所以对于涉及多变量因素的实验文本，我们需要把复杂多因素在特定情境下进行细分。在一次具体实验过程中，首先控制其他变量不发生任何形式的变化，每次只考察一个子变量的具体变化。这样一来，多元复杂的大问题也就可以逐渐转换成为多个单因素小问题的有机复合，从而增加其实际操作的便捷性。这种方法在诸多科学模型构建及实验验证研究中均曾被普遍采用过，尤其是在自然科学领域。

而在本书研究中，我们仅是吸取这种思维方式的要点，具体而言就是：有时出于研究的需要，在进行专项实验文本分析时，尽可能每次只改变特定某个（些）要素的制约方式，同时又尽可能控制其他涉及要素维持不变。换而言之，在同等条件下，仅考察该变化因素对于实验语料的相关影响，并依此类推，最后可经由各个分支细节整合研究，进而为整个问题的最终解决提供坚实支撑。

此外，在某些特定时候，为进一步保证实验分析的数据处理结果具有一定可信性，我们还会对其进行一些数理统计（图表）归纳分析。

第六节 试图突破之处

在研究过程中，我们希望能在以下几点力图稍获突破：

一是明确提出本书研究两大理论支撑基点："电视传媒语境顺应"和"调控适配协调化"理论。前者试图将陈望道的"修辞以适应题旨情境为第一义"修辞学传统理论，进一步与电视传媒"声画一体性"的全新特质相结合，以求能够借此寻找到表达与接受主体双方在人物访谈电视节目中开展互动交流时所需顺应的动静态复合语境。

后者则试图在此基础上，再将参与互动活动的主体双方的权责分配关系进行详细阐释，进而谋求得出目前国内主流人物访谈类电视节目中典型互动活动运作的鲜明特征。与此同时，我们还将着力完成人物访谈基本互动模型的建构。

二是在"调控适配协调化"理论统率下，遵循一般事件发展的时间推进顺序，我们会在纵向层面上，分别再将高、低互动度人物访谈互动活动，依次解剖为起始、展开、高潮和结束这四个阶段，并伺机再寻找突破点展开详细探讨，并完成相关类型、方式和形态的全面分析。在对于展开阶段和个案典型语料的具体分析中，我们不仅会综合运用诸如题旨情境适应、语言学诸要素和言语交际全过程分析法等本学科既有研究方法，而且还将会依据事物发展的关联性，进一步借鉴一些跨学科研究方法来深入掘进，例如采用话语轮次结构和统计归纳综合性分析法等。

与此同时，我们也会在"电视传媒语境顺应"理论统辖下，从横向层面诸如特定主旨、特定时期、特定场合、特定对象和特定文化等相关视角切入，进而对这些语料作更深入的分析。

或许也只有经由这样点面结合、纵横相间，才更有利于本书研究取得成果：不仅有利于电视人物访谈互动活动中，主体双方如何实现话轮结构有序推进规律的全方位总结，而且也有利于电视人物访谈互动活动中，主体双方如何顺应电视传媒语境规律的全方位总结。

三是在综合借鉴前人丰富研究成果的基础上，我们也会完成对于诸如节奏、策略和互动度等一系列概念的界定，尤其是会在结合相关跨学科知识和实际语料分析结果基础上，重新规范国内人物访谈类电视节目的定义。

第二章

本书研究的基本理论

　　要真正对一门学问进行深入研究，不仅需要有典型丰富的语料素材，而且也离不开合理精妙理论架构的有力支撑。

　　为能更好地实现本书的既定研究主旨，我们在具体探索过程中，主要涉及了"电视传媒语境顺应"和"调控适配协调化"两种基本理论。值得一提的是，在本章具体展开论述时，我们还将秉承由一般到特殊的原则，亦即在第一、二两节中，先经由普通语境理论内涵的阐述，然后再完成对于电视传媒特定动态化特殊语境内涵的深入探究，而在第三、四两节里，也是先经由表达接受双方并重理论内涵的阐述，然后再完成对调控适配协调化理论内涵的深入研讨。

第一节　电视传媒语境顺应理论（上）

　　在国外，德国语言学家 Wegener 曾于 1885 年在语言学研究视域内，最早提及语境这个概念。但此概念却是在 20 世纪 20 年代经由英国学者 B. Malinowski 明确论述后，方才真正引起学界的关注，他的贡献主要在于明确区分出了情景和文化两类语境，这也就涵盖了语言和非语言两种要素①。1964 年伦敦功能学派的 Halliday 也提出了类似于语境的概念——"语域"，其下辖语旨（Tenor）、语式（Mode）和语场（Field）三个子概念。他还明确提出假使这三部分中任一要素发生突变，也势必会导致全新"语域"的产生。此后由 Spebrer & Wilson 主导的西方语境研究逐渐进入了"认知语境"动态化探索阶段。他们坚持认为："交际

---

　　① 因为也有学者称之为"语言性语境"和"非语言性语境"。

的认知环境是交际时物理环境和认知能力的函数。"① 此后伴随着认知语言学的飞速发展，他们还进一步给出了判断："认知语境是可以显映的事实或假设的集合，特定语境的选择是通过寻求关联来实现。"② 其实在每一次具体话语实践过程中，将全部语境要素都选调来参与交际活动也极为不现实。我们只能根据信息关联的相关原则来进行明示推导，进而谋求能够适时有效地选择出与该次交际相适切的诸种语境要素，来进一步验证此前暂定的关联假设。

此外，Verschueren 也在其顺应理论中认为："语境顺应框架应由心理世界、社交世界和物理世界所构成，三个世界的构成要素都会通过人的认知机制得以激活，协同作用影响语言的产生和理解。"③ 作为现实的交际者，我们只能在这种动态性变化中，各自选择着自认为合适的话语或行为策略来进行交际。诚如曹京渊所言："在实际的言语交际中，对于说话人来说，交际是一种选择，要根据自己的意图，根据自己对当下的情景因素的了解和对听话人认知语境的假设，以自己认为适当的方式发话；对于听话人来说，交际则是一种推理，要根据自己的认知语境从说话人的话语信息中推断出说话人的交际意图。"④

在国内，其实早在先秦时代，先哲们就已经对传统语境理论下辖的诸多子要素，从不同角度进行了观照。如荀子在论及在交际过程中要注意言说时机把握时，就曾说过："故礼恭，而后可与言道之方；辞顺，而后可与言道之理；色从，而后可与言道之致。"如孔子在论及言说要注意场合问题时，就曾明确表示："邦有道，危言危行，邦无道，危行言孙。"在针对不同对象进行劝说时，韩非子也曾认为："凡说之难，在知所说之心，可以吾说当之。所说出于为名高者也，而说之以厚利，则见下节而遇卑贱，必弃远矣。所说出于厚利者也，而说之以名高，则见无心而远事情，必不收矣。所说阴为厚利而显为名高者也，而说之以名高，则阳收其身而实疏之；说之以厚利，则阴用其言显弃其身矣。"他认为：劝说时首先要注意到对方心理的诸种变化，然后才能根据其相

---

① 熊学亮：《认知语用学概论》，上海外语教育出版社 1999 年版，第 90 页。
② 吕雅菲：《动态语境的研究》，《科教导刊》（中旬刊）2010 年第 10 期。
③ 同上。
④ 曹京渊：《言语交际中的语境研究》，山东文艺出版社 2008 年版，第 164—165 页。

关需要，灵活改变言说策略以圆满达成交际目的。

到了 20 世纪 30 年代，陈望道正式提出"题旨情境"一说。进入 90 年后，经过西槙光正、王建华、周明强、盛爱萍和冯广艺等人的努力开掘，中国语境研究进入了一个较为繁荣的时期，大批论文专著随之问世。如冯广艺在《汉语修辞论》中曾对语境的分类问题进行了专门的探讨，他认为："从范围上分，可以分为广义语境和狭义语境两大类……从内容上分，可分为题旨语境和情境语境……从表现形式上来看，可分为外显性语境和内隐性语境……从情绪上分，可分为情绪语境和理智语境两大类……从语种上分，可分为单语语境、双语语境和多语语境三类。"①

我们认为人物访谈互动活动在很多时候，所展现出来的几乎都是一种螺旋上升态的演变面貌。因而与具有如此复杂特性的言语交际活动相适应，我们应该搭建一个全新的动静态复合语境来对这种交际活动进行后续研究。

其实公允来说，动静两态语境各有所长：静态语境主要侧重于强调相关前提性背景信息在言语交际活动开展时的单纯历时统辖，而动态语境则更多地着力于强调主体双方在具体互动交流时，应扬长避短以谋求实现其间诸多不确定性要素的即时灵活掌控。如上升到哲学层面来辨析，我们发现静态语境里面其实也蕴含着诸多原本属于动态语境研究范畴的变化要素，且静态语境更多体现出来的面貌仅是动态语境的暂时平衡形式，一旦时机成熟，这二者之间完全能够发生转化。所以说，我们完全可以，也应该为这二种语境的良性结合，寻找到一个适切的契合点，进而努力共同推进访谈互动活动研究顺利展开，这点也正如王建华、周明强和盛爱萍认为的那样："语境是语用交际系统中的三大要素之一；它是与具体的语用行为密切联系的、同语用过程相始终的、对语用活动有重要影响的条件和背景；它是由诸多要素构成的、相对独立的客观存在，又同语用主体和话语实体互相渗透；它既是确定的，又是动态的，以语境场的方式在语用活动中发挥作用。"② 其中的"语境场"

---

① 冯广艺：《汉语修辞论》，华中师范大学出版社 2000 年版，第 175—183 页。
② 王建华、周明强、盛爱萍：《现代汉语语境研究》，浙江大学出版社 2002 年版，第 59 页。

即是动静两态语境有机复合的最终物化承载体，然后这个承载体又在题旨情境的统领下，以其独特的方式作用于具体的访谈互动交流活动。

第二节　电视传媒语境顺应理论（下）

在这一节中，我们还将完成如下两方面内容的阐析：一是媒介简单发展演变史及其概念界定，二是电视媒介的基本特质。

众所周知，在中国古代"媒"与"介"两字其实是分开指称不同内容的。

在西方，一些学者对于媒介这个概念的认识则略显宽泛，他们很多时候更倾向于认为媒介本应是无处不在、无时不有的。如麦克卢汉就曾持有类似观点："机器或工具都是因人的需要而产生的，那么机器或工具就成了人体的延伸。媒介是人的信息工具，其音响就成了人的听觉器官的延伸，影像就成了人的视觉器官的延伸。"① 在他看来，媒介的主要功用就是一种用来改变人类既有生存方式的工具，且这种工具往往还具有标杆作用："我们的任何一种延伸（或曰任何一种新的技术），都要在我们的事务中引进一种新的尺度。"② 在某种程度上，这种理解与我国远古先民造字时"近取诸身，远取诸物"的演绎思维范式，有着异曲同工之妙：通过外在"大宇宙"和内在"小宇宙"的和谐共荣，最终实现"通神明之德，类万物之情"。

众所周知，在通用文字发明之前，原始先民主要是采用口耳相传的方式③来进行日常交流沟通，这时传播的主要媒介就是自然声波。布龙菲尔德在阐述其著名"刺激与反应（S→r……s→R）"理论时，曾对此问题有过如下解释："用言语做中介的反应可以发生在任何听到言语的人身上；由于不同的听话人可能具有做出各式各样的行为的能力，所以反应的可能性也就大大地增加了。说话人和听话人身体之间原有一段距

① 韩明莲：《从"文本分析"到"理解媒介"——麦克卢汉媒介理论的发展》，《东岳论丛》2010 年第 11 期。

② ［加拿大］麦克卢汉：《理解媒介》，何道宽译，商务印书馆 2001 年版，第 33 页。

③ 原始社会的人们在交际时，有时不仅需要手舞足蹈来传情达意，有时或许也还需要借助一些特定的辅助性交流方式，如拖长声调、注意语音节奏间隙变化、手势强调、面部表情变化和特定服饰穿着，等等。

离——两个互不相连的神经系统——由声波做了桥梁。"① 就一般情况而言，具有正常生理特征的交际主体双方，就基本可以藉此完成一系列讯息的定向收集了。

此外，虽然人类在现实生活中还可以采用多种方式来进行交际，例如既可用点狼烟、拼虎符、击鼓和鸣金等方法，来进行诸如军事信息传递等特殊形式的交流，也可在日常生活中用语言符号完成正常形式的交流，有时出于特定的需要，甚至也允许图画和手势等非语言性符号广泛参与到交际中来，但就具体应用范围和实际实施效果两者相结合来看，语言作为交际媒介物最为适合。首先就其定义来观照，语言是在一定历史时期内，由一个社会团体创建并约定俗成，且成分较为稳定的符号系统，因此在同一语言流通区域里，人们一般可以较为畅通地进行双向交流。其次借鉴信息论我们也知道，语言在具体话语实践操作层面也有两大优点：一是语言的信息储存量较为可观，用灵活简便的手段就可表达出较为繁杂的信息，二是语言的携带和应用较为方便，一个心智健全的人几乎能够随时随地、得心应手地进行言说。而系统功能语法学派的代表人 Halliday 也曾提出语言的概念、语篇和人际三大功能②，其中语言所具有的人际（Interpersonal）功能主要表现在它反映的是人与人之间的关系，而这些关系又着重体现在交际主体双方之间的远近亲疏、饰演角色和社会地位等方面，与此同时，在某种程度上也反映着交际双方各自的态度口气，以及对事物或事件的一些看法等。其实语言的这种特征在本质上也正是人类之所以超越动物的根本区别所在，诚如邵敬敏认为的那样："语言是人类特有的一种社会现象，是人类最重要的交际工具和思维工具，是以语音为物质外壳，以词汇为建筑材料，以语法为结构规律而构成的符号系统，具有任意性和线条型。"③

值得一提的是，在口头传播时代中，媒介的主要形式是自然声波。在文字和印刷传播时代中，媒介的主要形式则是语言文字等书面资料。

---

① ［美］布龙菲尔德著：《语言论》，袁家骅、赵世开、甘世福译，商务印书馆 1980 年版，第 28 页。

② 其中人际功能主要指的是语言在传递信息之外还可以代表言说者的身份、地位、态度和动机等功能。通过这些功能，言说者可以参与交际，表达其态度并影响他人的态度和行为。

③ 邵敬敏：《现代汉语通论》（第二版），上海教育出版社 2007 年版，第 2 页。

而在电视网络传播时代，媒介的主要形式却并无定型，因为此时人类已由被动的、单一的讯息接受者逐渐转变为主动的、多维的讯息采撷者和应用者，所以以上诸种媒介也正在相互融合，其功能也在日趋集成。在一般情况下，人们既可以通过语言文字，也可以经由音频和视频等媒介资源的综合运营去完成交流，进而使得互动主体双方在其间不仅可以实现情感思想资讯的有效传递和接受，而且也还可实现人们对于媒体全方位复合魅力的完美领略。

所以在本书研究视域中，媒介即是交互联通主体双方传情达意的一种有效凭借手段。广义上来看，它应包括人类在漫长进化发展过程中所累积的所有社会与自然文明成果，但狭义上一般主要指语言和非语言符号资源在电视网络全息化环境中的有效交集。再结合本书语料分析实际情况来综合观照，我们认为这种涵盖语言和非语言两种典型要素的电视网络全息化媒介，很多时候往往呈现出一种更为高级的形态，亦即"声画一体性"，如果说此间语言要素更多时候还仅是属于"声"的运营范畴，那么包括着体态语（身体接触、面部表情、肢体语言等）和图影（服装、音响配乐①、镜头②、节目组演播大厅现场的大屏幕实时滚动更新）两部分内容的非语言要素则更多体现出来"画"的独具魅力③。值得一提的是，这两者又总是彼此相辅相成，有机渗透在访谈互动活动整个发展过程中，共同推动着访谈互动活动顺利开展。

在此基础上，我们可以将本书所适用的语境进一步概括为："时、空、人、言"函变关系的整体有机复合。其中"时"主要指称时代日期，"空"主要指代的是空间地域，"人"主要指代交际主体双方及其

---

① 音响配乐总是起着诸如填补背景画面空白、引导主题切换和烘托现场氛围促进"互动交际场"维护的作用。

② 按景别可分为远景、大全景、全景、小全景、中景、半身景、近景、特写、大特写等，按摄像机的运动分则可分为推、拉、摇、移、跟、升、降、俯、仰、甩、悬、空、切、综、短、长等。就其功用来说，镜头远近景的灵活切换意在使镜头有视觉冲击力同时也更能彰显出拉伸收缩的节奏感。而且有时镜头里往往又伴随着些许背景短片解说词，这样一方面能够使镜头画面更加自然，另一方面也能弥补单一画面带来的呆板感，同时又起着深化主题的作用。

③ 声画一体性在人物访谈节目中往往起着即时渲染、衔接和表意等作用，不仅整合了人际传播和大众传播的诸种优势，同时多种表现方式的并举也能够使节目内容生动而富有生活感染力，进而获得广大观众喜爱。

各自内含的生理心理性特征，"言"则主要指代外在群体人文性制约因素（包含社会文化和集群心理等）。这些要素在表面上虽是各自静态外显、相对独立的，但由于它们又是整体有机凝聚在一起的集群体，在人物访谈互动活动实施过程中，自然也会随着活动的实际发展，进而呈现出动态化演变的特征，所以，这些特征在客观上也就能鲜明地彰显出本语境理论的独具魅力：既能完成相关背景性静态信息的良好顺应，又可圆满实现对具体互动交际过程中相关变化要素的实时有效调控。

　　在现实访谈互动活动研究展开过程中，我们不仅需要密切联系言说主体双方的具体话语表述，而且也需要考虑互动活动发生的实际时间、地域和场合等要素，当然也需要综合考虑互动主体双方所处的社会历史环境和自然环境，有时或许还需要兼及某些潜在的，诸如互动主体之间对象关系区分等细节因素的综合考量，因为只有经由这样，方才能够利用好语境这把双刃剑，进而为交流活动的顺利、有效开展奠定下扎实基础，此过程也诚如刘焕辉所阐述的那样："从表达一方来说，主要是依据特定语境的表达需要来选择语言中的同义形式以组合相应的言语形式，甚至创造特殊的表达方式；利用语境因素来排除歧义，使语言中的多义和歧义现象获得明确的单义性；借助语境中特定的情境意义补衬语言本身的意义，传达言外之意。从接受一方来说，便是联系语境对言语形式进行分解、合成，还原为对方所表达的思想内容。"① 无论是在表达或是在接受阶段，对于适切言语形式的选用和理解，都无法离开具体情境要素的全程有效参与。

第三节　调控适配协调化理论（上）

　　所谓表达接受双方并重，其着眼点应有两处：一是在互动言语交际过程中，不仅需要表达方，同时亦需要接受方。二是在具体交流活动过程中，接受方和表达方的地位在原则上一般是等价的。

　　英国语言学家 Halliday 曾认为语言学可着重对如下两大部分内容进行探索：一是深入有机体的内部，即考察人的心灵精神活动；二是探究

---

① 刘焕辉：《语境与言语交际》，北京语言学院出版社1992年版，第458—459页。

有机体与有机体之间的关联，亦即考察人与人之间的社交关系，诚如他认为的那样："人们不仅说话，而且是互相交谈。"①"说话"所体现出来的是人的自然生理属性，"互相交谈"更多涉及的是人的后天社会属性。人是群居，且有着一定传情达意诉求，能够正常发声言语的高级动物，人们在日常生产生活中往往还需要饰演着诸多不同的社会角色。人与人之间需要通过交流活动，来最终完成自身传情达意诉求的满足："人之所以为人者，言也。人而不能言，何以为人？"

在西方修辞学界，早在古希腊时期，亚里士多德就已将修辞视作一种寻求合情合理说服形式的能力了，虽然他主要还是从表达方角度出发对修辞进行界定："一种能在任何一个问题上找出可能的说服方式的功能"②，但要进行有效说服自然不能只顾自己言之成理，有时势必更需兼及受众的反馈意见。其实亚里士多德业已关注到了这个问题：例如在阐述诸如"情感诉求"（Pathos）等三种基本说服方式时，他就明确指出要在了解接受方真实心理诉求的基础上，再用言辞去打动他们的内心，真正去以情感人。到了现当代，美国修辞学家肯尼斯·伯克又将修辞学研究视角重新投放回西方古典修辞学研究传统体系中，并又极具创新性地提出"同一"理论，由此完成与亚里士多德"劝说"理论的隔代呼应：其"同一方式"理论体系框架中的"同情认同"方式（Identification by sympathy），其实与亚里士多德"情感诉求"方式之间有着千丝万缕的内在关联。因为他认为只有与接受方说同样的话，使用同样的方式，持有同样的观点，才能试图让其接受表达方的劝说。

在中国修辞学界，早在先秦时期，孟子就曾提出过要正确理解表达方言谈举止的"知言"接受理论，并且又依托"以意逆志"和"知人论世"两大应用原则来具体落实其修辞鉴赏理论。其中"知人论世"原则又是"以意逆志"原则的前提：因为只有对表达方所处环境时代和自身思想生活情况有较为透彻的了解，才能真正做到"不以文害辞，不以辞害志"，进而方可全面了解表达方所要传递的真实意图。时至现今，宗廷虎和李金苓更是在《汉语修辞学史纲》中大声疾呼："写说者

---

① 参见刘焕辉主编《言语交际学基本原理》，江西教育出版社 1997 年版，第 227 页。
② ［古希腊］亚里士多德：《修辞学》，罗念生译，三联书店 1991 年版，第 24 页。

如何善于运用修辞现象，达到预期的交际目的，收到最佳的修辞效果，这是修辞学应该研究的一项重要内容。而听读者如何通过修辞现象、修辞方式，正确理解写说者所要表达的意思，这也是修辞学应该研究的又一个重要的方面。"① 值得一提的是，他们还率先比较系统地梳理出汉语修辞学体系中鉴赏修辞理论发展这一条重要线索，这其实正是在为表达和接受双方理应并重发声，并在实践应用层面予以正名。

此外，刘焕辉在其著作《言语交际学基本原理》中也曾有过如此看法："（修辞）是行为发出者与行为接受者彼此影响、共同完成的行为，人与人之间的行为一般都是互动行为。其标志是行为接受者身上所发生的变化不是被动的，他也以积极的态度对发出者的动作做出反应，行为因而是双向。"② 他强调互动活动的顺利开展势必无法离开表达和接受主体双方在此期间对于各自主观能动性的充分发挥。

其实究其本质而言，我们进行互动交流活动，总是在努力追求情感和思想等要素的圆融或共享，亦即：在追求最佳表达或接受效果实现的同时，还不忘力促既定主旨的最大化达到。但在实践过程中，我们又总是发现，现实生活中的交际活动往往是复杂多维的，而这种多维复杂性又可作如下两方面解读。

一是多维性。这主要是强调在整个在互动交际过程中，表达和接受双方之间是密不可分的关系。我们不能仅仅只偏执于表达或接受一方，就理所应当地认为交际活动就会按部就班、较为顺畅地进展下去，进而直至最终成功。也正如谭学纯和朱玲认为的那样："表达和接受构成修辞活动的两极，二者互为因果，各自通过对方确证自身的价值；修辞信息通过表达者的语言能力，转化为语言行为，外显为物态化的话语材料，然后作用于接受者；接受者以给定的话语材料为对象，遵循一定的言语交际原则，调动自己的知识库存，以自己对于表达者输出的修辞信息的理解，证明交际效果的相对优化。"③ 假使缺失了其中的任何一极，整个互动活动往往也只能算是一种"单边无用功"，因为放弃表达者，接受者所做的只会是"无米之炊"，而放弃了接受者，表达者所做的也

---

① 宗廷虎、李金苓：《汉语修辞学史纲》，吉林教育出版社 1989 年版，第 61 页。
② 刘焕辉主编：《言语交际学基本原理》，江西教育出版社 1997 年版，第 69 页。
③ 谭学纯、朱玲：《广义修辞学》，安徽教育出版社 2001 年版，第 97 页。

只会是"无的之矢"。

二是复杂性。在整个交际过程中，并不是只要有交际双方就万事大吉了。除去极其简单的言语交际活动，更为常见的情况是：在一个完整互动活动开展过程中，不仅需要交际主体双方同时出席，而且表达和接受者所扮演的角色也并非永恒不变，在某些特定修辞场合中，往往还会适情应境地发生灵活转换。值得一提的是，这其实也是表达和接收方在互动活动中地位等价的明证之一，正如谭学纯和朱玲认为的那样："正像没有单纯的表达者，也没有单纯的接受者。在具体的修辞活动中，作为主体的人，往返穿梭于修辞活动的两极：他诉说，他也倾听；他追问，他也应答。"① 况且互动活动的开展也正是人类"生活在集体中的一种功能"②，同时也是"言语交际双方共同创造最佳交际效果的审美活动"③。为了基本生存，也为了能够更好地传情达意，作为交际主体的人类更需明确自身角色定位，有时囿于某些现实要素的限制，或许往往还需要身兼二职。

此外，就一般情况来看，在言语交际过程中，表达方主要讲求的是传情，而接受方更希望实现的是达意，然而传情达意在表达和接受方单向的传递过程中只能算是拥有实现的可能性，当且仅当在这两者的良性互动中，方才有真正付诸实施的现实性。概而述之，主体双方之间的良性互动既应是一个传情达意由可能性达至现实性的动态化演变过程，同时这也是一个主旨目标执着追求与策略手段灵活寻求复合而成的函变过程。

第四节　调控适配协调化理论（下）

在本书研究视域中，所谓调控适配协调化理论，其中"调控"主要指的是主持人调整并主控，"适配"指的是受访嘉宾适应并予以配合。

在这一节的细节论述中，我们主要希望完成以下两点内容：一是该理论内涵梳理，二是其具体互动模型建构。

---

① 谭学纯、朱玲：《广义修辞学》，安徽教育出版社 2001 年版，第 116 页。

② ［美］爱德华·霍尔：《无声的语言》，刘建荣译，上海人民出版社 1991 年版，第41 页。

③ 谭学纯、朱玲：《广义修辞学》，安徽教育出版社 2001 年版，第 97 页。

如陈望道在谈到修辞本质特性时曾认为：

> （中国）文法的稳定性较大，而修辞的变动性大。文法不能随便变动，变了就容易造成语句不通。而修辞则必须经常变化和发展。易变，是修辞的重要特点之一。①

既然修辞形同于一个不等式，那么是否还能寻找出其特有规律呢？答案是肯定的。陈望道又认为：

> 发展变化的观点对于修辞研究非常重要。在研究中必须找到一个会变的东西，要使这个东西与修辞有必然的联系，这个东西变了，修辞也就变了。……要注意两方面的变化，一是题旨情境，一是语言文字。这两个东西变，修辞也要变。我们可以根据题旨情境来随机应变，来应付种种复杂的现象。也就是说，要根据题旨情境来运用语言文字的各种可能性。研究学问既要找出不变的东西，否则就不能有规律；同时也要找出变的东西，这变的东西要与研究的对象有必然的联系。②

世间事物万变不离其宗，"可以根据题旨情境来随机应变"这句话其实已极为精确地点出调控适配协调化理论建构的根本出发点。

为什么需要调控适配？众所周知，所谓交际活动，一般指的就是在社会中，个体（群体）与其他个体（群体）之间为了生活生产等目的，自觉进行的，具有互通互动特质的社交性活动。其本质乃是一个信息传递和情感交流双向运作过程：表达方 A 借助语言或非语言符号来传情达意，接受方 B 则调动视觉和听觉等渠道来进行接收，并在从中过滤出契合自身需求的信息后，再度结合自身所处的相关语境要件对其进行解码，最后经过整合处理后，又再将反馈信息传递给表达方 A。显然，此时原先的接受方 B 已经兼及了新表达方 B′的身份，而原先的表达方 A

---

① 陈望道：《陈望道修辞论集》，安徽教育出版社 1985 年版，第 300 页。
② 同上书，第 292 页。

业已兼及了新接受方 A′ 的身份，这样一来，下一轮全新的互动交流也由此正式拉开序幕。但值得一提的是，互动活动的实际运营过程也并非总是一帆风顺，在这期间某些干扰因素难免总会介入其中，同时也由于人物访谈互动活动往往以各类信息流为主要承载内容，在每种或每次信息的实际采集和加工过程中，总又不可避免会出现诸如信息缺失、变异、增殖或利用不充分等紧急状况。所以一旦情势有变，自然也会导致互动失灵①境况的频繁出现。

于是这时就需要互动主体双方能切实根据实际运行效果和既定主旨目标来实时修正原先获得的相关信息，并借助于情境资源的整合挖掘，以期能真正改善前期实施效果，进而带来全新信息流，努力促使新一轮互动活动的顺利开展。

如何开展调控适配？借鉴系统论观点，我们已能清楚地认识到，互动活动很多时候其实可以被视作一个具有整体性、开放性、层次性和目的性等多种特征即时调整、呈螺旋上升态势发展的有机系统，每一次互动活动的展开都是一个全新动态意义生成的过程。换而言之，在每一次互动活动实际展开过程中，任何预案都必须根据现实交际情境的实时变化来进行综合调整，其中主要经由制订计划、执行计划和修正计划等几项步骤的循环往复运作，不断推进整个互动活动走向深入。概而述之，其中制订计划对应于"我需要如何言说（接受）"，执行计划对应于"我正在言说（接受）"，而修正计划则更多对应的是"我该如何更好地言说（接受）以求交际意图的最大化达成"，这也恰恰正好体现了中国传统修辞学"受命不受辞"②理念的精髓。而其间的修正计划，在很多时候又可以被看作一个"预制"与"生发"交相博弈的过程：因为"预制"所体现出的往往是互动交流开展前期相对的静态性和暂时自闭

---

① 我们认为互动失灵很多时候其实是囿于外界因素干扰，或者主体双方由于自身原因在传情达意之时不能完全适应题旨情境的变化，进而才造成修辞资源优化配置进程受阻，更有甚者导致最终走向零和交际。

② 此典源出《公羊传·庄公十九年》："聘礼，大夫受命不受辞，出竟有可以安社稷、利国家者，则专之可也。"原意是只接受领导交代的任务，而如何去完成则不受上级具体指令的限制和约束。推而广之，引申到互动活动中来，唯一永恒不变的就是要追求修辞意图的最大化实现，而具体操作则都需要主体双方根据情境的变化去创造性地作出抉择，其间的成功或失败在很大程度上便取决于主体双方综合把控修辞策略实际运营的能力和智慧。

性，而"生发"更多地体现出的是互动交流开展后期绝对的动态性和长期开放性。换而言之，要想有精彩的生发，就势必需要有前期准确而充分的预制，但再精心准备的预制，却也无法准确地预知清楚整个访谈互动交际活动实际开展时的所有细节，于是灵活而巧妙的生发便成为整个互动活动的点睛之笔，以期最终能促成这种交流活动走向圆满。在某种意义上，互动交流活动因预制而充实有序，更因生发而灵活精彩，这里所彰显的也正是"调控适配协调化理论"的无尽魅力。

我们认为，究其本质而言，国内人物访谈类电视节目中访谈互动活动完全可看成是一个互动主体双方在实际沟通交流活动中，有效整合其间诸如情态、语境等诸多参与性因素，各自运用适切性言说抑或行为策略，以最优化的方式，尽可能最大限度地谋求既定主旨目标成功实现的动态运筹化过程。就宏观层面而言，其中主要扮演表达角色的主持人①，在其间往往着重起着调整并主控话题②展开的作用，而主要作为接收方的受访嘉宾，在一般情况下更侧重于适应并配合主持人的工作，主体双方在适应题旨情境③大前提下，同时也在着重综合借鉴诸如"礼貌合作"等原则④基础上，以期形成良好有效的"访谈互动场"，各自实时灵活转换相关话语表述角色，共同推进整个人物访谈互动活动走向深入，其具体落实抓手便是修辞策略的节奏化运营⑤。

而修辞策略在人物访谈互动活动中，主要有以下两种典型运营形态：在宏观战略层面上，主要表现为既定互动子话题流的灵活设置、调整乃至更迭。在微观战术层面上，主要表现为围绕着选取的各个互动子话题，主体双方如何灵活选用诸种言语抑或行为策略来进行交流，以求服务于既定主旨目标的圆满实现。

---

①　根据很多语料显示，主持人有时在受访嘉宾一时词穷，无法清晰表达时，亦需要加以各种援手（如搭话和安慰等），而非放任自流，因为没有一个主持人会喜欢自己所主持的人物访谈互动活动在此时长时间"卡壳"或甚至是中断。

②　此处话题可以理解为一个独特的语篇概念，亦即由一系列问答相邻对所构建成的集合。

③　此处既包括对于实现既定主旨目标的专注，也包括对于各种情境要素的完美适应。尽管在这期间，主持人（们）和受访嘉宾（们）各自所承担的角色和义务往往是不尽相同的。

④　这些原则主要由格莱斯、利奇和兰考夫等西方学者提出，其实这些原则与中国传统的礼仪规范亦有异曲同工之妙。

⑤　此处的策略运营还需兼顾现场内外观众的审美趣味，亦即能让观众喜闻乐见。

　　出于本书的实际研究需要，我们认为建立一个表里联动调控适配协调化互动模型是件迫在眉睫的事情，以下可分别来进行观照。

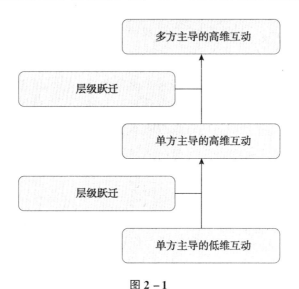

图 2 - 1

　　现在我们可以进一步对图 2 - 1 和图 2 - 2 进行深入阐释：图 2 - 1 主要体现的是国内主流人物访谈类电视节目中，典型互动活动表象上的纵向层级变化，其中由低到高共有单方主导的低维互动、单方主导的高维互动和多方主导的高维互动三个层级，而这三个层级之间在具备一定的能量后又可以各自发生跃迁，其能量所包含着的诸多要素，参见下文诸章节中对于这三种典型互动形态的具体分析。而图 2 - 2 主要强调的是，国内主流人物访谈类电视节目典型互动活动内在的、横向具体策略运营流程，其更适用于上述三种典型形态中各自内部具体运营规律的探索。简而要之，首先是主体双方开展访谈互动活动，其间必定会遇到一些干扰因素，受此影响继而又会发生如下两种情况：其一是此种影响在该次访谈互动活动中几乎完全可以忽略，那么由此带来的结果便是在这个发展过程总体上推进还算比较顺利，主体双方也能够按照既定计划，充分发挥各自主观能动性，运用言语抑或行为策略来充分进行交流。其二是假如此种影响在该次访谈互动活动中不能被完全忽视，那么这个发展过程在总体上的推进就往往不是那么顺利了。其间又主要下辖两种情况：一种是需要对预先设置的互动子话题实施进一步微调，然后主体双

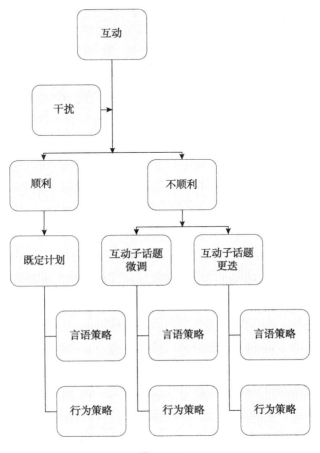

图 2-2

方各自再继续充分发挥主观能动性，运用言语抑或行为策略来进行交流；另一种是需要对预先设置的互动子话题进行完全性更迭，主体双方然后再各自充分发挥主观能动性，运用言语抑或行为策略来进行交流。值得一提的是，这些情况的出现是有一定几率性的，两个图之间存在着些许表里、纵横联动的关系，故而可统辖于一个模型系统框架内。

第三章

低互动度访谈活动纵向修辞学分析

第一节 互动典型形态划分

在学术研究中，类型划分的正确与否，往往可视为能否保证获得科研成果的关键性要素之一。虽说划分标准往往具有一定的假说性和相对性，但这两性并不等同于随意性，故而对于研究对象具体类型的划分，也需要遵循一定基准规范，在本书研究中即根据语料自身所呈现出来的具体客观事实形态以及既定的研究要求。所谓互动类型，指的就是从国内一些主流人物访谈类电视节目的典型互动活动语料实例中，依照一定条件所抽取出来的，具有规律性共通点的要素集合。

在我国修辞学发展历史上，陈望道曾经对修辞学的分野体系，有过一次具有重大学科理论建构意义的二元划分：消极修辞与积极修辞。在阐述这两大分野理论时，他认为："消极修辞是抽象的概念的；积极修辞是具体的体验的。对于语言一则利用语言的概念因素，一则利用语言的体验因素。"[①] 然后，他又对消极和积极修辞在内容和形式层面进行了更深入的梳理，亦即：消极修辞在内容方面，要讲求意义明确和伦次通顺，形式方面，要词句平匀和安排稳密，主要是因为消极修辞目的只在于使人"领会"。而积极修辞则要讲求辞格和辞趣，这主要是因为积极修辞手段的采用，是为了能让人在"领会"的基础上，进一步真切地进行"感受"。

经过综合分析，我们不难发现"领会"和"感受"这两种主观情

---

① 陈望道：《修辞学发凡》，复旦大学出版社 2010 年版，第 41 页。

态，在本书高低互动度语料中也各自有其鲜明体现。在很多时候，低互动度语料所体现出来的特征，主要是使人了解人物访谈类电视节目中典型互动活动的浅层表象运作机制；而高互动度语料体现出来的特征，则主要是使人们在了解的基础上，还能更进一步感受到国内主流人物访谈类电视节目典型互动活动所独具的魅力。换而言之即是，高互动度语料更能让人深切感受到人物访谈互动活动的深层创意性运营。

以下我们依次来深入本章节的研讨工作。

（一）单方主导的低维互动

所谓单方主导的低维互动，重点在于"单方"和"低维"。

首先，"单方主导"着重强调的是在低互动度交际活动中，掌握主要话语分配主动权，以及进行整个局面控制一方的行为主体是固定而且单一的，很多时候往往指的就是人物访谈类电视节目主持人自身。"低维"指的是实际参加低互动度交际活动的其他主体数目也较少，结合目前实际所掌握的语料情况综合来看，该次互动活动中其他主体通常指的也就是一名受访嘉宾。而且在具体互动活动运营过程中，主体双方各自进行的话语轮次往复推进频率也不是很高，人物访谈节目整体推进节奏，相对来说还较为舒缓。

其次，其互动活动在通常情况下，主要表现为主持人与受访嘉宾双方之间常见一问一答交替推进的对话交流模式。在实际运营过程中，主体双方一般采用的都是较为平正的言说策略，少有较为丰富的行为体态语的高频出现，且受访嘉宾一般也很少会和主持人争夺话语控制权，往往安于被动言说的局面。之所以如此，或是由于在当前国内主流人物访谈电视节目中，主宾双方一般情况下往往都尽量恪守礼貌交流原则，总是希冀能在和谐圆满的氛围中完成整个互动活动。

再次，低互动度交际活动中人物访谈电视节目的具体展开过程，也往往呈现出些许"平面化"状态：一是节目录制地点通常是一个相对较为封闭的环境，如可是受访嘉宾提供的小型会客室，或是一个节目组自带的小型演播厅；二是现场观摩观众数量较少抑或没有，且整个访谈现场氛围一般较为严谨庄重，少有抑或没有互动主体双方与现场内外观众之间的即时沟通；三是在节目实际编排过程中，最多只会插播一些背景性资料介绍短片。一般情况下，互动主体双方之间很少会进行诸如做游戏、猜谜语和现场电话场外连线等较为激烈、多元的高级互动行为。电视节目整体编排流程也往往呈现出较为中规中矩的态势。

值得一提的是，根据目前所掌握的语料，我们没有看到有多方主导的低维互动情况的出现，故而从略。

综上所述，单方主导的低维互动乃是当前国内主流人物访谈类电视节目中低互动度交际活动的重要表现形式，其特点是：该活动更多意在"使人领会"的朴素节目定位，节目立足点在很多时候仅仅只是为了向场（内）外观众传播特定的信息，故而可将其安排在互动模型的底部，以作为基础性支撑，继而再开展后续深入研究。

第二节　互动阶段话语分析

众所周知，规律是指事物在运动发展过程中所体现出来的固有、必然和本质的联系。同时，因为它还具有一定的客观性和普遍性，所以要总结出有效的互动规律，就势必需要先立足于所收集的诸多语料，然后再深入到互动活动内部，深入分析其具体活动相关运行步骤，也只有经由这样，方能真正得出具有一定说服力的结论。

在我国古代传统文论体系中，也早有一些有益于本书研究的真知灼见散见于各种典籍之中。如南北朝时期的刘勰在其《文心雕龙》中就曾重点强调过文章的布局谋篇要注重整体效果，使之"首尾圆合，条贯统序"。而元代文论家陈绎曾在其著作中也曾将传统篇章修辞理论发扬光大，他在"《文筌》中把文章分为起、承、铺、叙、过、结六个部分，认为它们共同构成文章的整体，还指出在具体运用时可'随宜增减'，不必求全。日人竹友藻风认为陈绎曾所谓的起承铺结之法，适与古希腊科拉克斯以后修辞学上辩论的五分法（绪言、叙说、论证、补说、结语）相一致"①。元代的乔吉在论诗时，也有过诸如"凤头、猪肚、豹尾"的精辟见解。清代桐城派的理论先驱方苞在其构建的理论体系中，又对此加以阐述道："《春秋》之制义法，自太史公发之，而后之深于文者亦具焉。义即《易》之所谓'言有物'也，法即《易》之

---

①　宗廷虎、李金苓：《汉语修辞学史纲》，吉林教育出版社1989年版，第13页。

所谓'言有序'也。义以为经而法纬之，然后为成体之文。"方苞在此着重于强调文章撰写在"言有物"的同时，还需要"言有序"。其实这种内容与形式同举并重的篇章分析义法，在如今也仍有其可取之处。

在本书研究过程中，我们也借鉴这种篇章结构阐析理论，再依据事件发展的时间顺序，进一步将整个互动活动运营过程划分为起始、展开、高潮和结束四阶段。

（一）起始阶段阐析

在低互动度访谈交际活动开展过程中，节目的起始一般指的是访谈活动开场式，此环节一般都由主持人主导完成。主要目的是介绍背景知识（包括相关事件发展和嘉宾简历梳理等情况），继而明确本次访谈的主旨以便加深现场内（外）观众的后续理解，或是调动现场氛围使受访嘉宾能及时调整情绪，尽快配合节目主持人进入访谈"互动"状态。其具体呈现方式一般是主持人口头陈述，或是播放背景资料短片。

就访谈互动活动整个运行过程来看，此阶段还只能算是一个为后续互动活动顺利开展的铺垫，值得一提的是，它还总是或多或少与结束阶段存在某种内在性呼应。

1. 起始类型

在对所收集的低互动度访谈节目语料进行综合分析后，我们认为对于起始类型的划分相对来说较为简单。根据具体言说主体类型的不同，一般可分为两类：自言型起始和他言型起始。其中自言型起始指的是访谈节目主持人自身口头进行表述的起始，亦即俗称的开场白。而他言型起始，顾名思义则是指别人代为表述的起始，在本书研究范畴内，主要体现为访谈节目播出过程中实际出现的相关短片资料。这两种起始皆需要紧扣该次访谈的主旨，因为再精彩的起始，归根结底也还要为圆满达成本次访谈既定目标而服务。

就宏观层面而言，整个起始过程就如同一场音乐会中起着基础性作用的"定调"一样，它不仅可以规范全曲的基本风貌，同时也能为主体双方进一步打开局面，顺利进入互动环节奠定扎实基础。就实际功用而言，一个精彩的起始，不仅在于要能成功地传播讯息和调节互动氛围，真正调动起主体双方投身该次访谈的积极性，而且更在于能够成功吸引起电视机前（抑或访谈现场）众多观众对于访谈节目本身的关注。

因为就媒介传播心理学理论构建层面而言，兴趣乃是产生注意的基础条件，兴趣往往能够更容易、更充分地调动起参与者从事某项活动的积极性态度和良好性情绪状态。在访谈互动活动实际运营过程中，一个成功的起始有时还往往还起到预设悬念的作用，使场内外观众能感到好奇，进而静心观看，最终完成相关享受，其实客观上也为整个节目收视率的有效提升预铺好了前进轨道。

　　2. 起始方式

　　与上述起始类型相匹配，在低互动度访谈活动中，起始方式一般也可相应细分为自言口语表述型和他言影像表述型，分别对应于主持人口语开场白表述和访谈节目组编排插播的背景资料短片播放。

　　在这里，我们可以着重来观照这两种起始方式在本书语料库中各自较为典型的运用情况：就财经类人物访谈电视节目而言，起始时主要应用自言口语表述型起始方式的主持人有《中国经营者》的主持人罗振宇和崔艳，《亚洲经营者》的主持人崔艳，《意见领袖》的主持人仇芳芳以及《杨澜访谈录》的主持人杨澜。就学术类人物访谈电视节目而言，在起始时主要应用自言口语表述型起始方式的主持人有《大家》的主持人曲向东和《杨澜访谈录》的主持人杨澜。就政治类人物访谈电视节目而言，在起始时主要应用自言口语表述型起始方式的主持人有《杨澜访谈录》的主持人杨澜和《问答神州》的主持人吴小莉。

　　而财经类人物访谈电视节目《财富人生》的主持人赖丹丹，学术类人物访谈节目《可凡倾听》的主持人曹可凡，政治类人物访谈节目《高端访问》的主持人水均益，《名人面对面》的主持人许戈辉和《面对面》的主持人王志，则主要采用的是他言影像表述型起始方式。

　　其实单就理论层面而言，这两种起始方式的选用并没有严格的限制，它们之间也并不是非此即彼的优劣关系，为的其实都是能够有效传递相关背景信息和预热访谈氛围，以便后期访谈互动深入推进。结合我们目前所掌握的语料实际情况来看，在低互动度访谈活动中，主持人自言型口语表述型起始方式的应用频率稍高于节目组他言影像表述型起始方式。在本章中，我们将主要来探讨主持人自言型口语表述型起始方式的具体运用。

　　单就主持人自言型口语表述型起始方式来看，存在着以下几种情况。一是相同性别，但不同年龄段主持人的开场白表述风格不尽相同。譬如《意见领袖》的主持人仇芳芳跟《杨澜访谈录》的主持人杨澜，同样都是女性，同样也在采访一些著名财经人士。但是前者年轻，起始方式往往是干脆利落，且基本上没有运用过体态语，属于一种就事论事、中规中矩的播音式主持风格。而后者年长，起始方式则往往更为精练睿智、自然得体，同时还有着较为丰富的体态语展现，以2010年8月28日专访宝洁CEO麦睿博的视频语料为例，从1分41秒开始到2分35秒结束，在这不到1分钟的时段中，主持人杨澜共进行过16次体态语（主要是手势语强调）表达：或单手托出，或双手握圆，虽然其手势表达方式较为多样，但配合着其他语言（主要是语速快慢、吐字清晰程度等）和非语言（主要包含眼神体态语、服饰穿着打扮等）相关要素的综合运营，很强烈地带给电视机前观众一种较为干练得体的直观感受。

　　二是不同性别，但年龄段相近主持人的表述亦是各有特色，哪怕是在同一档人物访谈电视节目的主持中。譬如同样主持着《中国经营者》节目，主持人罗振宇先生跟崔艳小姐的起始风格就各有千秋：罗振宇别具睿智犀利，崔艳却更显知性温婉。下面我们或许可以适当采用控制变量思维模式，以罗振宇和崔艳在不同年份，分别各自采访搜狐CEO张朝阳和吉利董事长李书福两个语料的起始情况，来进行详细对比。

　　在2009年6月13日采访张朝阳的那期节目中，罗振宇在起始时首先做了如下陈述：

　　　　大家好，我们《中国经营者》栏目现在来到的是北京搜狐公司的总部，一会儿坐在我们面前的接受采访的就是搜狐的张朝阳。要知道，最近来到这间屋子采访的记者大家感兴趣的话题都是他的那间游戏子公司——畅游在美国上市的事情，不过我们觉得这可能只是搜狐自己的事情，也许没有太大的分享价值。我们感兴趣的是什么呢？最近我们在他们的内部材料当中捕捉到了一个词，他们试图把搜狐做成中国的时代华纳。换句话说，也许过几年之后，我们再提起"搜狐"这个词的时候，它就不再是什么互联网门户公司，也许它将会成为一家地地道道的媒体公司。那么面对这张全新的蓝图，张朝阳该如何落笔？这是一会儿我采访他的时候最大的疑问。

在这段持续时长 1 分钟不到的视频资料中，我们不仅能看到罗振宇在频繁运用各类辅助性手势语进行语势强调，而且也能很直观地被他的一些富有震撼力的关键词所深深吸引，譬如"中国的时代华纳""地地道道的媒体公司""内部材料""捕捉"和"蓝图"等。值得一提的是，这些极具张力的词语一直都在非常强烈地指向着本次访谈的既定主旨——搜狐的门户"蜕变"。此外，就其语言运用整体气势上直观感受而言，罗振宇也是自信满满地认为已成功选择到了一个独具价值的访谈切入点。例如，他认为自己所感兴趣的并不是搜狐游戏子公司在美国上市这类表象话题，而应是从其公司内部材料中偶然捕捉到的一个关键性信息：搜狐公司不再是什么互联网门户网站。

其实，我们还可明显发现这些话语表述或多或少都带有个人主观感情色彩：譬如他在此过程中提到"我们"的次数共计有 6 次，而提到"我"的次数则仅为 1 次。而且值得一提的是，"那么面对这张全新的蓝图，张朝阳该如何落笔？这是一会儿我采访他的时候最大的疑问……"这句话虽说出自主持人之口，其实在某种程度上，也可理解为是罗振宇故意抛给电视机前观众的一个疑问，意在吸引并唤起电视机前观众对于本次人物访谈内容和既定主旨的深刻理解。

我们可以发现，罗振宇只运用了极为简单的七句话，就已切中肯綮地完成了本次访谈相关背景信息的传播和预先悬念的设置，可谓是辞约而旨远。

崔艳则是在 2011 年 5 月 14 日采访的张朝阳。她在起始时这样说道：

欢迎收看本期《中国经营者》，我是崔艳。微博毫无疑问已成为全世界最流行的词汇，而在中国随之而来的是一场硝烟四起的微博争夺战。四大门户网站摩拳擦掌，在微博战场上全面开打。新浪曹国伟亲自挂帅微博总负责人，凭借其先发优势扩大市场份额。而腾讯以其庞大的 6 亿 QQ 客户端作为杀手锏，马化腾更是放出豪

言：对于微博的投入不惜血本。网易 CEO 丁磊日前宣布微博将成
为网易 2011 年重点推出的产品。而近年来一向深居简出的搜狐董
事局主席张朝阳终于坐不住了，积极推广搜狐微博。在前不久的上
海车展上，张朝阳就亲自坐镇用微博进行现场直播，凭借自己的明
星效应来为搜狐微博造势，那么这场微博大战将持续多久？最后又
会花落谁家？带着这些问题，我们专访了搜狐董事局主席张朝阳。

　　在这段话中，崔艳很少会像罗振宇一样，在开局伊始就带有着强烈
的个人主观色彩，进而对所要访谈的具体事件以极为干脆利落的方式完
成敏锐审视。她在起始时基本上都在详细介绍此次访谈的相关背景以及
该事件发展的情况，力图廓清电视机前观众的既有视野，并完成新讯息
的有效传播，其起始目的主要是能够凸显此次访谈主旨——搜狐的"微
博战略"。此外，根据视频资料显示，她在此过程中，虽然在具体言语
叙述时也综合运用了一些较为简单的手势体态语略微加以辅助，但在具
体遣词造句的处理上却显得较为审慎，且其句式运用总体上也呈现出些
许骈偶化倾向：基本上都是较为整齐划一的长句，较少有字数参差不齐
的短句高频出现。这样一来，其具体效果呈现也如吴礼权分析的那样：
"对偶作为一种修辞文本模式，不管是何种类型，它的建构都是富有特
定的表达与接受效果的。一般说来，从表达上看，由于文本是以两个语
言单位对仗的整齐形式来表情达意的，在视觉形象上，两个语言单位在
字数上的相等、句法上的相同或相似，自然造就出一种整齐平衡、对称
和谐的视觉形式美感；在听觉形象上，两个语言单位在音节上的相等，
在平仄上的相对，自然而然地营构出一种节奏均衡和谐的听觉形式美
感。"[①] 值得一提的是，主持人本段话语表述中所体现的对偶修辞手法
其实较为隐晦，主要体现为诸如"硝烟四起""摩拳擦掌""全面开打"
"不惜血本""持续多久"和"花落谁家"等四字词组的广泛运用。而且
这些表述或多或少也体现出汉赋的某些特质。再者，加上崔艳当时身着
一袭紫色的职业装，整体上更是呈现出一种传媒界女性独具的知性柔
和美。

---

　　① 吴礼权：《现代汉语修辞学》（修订版），复旦大学出版社 2012 年版，第 130 页。

此外，我们也发现主持人在此也运用了一些巧妙的提问手法："那么这场微博大战将持续多久？最后又会花落谁家？带着这些问题，我们专访了搜狐董事局主席张朝阳。"就其实际意义呈现而言，这种提问方式，不仅能够较为得体地顾及电视机前观众的感受，还能充分调动起他们一起参与本次人物访谈电视节目的积极性。

而她早前在 2011 年 3 月 5 日采访李书福时，也是较为明显地体现出了这种风格。当时崔艳在起始时曾讲道：

> 欢迎收看《中国经营者》，我是崔艳。1 月 25 号备受关注的沃尔沃中国区总部正式宣布成立。而在成立仪式上，作为身兼沃尔沃董事长的李书福却出乎意料地缺席了，低调成为了众人对他的新印象。在经历了吉利收购沃尔沃的一波三折之后，李书福呢，好像迅速从一位汽车疯子成长为一位世界商业领袖。2 月 25 日沃尔沃在北京发布了未来 5 年的中国发展战略。在李书福收购沃尔沃的这一年当中到底发生了什么？李书福又为沃尔沃设计了怎样的未来之路呢？好，请看本期《中国经营者》。

在这期访谈节目的起始过程中，崔艳较之上个视频骈偶化倾向虽说略有削减，又灵活增添了一些口语化要素：如"李书福呢"中的"呢"和"好，请看本期《中国经营者》"中的"好"等词语虽简单不起眼，但相比却更能体现出较为鲜活的口语生活气息，客观上也能拉近主持人与观众之间的情感距离，同时也使整个起始过程不至于过度流于程式化。此外，她在其间还更注意了口语表述时重音表达的综合把握，充分体现在"新印象"、"世界商业领袖"和"中国发展战略"等关键词的处理上，同时出于强调重点和引起观众关注的需要，她也适时调整了口语表述时的语流停顿。

在具体话题设置及引入中，她也敏锐地从李书福新近在沃尔沃中国区总部成立大会上的缺席事件着眼，逐渐将话题引到对于李书福全新形象的探究，此举不仅有效传递了相关背景信息和成功设置了前期悬念，同时也通过对李书福形象的重新定位，进而给本次访谈节目定下基调，而这也就紧紧扣住了本次访谈的既定主旨——李书福的新形象新战略。值得一提的是，在这段话语表述中，主持人仍旧采用了较为高明的设问手法："在李书福收购沃尔沃的这一年当中到底发生了什么？李书福又为沃尔沃设计了怎样的未来之路呢？"这样一来，电视机前观众的好奇心自然也会不知不觉地被调动起来。

　　而相比较而言罗振宇在2009年4月25日采访李书福时则又显示出了另一种风格。他在起始过程中这样说道：

　　　　今年两会期间曾经爆出过这样一条新闻：国务院副总理王岐山在和代表委员交流的时候，曾经用一种罕见直率的口吻提醒中国的企业家们，他认为啊，在没有做好准备的情况下，贸然地去做海外并购是一件风险极大的事情，所以一定要谨慎。这句话言犹在耳，我们就听到了一则新闻：那个号称"汽车疯子"的人，也就是吉利的李书福斥资收购了澳洲最大的汽车变速器公司，那么我们栏目就在第一时间采访了他。他为什么要收购？他做好准备了吗？

　　显然，罗振宇在寻找访谈切入点方面的感觉依旧灵敏犀利：从2009年两会期间王岐山对中国企业家海外并购提出警告事件本身出发，继而又直接简明扼要地将视角投到李书福海外并购事件上。事实上，这两个独立事件之间乃是一种截然相反的关联：一个希望步步为营、谨慎守常，另一个却要敢打敢拼、出奇制胜。两个具有传奇色彩的名人，两种针锋相对的观点，此时已经没有任何一种可以比他们之间观点剧烈碰撞更能吸引人们眼球的事情发生了。这其实是映衬修辞手法的一种化用。所谓映衬，吴礼权认为："是一种说写中将相反、相对的两种事物组合于一处，从而互相映照、互相衬托的修辞文本模式。"[①] 这种基于对比联想生发出来修辞手法的有效运用，在客观上往往能通过设置悬念充分调动起观众的好奇心，同时也能进一步引导本次访谈节目的后续深入：李书福为什么会这么做？他需要这么做吗？他真的充分做好准备了吗？显而易见，这种效果远比罗振宇拖泥带水地将此次李书福澳洲并购事件

---

　　① 吴礼权：《现代汉语修辞学》（修订版），复旦大学出版社2012年版，第255页。

地说教给观众不知强上多少倍。简约而不简单，起始方式运用之妙同样也是存乎一心，罗振宇在此处总体上依旧延续着其惯有深邃敏锐的起始风格，在引观众入胜的同时，也紧紧扣住了本次访谈的主旨——吉利的"二年级"。

此外，我们可以发现，在起始时，两位主持人都比较喜欢用设问修辞格。所谓设问，其实就是无疑而问，陈望道认为它有两种形式："一是为提醒下文而问的，我们称为提问，这种设问必定有答案在它的下文；二是为激发本意而问的，我们称为激问，这种设问必定有答案在它的反面。"① 两位主持人在上述语料起始时运用的很多就是其中的"提问"。吴礼权认为设问辞格在表达和接受上各有其独特功用："一般说来，在表达上多有突出强调的效果，易于淋漓尽致地显现表达者文本建构的情意或意图；在接受上多因表达者所设定的'明知故问'文本模式而易于引发接受者的'不随意注意'，进而能深切理解表达者的文本建构的意图，达成与表达者之间的情感思想的共鸣。"② 在本书研究视域内，这也算是能逐渐引导人物访谈互动活动走向深入的有效修辞手段之一。

（二）展开阶段阐析

按照一般事件发展的时间推进顺序，访谈互动活动经过了起始阶段，也就进入到了展开阶段。值得一提的是，根据语料情况显示，人物访谈互动活动的焦点一般都集中出现在这个重要阶段。同时，这也往往是一次大型访谈活动中，主体双方话语（行为）节奏推进较为激烈的一个过程，故而在本书研究中极具重要研究价值。

在本书人物访谈类电视节目低互动度交际活动开展过程中，其展开阶段普遍而言指的既可是主持人与受访嘉宾逐渐进入互动正题，但还未达到互动高潮的那个阶段，也可是已经是高潮过后，但还未到达结束的那个阶段。这其中也往往包括如前文所述主持人和受访嘉宾在执行既定访谈方案中遇到"紧急堵车"状态，进而顺应题旨情境、临时变通访谈方案，以便继续进行互动交流等特殊情况。

---

① 陈望道：《陈望道学术著作五种》，复旦大学出版社 2005 年版，第 319 页。
② 吴礼权：《修辞心理学》，云南人民出版社 2002 年版，第 115 页。

提升到宏观交际层面上来观照，人与人之间也往往呈现的是一种"网络群体联结化"生存状态，由此进行的诸种互动活动也可看成是一系列有意味话题流的层次性有机串接：首先，人们在进行互动时，总是事先各自带着一个既定目标，通过一系列交流往往就是为了能够努力达成，或是尽量靠近一个特定共同的总目标，言语互动绝不是漫无目的的"信天游式"的说话。然而，主旨的达成并非总是能一蹴而就，在实践操作过程中，总目标往往又需要拆分成为多个短期具体目标，方才能更好、更便利地引导人们进行互动交际。换而言之，其实相当于在围绕着一个个既定小目标来选择合适话题，并用适切的方式进行交流。与此同时，我们也知道整个互动交流活动往往处于不断发展的状态中，伴随而来的是其活动相关制约要素（譬如时、空、人和言复合的语境等）也总在同步不断发生着变化。尤其需要我们引起重视的是，时不时总会有一些外界因素"硬闯"进来，"强行干扰"交际活动的正常推进，所以在现实生活中，人们很少能一劳永逸地制订一个互动交际方案，并沿着所拟方案极为顺利地将整个互动交流进行到底。于是为了能够适情应境地传情达意，人们又得学会灵活地变通或者更换话题，以便继续顺利推进交流活动。事实上，只要预定主旨目的还没圆满达到，主体双方之间也还有较为强烈的表达接受动机，那么整个互动交际活动也就不可能会因此草草结束，且此过程往往还会周而复始地、呈上升螺旋态式向前推进。所以就其本质而言，我们在广义层面上可以将人们之间的互动交际活动视作一系列互动话题流的串接，至于这期间特定话题流串接得好坏与否，则更多还需依赖于互动主体双方各自主观能动性的积极发挥，因为他们所共同面对的问题都是如何从"表达什么"（"接受什么"）完美过渡到"怎么表达"（"怎么接受"），然后方才是更深入主体身份角色，继续推进互动交流活动。

1. 展开类型

按其具体衔接方式的不同，展开类型可划分成两类：顺展和逆展。顺展也即顺势展开，主要指的就是通常指称意义上的展开，亦即交际主体双方都能较为顺利地按照既定方案进行互动交流。就算在整个交际活动中偶尔会出现有一定程度的"卡壳"情况，其话题调整总体上来看还处在一个可接受的量变微调范围中，整个交际活动在推进过程中并没有发生互动话题的本质性更迭是其根本形态。这种展开类型在低互动度交际活动中一般较为常见，主要可证明两方面内容：一方面可证明在互动活动开展时，主体双方相互之间配合得较好；另一方面也可证明主体双方在访谈互动活动开展前都做了较为细致周密的准备工作，预先所拟的相关方案具有较强的可操作性。

而逆展顾名思义即逆势展开，其内容恰好与顺势展开完全相反，主要指的是某种特殊意义上的转折过渡。在此期间，互动主体双方并不在较为顺利地按照既定方案进行交流。而且随着整个访谈互动活动的逐步深入，现场情境也会发生着诸种未可预知性变化，一些干扰因素会不定时地"侵入"到交流活动中，甚至也会直接导致交际活动时不时出现较为严重"卡壳"情况。为了继续确保整个互动交际活动仍在持续向前推进，其下具体互动子话题的设置也必须适时进行调整，但此调整过程已不是正常可以接受范围内的量变微调了，在此实施过程中，互动话题会明确发生本质性更迭方才是其根本形态。值得一提的是，此种情况在国内主流人物访谈类电视节目低互动度交际过程中并不属于常态，它其实更主要的还是在强调：互动主体双方在整个交流活动中都需要各自努力发挥出主观能动性，时刻扣紧主旨目标，然后适情应境地灵活变通互动话题，确保相关访谈互动子话题的设置和运营能够逐渐将"遇阻"的交际活动，成功转移到可受控的运行轨道上来。

2. 展开方式

与上述展开类型相适应，按具体参与调控适配主体角色定位的不同，展开方式具体可以划分为以下四种：主持人控制式顺展、受访嘉宾控制式顺展、主持人控制式逆展和受访嘉宾控制式逆展。但就目前国内主流人物访谈电视节目的发展现状来看，在互动交流节目实际运营过程中，一般受访嘉宾很少会喧宾夺主，言下之意即主要还是以主持人主控、受访嘉宾受控情况出现居多。所以说，结合目前所掌握语料的实际情况，经过删定，我们认为在本章中其展开方式可以具体划分为以下两种：主持人控制式顺展和主持人主控、受访嘉宾配合式逆展。前者没有什么特别大的歧义，一般指的是主持人所主导的、正常形态化的展开，亦即主体双方在良好和谐的交流氛围中，按照预先所拟方案，可较为顺利地推动着整个访谈互动活动走向深入，进而逐渐努力获得预期所追求的主旨。而后者则着重在于考察主持人临场的实际控制和协调能力，因为在这个特殊期间，往往需要一个经验丰富的主持人能充分发挥主观能动性起到主控场面的作用：他（她）不仅要能够驾驭得了现场突发紧急局面，而且往往还需要能灵活调动各种手段，逐步引导受访嘉宾再度适应并配合，更有甚者也不排除有时需要根据相关形势的实时变化，当机立断调整或更替更为适切的互动话题重新开始互动，确保该次人物访谈活动顺利展开。根据语料实际分布情况来看，在低互动度交际活动中，主持人主控、受访嘉宾配合式逆展一般主要表现为诸种言语修辞策略的综合运用。

以下我们可以先就主持人控制式顺展来开始探讨。

例如许戈辉曾于 2011 年 10 月 2 日在她主持的《名人面对面》节目中，对前教育部新闻发言人王旭明先生进行过一次人物专访。

据视频资料显示，从 39 秒到 18 分 43 秒这段时间是本次访谈高潮前的展开阶段：

　　许：就在前一段时间"7·23"动车事故之后，7 月 28 号您在博客上写了一封差不多有六千多字的《致勇平兄的一封公开信》对吧？当时到底是出于一种什么样的想法？在博客上写了这样一封信。

　　王：我做了新闻发言人之后，我确实对它有了感情了，真的爱上了。爱到什么程度呢？离婚你不干了嘛，离婚了嘛，离婚了还爱。离婚了你就别来找我了，还爱。所以我就特别关心这个行（业）里的吧，这个表现好的，或者表现不好的。

　　许：那所有的新闻发布会你都有机会就看看？

　　王：不仅看，而且还分析，还琢磨，实际上说实话我是借书信这样一种题材，期望的在全国的这个公众当中能够展开一场最大范围的关于什么样的新闻发言人和新闻发布制度是我们需要的，是我们应该做的那样一场大讨论。就是我们国家需要什么样的新闻发言人和需要什么样的新闻发布制度？这就是我写信的目的。不是针对勇平，而是针对这件事情，我写了勇平这封信以后啊，赵启正其实也给我发了信息。赵启正说我读了你的信写得很好，但是我不知道很多官员包括记者能不能看懂你的信。事实证明真的没看懂。很多媒体包括公众都认为提出各种问题，认为我在炮轰王勇平，认为我在，实际上看懂了，他是看懂了。实际上我是在给他搭台阶让他下台，比如说我在信里写这么一段话，这一段话第一句是：勇平兄，这个新闻发布会根本就不应该开，逗号，或者开也不应该由你，（中间主持人插话）不是，这是第一句，逗号，这个新闻发布会根本就不应该开，逗号，那潜台词是什么呢？潜台词是谁决定开的？这个我没说，这个潜台词在那儿呢。我第二句话是这个新闻发布会开也不应该由勇平兄你一个人来开。那潜台词是什么呢？潜台词就是说，应该由部长、副部长、司局长们来开。

许（大笑）：你这不是潜台词，你这都写上面了。

王：那他们没来。第三句话才是就是你一个人开也不该这么开。那我说这三句话，说的你这会根本就不该开，说得很明白，是谴责那些人。所以后来记者再问我的时候，我索性就把问题挑明了，就不潜台词，把潜台词变得明台词，就搁台上了，那些人为什么不处理？该来的为什么不处理？谁决定开的为什么不处理？我就公开为勇平鸣不平了。所以后来王勇平卸任新闻发言人工作到新的岗位上去，很多记者问我说这是不是对勇平这个新闻发言人的一种惩罚？我说如果说惩罚，我宁愿相信不是惩罚，如果说惩罚，我认为应该先惩罚谁决定开的，应该先惩罚该开而没有开的，第三个如果说惩罚才该说没开好的。但是如果说惩罚，先惩罚这个显然是不公平。

许（带有手势体态语）：新闻发言人这个职业，显然是不论苦劳的，显然大家对它的这个，因为它要接受的不是说仅仅是你的上级主管单位的一种监督、评估，它是接受着所有的百姓，亿万双眼睛的监督，所以有人把它称为"高危职业"。你同意吗？

王：说是高危职业呢，我觉得从一系列的我们的情况看，包括我自己总结，非官方、非权威，我自己的统计看，自从我们国家建国以来到现在为止，没有一位官员该说话，该面对公众而没有说话，没有面对公众而受到批评，受到处罚。因此，我非常担心，铁道部新闻发言人的这种卸任之后，使更多的新闻发言人不敢发言了。而且您刚才说到高危职业，在国外高危吗？我曾经举过两个例子，比如说萨达姆时代的萨哈夫，那是个很活跃的新闻发言人，对吧？大家印象，你说他跳梁小丑也行，但我认为他是一种很职业的新闻发言人，但是美国通缉的一百名战犯中没有萨哈夫。刚刚倒台的这个利比亚的新闻发言人，我非常佩服的易卜拉欣，也是一个职业精神非常好的新闻发言人。美国刚刚，这个北约刚刚把那个大炮炸完了那个大坑，他就把记者带到坑的现场去采访，去报道，去开发布会，而不是在他的那个大厅里头等。由此可见他的职业精神和他的职业技巧都非常地娴熟，也没有人去追捕他，两军交战都不斩新闻发言人，可见它没有那么大风险。但在我们国家，我觉得这种现象应该改变，不能说假话的，说空话的，说废话的，说套话的，说永远正确的废话的人永远得利，永远占便宜，永远上手，永远当官，永远发财，而说话的，或者仅仅因为说了话没有说好就屡战屡败，那样一来谁还敢说话呀？谁还愿意说话呀？谁还去面对公众啊？反正我不面对公众，也没有人去要求我，也没有人去处理我，那我干吗找这份麻烦？我干吗找这一份罪受呢？

　　许：就是当我们一个新闻发言人，被调离他的岗位的时候，到底是公众对他不满的那种舆论把他给杀了？还是他所在的这个政府机关部门把他给斩了？解释这个新闻发言人他最终的下场，或者叫作这个处境，他最后背后的深层次的原因是什么呢？

　　王：深层次原因就是包括我们的有关部门，包括我们的官员，包括我们公众，对新闻发言人和新闻发布制度它的本质不仅知之甚少，而且多有误解。比如公众认为或者很多人就认为，媒体很多记者就认为你不新闻发言人吗？那好，我问你什么你就得答什么，我问你什么你就得知道什么，你不知道，你不回答，那就是你的问题。他不知道新闻发言人是一种授权行为，是一种有边界的，他的职责和权限是有边界的行为，他不是无边界的行为。另外我们很多人认为新闻发言人就反映了你这个部门的工作，你这个部门怎么样，你这个新闻发言人就怎么样，这可不一定。你这个部门工作没有做好，做得很差，让新闻发言人就是累死也白搭。什么意思呢，就是新闻发言人，他不能代替你部门的工作。

许：以你自己自身的经历你说说，就怎么当上新闻发言人的。

王：所以我们国家新闻发言人它走的不是职业化的道路和国外一样，它走的是职务化道路。就是什么叫职务化呢？就是你到了这一级的职务了，不能干你也得干，因为你这个职务是这个。比方说我，我不是因为到发言人才调过来的，任命我的是教育部办公厅的副主任，而教育部办公厅的副主任就负责文字工作，负责新闻宣传工作。那好你是副主任，你负责文字工作，负责新闻宣传工作，你就该当发言人。是由于这一摊工作决定了你当发言人，不是反过来你是发言人你就得干这些事。你别看这个顺序的颠倒，那可是大大不同啊。

许：你遇到的最尖锐的问题是什么？你当时是怎么处理和回答的？

王：其实最尖锐的问题，我倒不怕多尖锐的问题。比如说什么这个中国教育改革是成功的吗？感觉上学都这么不满，你怎么还说中国教育改革是成功的？你这不是睁着眼睛说瞎话吗？比如现在大学生这么多，我们据了解北京大学有一个大学生这个去办猪场、养猪。难道说我们培养的千千万万的大学生，就去养猪吗？等等。其实这些问题我倒觉得你听起来看似尖锐，再往下细细分析一看呢，都是这个某些方面可能公众不了解，包括你的政策背景，包括你的思想背景，包括我们的教育实际情况，等等。可能有好多的某一方面不了解，其实应该说我没碰到过尖锐的或者难住我的问题。

许：对，没有被难住过。

王：没有。

许：从来没有被难住过？

王：至少我自己这样认为。

许：那为什么呢？就是因为你所有的问题，其实都是有备而来的？都没有逃出你那个准备的范围？

王：没有，没有。我说过做这个新闻发言人，新闻发言人，我首先要把自己看成一个人，然后第二位才是新闻发言人。那一个人应该具备什么东西？比方说真实，什么叫真实？知之为知之，不知之为不知之。我跟记者很多的时候我就告诉他这个问题我没有准备，我说答不上来，我要回去了解去，然后我今天最快的时间给你答复。新闻发布会上我有过这样的回答，我觉得这就是真实的我。

许：有没有过需要解释的政策和你自己的观点有悖的时候？

王：那当然太有了。

许：那怎么办？

王：这个呢，我说了，我干这个职业的那一天起，我就接受了应该说是最传统、最规范，也是最严格的培训，所谓"黄埔军校"。那个"军校"里面培训的一个最告诉你的新闻发言人就是职务行为，就是说我站在发布台上，我代表的不是我自己，你自己的喜怒哀乐，你自己的爱恨情仇，你自己的这个观点那个观点那不行，你这时候你站在发布台上，你代表的是你供职的那个部门。所以我曾经说过，我在这个做新闻发言人的时候，我也有许多教训，其中我觉得最应该感谢的，感谢白岩松吧。感谢白岩松就是他对我的批评。那在我做新闻发言人的时候发布了这个教育部清退农村代课老师的一项政策。那这是教育部的政策，我有意见也好，没意见也好，没有什么更多的发挥的地方。就是这样一个政策，我在这里宣读。

许：白岩松说你太严肃了。

王：对，他不是说太严肃了，他说冷冰冰的。如果说政策是严肃的，是冷的，你发布的时候能不能温暖一点呢？在那一次发布会之后，发布和我自己的想法不那么一样的有一些政策的时候，我自己通过自己的喜怒哀乐，通过自己变化的表情和它变化的语气声调来阐释有些问题。

许：这你能给我举个具体例子吗？我觉得特别好奇，这怎么做得到呢？挺难的。

王：你比方说我们还是说这个农村代课老师这个政策吧。那确实，我现在看我的录像是很严峻的：教育部决定在未来一至两年内，清退目前所剩余的44.6万农村代课老师。有记者问你说清退是什么含义？我说清退的含义就是清理和退出的含义，这是冷冰冰的，麻木的，没有血性的，没有情感的。我认为可以完全换一种说：农村代课老师在我们国家特殊时代做出了很大贡献，做出了很多工作等等，我可以铺垫一下这些，然后我可以转到政策本身，完全可以，对吧？这对这个政策你无法改变，即使你有不同的看法你也无法改变，而你可以改变的是你的声调，你的语态，你的铺垫以及你表达的种种技巧，这些都是可以改变的。

就宏观层面而言，此次访谈互动交流推进过程还是较为顺利的，访谈互动话题处置（设置和处理）的总控制权基本上都掌握在许戈辉手中，整个访谈活动基本上也都是完全按照她预先制订的方案在持续推进。

自打开始，她所精心选择的子话题切入点就是受访嘉宾王旭明于2011年7月28日发表在其博客主页上名为《致勇平兄的一封公开信》的那篇文章。然后，访谈互动活动再从当时受访嘉宾写这篇博文的初衷出发，逐渐提升到受访嘉宾对新闻发言人这个新兴职业的看法，进而再度提升到受访嘉宾对中国现行新闻发言人岗位设置和中国现有新闻发布制度本身建设的相关看法，最后又重新落回到受访嘉宾自身的过往工作经历的细节回顾上，整个访谈活动所包含着的开始→上升→再升→回落这几个环节基本上都是一气呵成的，其中内在一以贯之的主线索便是"新闻发言人的酸甜苦辣"，而这恰恰也正是本次人物访谈的既定主旨所在。

纵观其间几个互动子话题的预置，不仅在思路上逻辑严谨，而且在具体操作上也较为便捷，且又能保证所谈话题内蕴丰富。在整个访谈互动中，许戈辉既牢牢抓住了此次人物访谈的要点，同时又提供了一片较为广阔的天地供受访嘉宾驰骋发挥。总体上来看，她随后的每个提问都或多或少追循着受访嘉宾此前的回答重点。显而易见，这些为受访嘉宾"量身打造"互动子话题，既带有逻辑演进形式上的顺应性，又有带有访谈内容掘进上的引导性，所以受访嘉宾能够逐渐打开话匣子，滔滔不绝地抒发自己的观点，进而促使宾主言欢良好访谈互动效果得到圆满呈现。

在对语料所进行的实际解读过程中，我们还可以很鲜明感受到在很多时候，受访嘉宾的回答往往较为俏皮、率性，概而述之，这主要基于两点原因：一是在回答过程中他不仅用了许多灵活生动的口语惯用句式，例如信手一拈便有诸如"你这不是睁着眼睛说瞎话吗……""我索性就把问题挑明了，就不潜台词，把潜台词变得明台词，就搁台上了，那些人为什么不处理……"和"离婚了你就别来找我了，还爱……"等极富口语鲜活色彩的句子跳入眼帘。且就整体来观照，其回答句式仍以灵活精悍的短句式为主，严肃整饬的中长句式为辅，具体数据统计限于篇幅在此从略。二是他还综合运用了诸多修辞手法，如"离婚了还爱……"和"黄埔军校"就属于是比喻手法，离婚喻指卸任新闻发言人职务，黄埔军校则喻指受访嘉宾参加的新闻发言人专门性培训机构。而如"知之为知之，不知之为不知之"则是用典手法，此句源出《论语·为政》，受访嘉宾在此引用，主要为的是强调他自认为作为一个合格新闻发言人的首要条件，便是秉持着一种真实、真诚的态度：新闻发言人首先是人，然后才是新闻发言人。又如"两军交战都不斩新闻发言人"中所采用的是仿拟手法，原意为"两国交兵，不斩来使"。受访嘉宾在此意在调侃利比亚前政权的新闻发言人易卜拉欣为主卖命，但却依旧可以免受追捕的真实事件，由此可见新闻发言人在国外并不能算是一个"高危职业"。此外，受访嘉宾在回答时还经常灵活运用举例子、摆道理等诸种常用的口语论述技巧，也使其回答更能呈现出些许摇曳变幻之姿，客观上也使该次人物访谈节目更具观赏趣味。

值得一提的是，我们也可发现受访嘉宾在实际回答过程中还时不时会出现一些赘词和病句，但综合考虑到人物访谈节目在录制时往往具有"即时性"，所以说只要在一个合理的范围内，"一时口误"① 的情况也可得到谅解。这其实也是口语交际的表现之一，只要不妨碍正常交流就好。

此次访谈高潮阶段后，在最终结束阶段前的后续展开部分开始于24 分，结束于26 分 13 秒：

　　许：听到你这么多的有关新闻发言人的激情梦想，我就想问问

---

① 其实就语料事实情况综合来看，主持人和受访嘉宾在发生口误时，很少会因此打岔停顿，更为普遍的情况是直接略过，充其量最多也只是在后句稍加增补。但无论怎么说，一时口误也算是一个具有价值的研究切入点，限于篇幅在此书中不作过多涉及，或许今后会专文对此现象进行研究。

那你觉得自己做一个新闻发言人就是最薄弱的地方在哪儿？最不合格的地方在哪？你都能告诉我吗？

王：不合格的地方应该说这是个毛病，就是比较外露，或者是喜怒哀乐都是表现得很明显。

许：但你自己也强调说，你不是有个十六字理念吗？传达政策，提升理念，引发深刻，还得丰富情感。

王：对。

许：其实这是你自己去认同的一个价值观？

王：关键是您让我说我自己有什么缺点，我都以赞美的语气来说自己的缺点，这人就已经不可治了。真是，他们有人说我很自恋，您发现了吗？

许（大笑）：我没好意思说。

王（也大笑）：真的你也发现了，姑娘？其实我觉得自恋也是一种美德，而且我觉得一个人如果从自恋开始，恋人，恋己，恋社会也挺好的。当然你别真就恋己，谁都不恋就恋自己那倒挺可怕的。我这种自恋我是恋己也恋人也恋社会，我觉得这是挺好的吧。又赞美上自己了。

许：对，博爱，对什么都充满眷恋。

王：那说来归去还没有回答你这问题，你说我缺点啊，缺点就是开始变老了。我特别希望想回到你的这个年龄，你的这个模样，你的这个气质，这算缺点吗？

许：当新闻发言人的时候有人管你的外形吗？还是完全你自己打造出来的？

王：我自己。

许：像我们上电视得有化妆师帮着打造啊，你是全靠自己打造的？

王：就是自己，还真没有，这也是中国发言人和国外发言人不一样的地方，就一切都是自己在打理。

许：衣服要自己来挑选？自己来搭配？

王：那应该是，所以有时候不合适。

许：头发有人帮着吹吗？

　　王：头发就是到那个理发店去吹呗。

　　在此已可鲜明看得出，此阶段互动活动较之先前显得更加流畅，且整个访谈互动氛围也更趋轻松，主持人和受访嘉宾在其间也经常大笑着进行相互调侃。究其缘由，主要是因为在高潮过后，主持人和受访嘉宾之间已经拉近彼此之间的情感距离，所以后续一些互动子话题的展开，也就随之逐渐轻松起来了。值得一提的是，在很多时候其互动子话题设置的根本立足点又都在逐步回归到受访嘉宾自身。譬如，他们俩就此也谈及了一些诸如受访嘉宾自身缺点和新闻发言人造型打扮等相对较为"私密"的话题。受访嘉宾在风趣回答之余，也更是不忘偶尔风趣地反问主持人："真是，他们有人说我很自恋，您发现了吗？"在得到许戈辉正面的反应（大笑）后，则又继续自我调侃道："我这种自恋我是恋己也恋人也恋社会，我觉得这是挺好的吧。"通过这短短几句话，受访嘉宾的鲜明个性已经淋漓尽致地呈现在电视观众眼前了。

　　此外，就总体上来观照，这个阶段的实际互动节奏已经明显在逐渐放缓，整个访谈互动活动正在趋向于结束阶段。

　　而关于主持人主控、受访嘉宾配合式逆展的探讨，我们可以再从《中国经营者》节目主持人罗振宇于 2009 年 8 月 22 日采访华旗资讯集团总裁冯军那段视频语料来进行分析。

　　鉴于这部分语料持续时间较长，同时也为了方便研究，我们在此另辟蹊径地选择了一种在实际语料整理中，灵活选择插入相关点评分析的研究模式。

　　本次人物访谈互动活动高潮前那部分展开阶段的具体起始时间为 2分 31 秒，终止时间为 15 分 20 秒：

　　　　罗：在中国这个市场上，可能唯一有点像比如三星这样的牌子的一个品牌属于中国人应该就是算你的"爱国者"。
　　　　冯：这也是我们的希望。
　　　　罗：你觉得"爱国者"现在面对的机遇和三星在全球化之前面对的机遇有几分相似呢？
　　　　冯：我觉得索尼在 1964 年之后所面临的机遇和三星在 1988 年

之后面临的机遇和"爱国者"在 2008 年之后面临的机遇几乎是一模一样的。大家都是东亚的国家，那么索尼是作为日本民族的骄傲，是日本的旗帜。然后以日本为根据地，借着奥运的东风开始到全世界，为全世界的消费者创造价值，从而赢得了全世界消费者对索尼的尊重。那么同样 1988 年汉城奥运会之后，整个韩国民族也通过奥运的洗礼也赢得了所有消费者对三星，对 LG，对现代，对这些韩国品牌的尊重。

罗：那么如果对比一下，就在你刚才分析索尼和三星，你觉得在它们全球化之前和现在的"爱国者"，你们在实力上比怎样？

冯：差不多吧。在 1964 年的时候，我听说索尼只有 1500 人，在日本来讲的话，也是一个刚刚起步的中型企业。

罗：既然你今年这么密集地去谈全球化，谈这个时机到来了，你能跟我们说说你的全球化路线图吗？

冯：中国的朋友们应该知道"三大战役"。所以我们的想法很简单，首先把国内的用户服务好了，在这个基础上，稳定的情况下的话，我们就开始第一大战役，就是东南亚，所以我们选择了新加坡。新加坡来讲的话，也有很多华人，虽然她的官方语言是英语，但是还有很多华人这样可以双语，这样的话我们的员工也能够适应国际化的初期的适应。所以以新加坡为辐射，来服务东南亚的其他的一些国家，包括马来西亚，包括印尼，包括菲律宾，包括甚至印度。然后第二战，第二大战役就是欧洲，特别是英国，因为我们的人才从小都是学英语长大的，所以我们服务欧洲市场来讲的话，可能会把英国放作一个重点，包括选择这个 F1 迈凯轮车队，因为它是英国的车队，包括（车手）汉密尔顿也是英国人，包括这次曼联。

罗：你看中国很多走出去的品牌，往往都是盯住了世界上最大的市场美国，而你看，你绕了一圈也没有，刚才说这么多，你也没有说到美国，是不是有所考虑？

冯（大笑）：我们的第三大战役就是美国。

罗：为什么？为什么选择这样的一个格局？很多人第一块肯定就想着去打美国市场。

冯：因为美国是一个一体化市场，整个美国来讲的话没有城乡差别，没有语言差异，所以基本上是被一些龙头企业给垄断的，像 BESTBUY（百思买）和沃尔玛这些企业做得非常大，非常优秀。但是对于中国企业来讲，跟它们合作的时候就稍显不太平等。比方说它们会要求 90 天账期，那我跟它做得越大，我不死得越快吗？所以我们不敢冒这个风险，我们还是脚踏实地学习当年的共产党打"三大战役"的时候，是先从东北开始打起，然后第二大战役的话是淮海战役，第三大战役最重要的平津解放，是放到了最后。所以如果爱国者能在欧洲就能做好，那实际上来讲的话，和美国的大的代理商谈起来呢也好谈。所以我觉得"三大战役"来讲的话，还是要脚踏实地，一站一站地去打。

在此阶段内，本次访谈互动活动基本上还是在按部就班地沿着主持人预先设计的轨道在顺利往前推进。主持人罗振宇首先将"爱国者"公司现在所面临的机遇和三星公司在全球化之前的境遇进行相似度比较。在得到受访嘉宾较为积极的回应后，主持人又顺势做了一个铺垫：他不光能够机敏锐利地从冯军的回答中，察觉出受访嘉宾对于日本索尼和韩国三星公司发展史的极度熟稔，而且还能够顺着受访嘉宾的既有回答思路，对互动子话题略作调整继续就三家公司相互间实力比较完成相关提问。然后，又从索尼、三星等外国名企在全球化时代中各自发家路线梳理的角度进行切入，也结合受访嘉宾此前一直谈及的全球化概念，在此基础上再度选择话题追问冯军对于实现"爱国者"全球化发展的相关设想。值得一提的是，他在此过程中，也总在适时在对互动话题进行前期引导。如在"是否忽略对于美国市场开拓"和"为什么不首先选择美国市场进行主攻"等互动子话题的探讨过程中，在循循善诱的同时，他也在逐渐将本次人物访谈进行深化。而受访嘉宾再具体回答时，则是形象地以中国人所熟知的解放战争"三大战役"为例，进一步将"爱国者"公司的全球化路线对应为：辽沈战役——以新加坡辐射整个东南亚的战役，淮海战役——以英国为突破点打响欧洲的战役，平津战役——美国本土的蓄势一战。就其实际呈现效果而言，这种比喻手法既简洁生动又富有韵味：在给出了明确线路图的同时，又强调了三步骤之间的推进顺序，言外之意也即是："三步走战略"还需要受访嘉宾自身脚踏实地、步步为营地去具体落实。

罗：那你看 2009 年大家都在谈国际化，都在谈"走出去"，但其实是有三种思路：第一种是买资源，反正现在东西便宜，中国人手头也有钱，不差钱，对吧？第二种思维是去买别人的企业，就像我们收购了悍马，那么第三种是你提出来的这种，应该是中国产品基于本土的制造业和设计实力，然后去向全世界去卖东西。那你觉得这三种"走出去"的思路，哪个思路会最先开花？或者是哪个是最切实际的？

冯：我觉得这个可能叫"条条大路通罗马"或者"八仙过海各显神通"，这个我不加评论。我们没有实力去并购，我们毕竟是民营企业，我们所有的盈利的话，我们都用来做研发了。这个时候当我们没有这个广告费，没有这个钱去打广告的时候，那这个时候对于我们来讲，一个是踏踏实实地到当地去做品牌，然后跟当地最有名的品牌合作，跟英雄合作，不管是迈凯轮还是曼联，这样是皆大欢喜的，他也赢，咱们也赢。

罗：您刚才提到了一个词，我很诧异，就是你说你没钱做广告，但是好像给公众的印象是"爱国者"在做广告上屡屡是有大手笔。当然我知道你是个中高手，你总是用一个不可想象的低价去赞助一个光辉夺目的东西。

冯：我觉得反正因为有具体的这个保密协议，很抱歉，我确实不方便说具体的事情，因为这样我要对合作伙伴负责。但是有一件事情我觉得是可以跟大家共享的，就是 1 加 1 等于 11，其实咱们中国人足够的智慧，这个 1 加 1 等于 11 就像中国象棋的"炮"一样，你可以绕过很多问题去实现共赢。这里面其实我也是四年前得到了一本应该是奇书，开了窍了，这本书就是你所知道的《奥林匹克大逆转》，所以有机会的话，我建议您真的无论如何读一下《奥林匹克大逆转》，我想吧，怎么干的，具体怎么做法，好吧，这个答案就留给您了。留给电视机前的观众了。

在这一小段视频中，罗振宇则在努力尝试着逐渐拉高访谈基点，试图对本次人物访谈再进行纵深化开掘。

在此，他首先总结归纳出几条常见的"国际化"进程中的改革思路（如买资源、买企业和卖产品等）进行话题铺垫和气氛渲染，意在试图逐渐引导受访嘉宾进行正面回应，但冯军在此时还是意在强调自己是民营企业不敢妄谈并购，只能踏踏实实做品牌谋发展。

其实在此时，前文中曾提到过的那些会导致互动活动发生阻碍的外界干扰因素已经开始出现：我们已能够直观感受到，受访嘉宾此时已采用谨慎的言语策略来尽可能地收缩既有防线。但罗振宇还是极为敏锐地抓住其回答中"没钱做广告"的说辞，并果断予以单点击破，单刀直入地提出质疑："你总是用一个不可想象的低价去赞助一个光辉夺目的东西。"

随着时间的推移，这时干扰因素也在逐渐发展壮大，并已能够迫使原本顺利开展的访谈互动活动发生停滞：受访嘉宾总是借口因有具体的保密协议，有些信息不便对外透露，进而避重就轻地反而尝试将话题快速引到"1加1等于11"和"《奥林匹克大逆转》是本奇书"这些互动子话题的细节探讨上。就其整体实效呈现而言，受访嘉宾在此通过话题内容的快速置换，能够极为巧妙地避开主持人犀利的诘问，进而能尽快从不便正面回应的尴尬局面中谋求及时脱身，此举与"王顾左右而言他"颇有异曲同工之妙。

但对于主持人而言，其实此时已到考验罗振宇临场调控应变能力的关键时候了。因为如果再坚持既定方案，恐怕是很难再从正面问出些许更具访谈价值的信息了。但当时情势更为严峻的是，如果主持人一旦丧失主动权，则又会立马导致本次人物访谈既定主旨无法得到最大化实现，所以要么放弃这个千载难逢的深入点，要么就继续想办法进行攻坚。作为一个资深媒体人，罗振宇显然当机立断地选择了后者。

　　罗：对不起，我还是想要追问一句，哪怕你不说自己的例子，你能举一个其他商业的例子来告诉别人怎么样在这个市场上用"占领心智"的方式来用看似不可能的方式，就是用极低的价格去宣传品牌，或者说做广告。

冯：其实你像奥运会，其实萨马兰奇 1981 年接手的时候，真的他痛苦无比。他比咱们任何一个中国品牌现在所面临的压力和困难都大，那他是怎么做起来的呢？你去看一眼，首先举一个最简单的例子，奥运要打美国市场，要跟电视台合作。正常的人都认为，跟电视台合作，那一定要给电视台付钱啦，而且美国电视台那收费简直是天价。萨马兰奇如果说真的也去付一笔广告费，像中国企业进美国市场，非要花一大笔广告费，可能真的他没有这个实力。奥运会早就夭折了，按照这个思路。但是呢，萨马兰奇给迈克尔·佩恩一个任务：请你换一换思路，能不能用共赢的思维模式，别去用广告费的形式去跟电视台合作。所以呢最后以至于从一开始一步一步到本届奥运会，你知道奥运会从 NBC，就是这次非常著名的全国广播公司，美国最大的电视台之一，它给这个电视台付了多少钱，您知道吗？奥运会。

罗：是电视台给它的钱？

冯：对，它不但没有去给 NBC 付费，相反 NBC 非常高兴地付给了国际奥委会 20 亿美金。

在此片段中，主持人还是锲而不舍地在为实现本次访谈的主旨——揭秘冯军如何用小资本来玩转大品牌，继续孜孜不倦地努力着。在被受访嘉宾婉拒后，他又充分发挥主观能动性，当机立断地更换了一个"不像原先那么咄咄逼人"的全新互动子话题，继续推进着该次互动活动：试图凭借"曲线救国"策略，以退为进地再从其他方面挖掘出些许更具访谈价值的"蛛丝马迹"。结合视频资料来看，其呈现的直接效果便是：在这个更迭过的新颖互动子话题（从其他商业例子的角度来谈如何用"占领心智"的方式去做广告）的"隐性引导"下，受访嘉宾也不得不转而重新选择配合着主持人，又谈起前国际奥委会主席萨马兰奇的奥运双赢理论付诸具体实践的轶闻趣事，而这在客观上也就成为本次人物访谈展开阶段中，互动活动由突遇挫折转为进而折线向前发展的一个重要契机。

罗：虽然你不能透露你的秘密，但是你讲完这个故事，我脑子当中出现了这样的一个场景，就是你跟曼联的人说：你看，你想要获得未来，就一定要占据中国市场。你只要跟我合作，我会用我中国的媒体资源让曼联的名声在中国一下子暴涨。让他们和中国球迷，反正我们中国球迷跟中国足球队之间的关系不是那么太密切，也许跟你之间。

　　冯：我要这么跟他说，我立刻就被他开除了，因为中国的足球，球市已经基本上（到了）让人伤心的地步，所以我要跟他这么说，我估计我就完蛋了。

　　罗：所以我还是想听听正确的版本，你是用什么思路？

　　冯（丰富手势体态语）：你要知道现在曼联不管是在全世界还是拉丁美洲，他们现在有高达 3 亿，这么大的一个数量的付费的会员，你就知道他是每个月要交月费的，这种球迷是真球迷。这么多球迷现在买曼联的纪念品，除了帽子、T 恤和围巾之外，请问他们还有什么选择？还有杯子，还有什么？那"爱国者"的产品比日本产品质量又好，价格又便宜，只不过就可惜的是全世界的消费者不知道，因为我们打不起广告费。这个时候呢，跟它一起能够为全世界的这些球迷创造不知道多少（价值），让这些球迷买到了之后非常开心非常骄傲的，来自中国的高质优价的产品，而且售价却跟索尼，跟三星的价格差不多，甚至比他们还略便宜一些。那曼联的用户，曼联的球迷对曼联的忠实度更加提高，非常地自豪。所以呢，咱们中国人完全可以通过自己的聪明才智为全世界的球迷，为全世界的消费者创造价值。

　　在此片段中，我们可以发现主持人已极为娴熟得把握住了人物访谈类电视节目"访出去，谈回来"的根本性指导思想，在旁敲侧击绕了一圈后，还是能将互动话题逐渐拉回，进而又重新定位在对于"爱国者"公司与曼联俱乐部利益共赢具体经营模式的探讨上。只是在这时候，主持人更多的还是借助于其自身想象的场景来继续投石问路：采用"你只要跟我合作，我会用我中国的媒体资源让曼联的名声在中国一下子暴涨"这样功利的方式来游说曼联足球俱乐部，就可以使之全盘接受与"爱国者"公司的诸种合作？

　　其实他之所以采用这样微妙的言说策略来进行互动活动，根本目的还是在于希望藉此继续循序渐进地诱导受访嘉宾重新再将注意力放回到对于那个"老互动话题"实体层面的观照上。在继续得到受访嘉宾否定的回应后，主持人又立马"将上一军"，由此转而跟进提问"希望获得合作思路的正确版本"，进而迫使受访嘉宾退无可退，不得不再度直面主持人的提问，并寻求适切方式来进行隐晦回应："咱们中国人完全可以通过自己的聪明才智为全世界的球迷，为全世界的消费者创造价值。"

　　　　罗：我的理解，你打动曼联可能是两个原因：第一个就是庞大的中国市场，比如说我们注意到你们推出"爱国者"和曼联联名的这样的一种产品，这种品牌，那么用庞大的中国市场的潜力。另外呢，就是用你的产品的开发能力、创造能力，用你的话说并且在全球的资源运营能力帮他们做更多更好的产品，并且更挣钱，这里面还有其他的商务和财务的结构安排，然后形成了这种利益互换，我不知道从思路上讲我这种推测是不是对？

　　　　冯：很抱歉，我真的实在抱歉，因为我再说下去的话，我觉得我就要违规了。而且我觉得您是一个非常优秀的主持人，您已经把我的答案基本上已经套到了，基本上来讲就差最后这个曝光了。

　　　　罗：好，我们不能再逼你再透露更多的商业秘密，我们就来转另外一个话题吧。

　　根据此段视频语料显示，受访嘉宾此时其实已经是在对那个"始终无法从正面回答"的问题在做出间接性回应了，但主持人还是继续牢固地把持着本次访谈的绝对主动权：他在较为委婉地对此表层性回应传递了略感不满的情绪性暗示后，同时围绕着本次互动子话题又继续进行了更深层面的挖掘：打动曼联俱乐部的原因是否是庞大的中国市场和"爱国者"公司独具的全球资源运营能力？

　　其实就客观情况分析而言，在主持人的步步紧逼之下，受访嘉宾已经退无可退、守无可守了，所以只得顺势坦承：您已经基本上套出了我的答案，只差最后曝光了。值得一提的是，此时为了继续维持本次访谈互动活动的正常推进，主持人在综合权衡之下也只得趁机见好就收，再度改换互动子话题与受访嘉宾重新进行下一轮的访谈互动活动，可见其自始至终都掌握着整个人物访谈互动活动的绝对操控权。

此外，根据后续视频资料显示，本次人物访谈在高潮后趋向结束阶段的整个后半段展开过程中，已没有再度出现这样紧张刺激"追逐性博弈"局面，整体氛围也是逐渐回归于平淡。主持人在此也有选择性地择拣了几个有关于其公司品牌战略战术管理细节的互动子话题，进而与受访嘉宾开展探讨，这期间的互动气氛较先前也大为改善，一度呈现出了些许主持人控制式顺展的特点，后续一系列互动子话题流的推进也显得较为顺畅。

就上述两个视频语料在总体上相比较而言，前次访谈活动在节奏推进上较后次更为紧凑，场面氛围也更趋凝重严肃，主体双方在具体言说策略的选择上也更为丰富：既有循循善诱的引导，又有欲擒故纵的岔开，甚至还有深入细致的推演。再加之罗振宇主持风格一贯睿智、强势、犀利，更是彰显了主持人主控、受访嘉宾配合式逆展的独特魅力，同时也使本次人物访谈节目更具观赏性。

此外，就目前所掌握语料整体情况综合分析而言，在低互动度人物访谈互动活动中，前者（主持人控制式顺展）是较为普遍的展开方式，而后者（主持人主控，受访嘉宾配合式逆展）则是较为特殊的展开方式，但这两者之间也并非有绝对高下优劣之分。其实单就实践层面而言，它们之间往往呈现的是相辅相成的关系。在很多时候，前者通过相关互动子话题流的顺利推进，使既定访谈主旨的实现更为顺畅，而后者则是通过相关互动子话题流的灵活调整或更迭，使既定主旨目标能够实现得更为深刻。究其本质而言，这两种展开方式的选用，最终都还需要紧紧围绕该次互动访谈活动的既定主旨，同时顺应着情态语境等要素的实时变化而灵活进行调整，这主要是与修辞学的易变性特征相关联，在本书研究视域中，人物访谈互动活动的具体实施更多的也还是在讲求"唯变所适"。

值得一提的是，通过以上诸种努力，我们对身为低互动度人物访谈互动活动重中之重的展开阶段中的两大基本逻辑架构方式，已经有了较为宏观的把握。但为了促使研究向纵深推进，我们或许还可另辟蹊径地从语言学视角，运用控制变量法思维模式①再对一些典型语料进行后续研讨。

虽说在具体分析时，我们既可从语词角度，也可从句类角度，甚至也可从篇章等多种角度进行切入，但限于篇幅，也为了能更鲜明准确地体现出这些语料的本质特点，我们在研究时还将遵循"主攻一点，不及其余"的原则，亦即在其间尤以句类分析为重。

众所周知，句类主要指的是从语气角度对句子所进行的分类，在宏观层面上主要可以分为陈述句、疑问句、祈使句和感叹句这四大类。进一步来观照的话，这四大类又各自可以再度进行微观划分，例如，陈述句就可以再分为肯定陈述句、否定陈述句和双重否定句等三大类，疑问句则可以再分为是非问句、特指问句、选择问句、正反问句和反问句等五大类，祈使句更可以再分为表示命令的祈使句、表示请求的祈使句和表示禁止的祈使句等三大类。

在我国语言学界，有一批前辈学者更倾向于从语法角度来进行句类研究，在本书研究视域内，我们在继承其理论探索精髓的基础上，也希望能进一步结合语料实际，再从修辞学视角继续开展后期探索，以期达到揭示互动交际规律的根本研究目的。我们认为在言语互动活动中，主宾双方对于自身所表述语句类型的灵活选择，不仅只是单纯出于某些语法组织架构的需要，而且在某些情况下，往往更多地还有着修辞传情达意层面的考虑。其实关于这点，胡裕树就曾有过一些精辟论述："句子可以有种种口气，例如肯定与否定、强调与委婉、活泼与迟疑，等等，都用于思想感情方面种种色彩的表达句子的口气，与修辞有密切关系，跟语法也有联系。"②

以下，我们可以结合几处典型实例来展开后续探索。

我们在此间总共选取了如下几段典型语料：一是 2009 年 5 月 9 日《中国经营者》节目主持人罗振宇采访敦煌网总裁王树彤的视频，二是 2011 年 2 月 13 日《中国经营者》节目主持人崔艳采访 SOHO 中国总

---

① 此处，我们采用这种思维模式的关键点即在于对相关典型语料后续剖析时，将主要从生理性别差异视角着手，分别对男（女）主持人和男（女）嘉宾在整个互动交流过程中所运用的诸种语句进行综合梳理。

② 胡裕树：《现代汉语》，上海教育出版社 1995 年版，第 379 页。

裁潘石屹的视频，三是 2011 年 4 月 24 日《可凡倾听》节目主持人曹可凡采访著名建筑大师贝聿铭的视频，四是 2011 年 6 月 19 日和 6 月 26 日《名人面对面》主持人许戈辉采访联合国世界卫生组织总干事陈冯富珍的视频。前两者是异性间相互专访，后两者则可归属为同性间相互专访。

接下来，我们可以分别就其展开阶段中所出现的相关句类信息再进行数据统计。

先来观照异性间相互采访的两个典型语料视频。

自 2 分 47 秒到 22 分 22 秒是第一个视频的展开阶段①，我们可以对本次人物访谈互动主体双方的句类实际使用情况进行先期梳理。

据数据统计显示，主持人罗振宇在这期间总共使用了 23 处疑问句，其详情是：是非问句为 5 次，特指问句为 14 次，选择问句为 1 次，是非问形式的反问句为 1 次，正反问句为 2 次。同时他也使用了 22 处陈述句，其详情是：肯定陈述句为 21 次，否定陈述句为 1 次。此外，他还使用了 1 处祈使句，用的是表示请求的祈使句。

受访嘉宾王树彤在这期间总共使用了 73 处陈述句，其详情是：肯定陈述句为 69 次，否定陈述句为 4 次。同时她也使用了 2 处问句 2 次。此外，她还使用了 2 处感叹句。

如将以上这些结果汇总并直观形成图表，则如表 3-1 所示。

表 3-1　　　　人物访谈互动主体双方的句类实际使用情况

句类 　　　　主体	陈述句	疑问句	祈使句	感叹句
罗振宇（男主）	22	23	1	0
王树彤（女宾）	73	2	0	2

由此可见，分析此处语料可带给我们如下几点收获：

一是由于主持人所起的主要作用是提问，故而主持人使用疑问句的次数明显高于受访嘉宾。

---

① 值得一提的是，这期间还夹杂多个提供背景信息的视频，不在本书研究范畴内，故略去。

二是由于受访嘉宾所起的主要作用是回答，故而受访嘉宾使用陈述句的次数明显高于主持人。

三是出于主宾双方自身话语个性化表达习惯和表达重点的不同，他们对于四大句类的统筹运用也会出现差异，且各大句类之下子句类所占比例亦各不尽相同。

四是在低互动度人物访谈活动中，出于主宾双方自身性别的差异，男性的话语表述很少使用带有强烈感情色彩的句类，这点显现在此例中则是男主持人没有运用过感叹句，其主要使用的是陈述、疑问和祈使句。而女性的话语表述则会或多或少体现出其自身性别特征，这点显现在此例中则是女受访嘉宾没有运用过祈使句，其主要使用的是陈述、疑问和感叹句。

自 2 分 46 秒到 21 分 2 秒是第二个视频的展开阶段①，在此处，我们可以对本次人物访谈互动主体双方的句类实际使用情况进行先期梳理。

据数据统计显示，主持人崔艳在这期间总共使用了 21 处疑问句，其详情是：是非问句为 4 次，特指问句为 12 次，选择问句为 2 次，正反问句为 3 次。同时她也使用了 13 处陈述句，其详情是：肯定陈述句为 11 次，否定陈述句为 2 次。此外，她还使用了 2 处感叹句。

受访嘉宾潘石屹在这期间总共使用了 90 处陈述句，其详情是：肯定陈述句为 78 次，否定陈述句为 12 次。

如将以上这些结果汇总并直观形成图表，则如表 3 - 2 所示。

表 3 - 2　　　本次人物访谈互动主体双方的句类实际使用情况

主体＼句类	陈述句	疑问句	祈使句	感叹句
崔艳（女主）	13	21	0	2
潘石屹（男宾）	90	0	0	0

由此可见，分析此处语料可带给我们如下几点收获：

---

① 值得一提的是，这期间还夹杂多个提供背景信息的视频，不在本书研究范畴内，故略去。

一是由于主持人所起的主要作用是提问，故而主持人使用疑问句的次数明显高于受访嘉宾。

二是由于受访嘉宾所起的主要作用是回答，故而受访嘉宾使用陈述句的次数明显高于主持人。

三是出于主宾双方自身话语个性化表达习惯和表达重点的不同，他们对于四大句类的统筹运用也各自会出现差异，而且各大句类之下子句类所占比例亦各不尽相同。

四是在低互动度人物访谈活动中，也出于主宾双方自身性别的差异，男性的话语表述很少使用带有强烈感情色彩的句类，这点显现在此例中则是男主持人没有运用过感叹句，其主要使用的是陈述句。而女性的话语表述则会或多或少体现出其自身性别特征，这点显现在此例中则是女受访嘉宾没有运用过祈使句，其主要使用的是陈述、疑问和感叹句。

而在同性间相互采访的两个典型语料视频中，我们可以发现：

自2分49秒到12分23秒是第三个视频的展开阶段，我们可以对本次人物访谈互动主体双方的句类实际使用情况进行先期梳理。

据数据统计显示，主持人曹可凡在这期间总共使用了10处疑问句，其详情是：是非问句为4次，特指问句为5次，正反问句为1次。

同时他也使用了11处肯定陈述句。

受访嘉宾贝聿铭在这期间总共使用了57处陈述句，其详情是：肯定陈述句为47次，否定陈述句为10次。同时他也使用了6处是非问句。此外，他还使用了1处感叹句。

如将以上这些结果汇总并直观形成图表，则如表3-3所示。

表3-3　　　　本次人物访谈互动主体双方的句类实际使用情况

主体＼句类	陈述句	疑问句	祈使句	感叹句
曹可凡（男主）	11	10	0	0
贝聿铭（男宾）	57	6	0	1

由此可见，分析此处语料可带给我们如下几点收获：

一是由于主持人所起的主要作用是提问，故而主持人使用疑问句的次数一般总要高于受访嘉宾。

二是由于受访嘉宾所起的主要作用是回答，故而受访嘉宾使用陈述句的次数明显高于主持人。

三是出于主宾双方自身话语个性化表达习惯和表达重点的不同，他们对于四大句类的统筹运用也各自会出现差异，而且各大句类之下子句类所占比例亦各不尽相同。

四是在低互动度人物访谈活动中，男性的话语表述很少使用带有强烈感情色彩的句类，这点显现在此例中则是男主持人没有运用过感叹句，其主要使用的是陈述和疑问句。但对于男性受访嘉宾而言，有时出于特定情境中情感抒发的需要，虽说也会偶尔运用感叹句，但一般情况下占有比率较少。

自2分38秒到26分8秒和自1分26秒到26分19秒是第四个典型语料视频集（该视频有上下两部分）的展开阶段我们可以在此处对本次人物访谈互动主体双方的句类实际使用情况进行先期梳理。

据数据统计显示，主持人许戈辉在这期间总共使用了53处疑问句，其详情是：是非问句为26次，特指问句为22次，选择问句为4次，是非问形式的反问句为1次。同时她也使用了19处肯定陈述句。此外，她还使用了6处感叹句。

受访嘉宾陈冯富珍在这期间总共使用了136处陈述句，其详情是：肯定陈述句为127次，否定陈述句为9次。她也使用了10处疑问句，其详情是：特指问句为1次，是非问句为4次，是非问形式的反问句为5次。此外，她还使用了10处感叹句。

如将以上这些结果汇总并直观形成图表，则如表3-4所示。

表3-4　　　　本次人物访谈互动主体双方的句类实际使用情况

主体 句类	陈述句	疑问句	祈使句	感叹句
许戈辉（女主）	19	53	0	6
陈冯富珍（女宾）	136	10	0	10

由此可见，分析此处语料可带给我们如下几点收获：

一是由于主持人所起的主要作用是提问，故而主持人使用疑问句的次数明显高于受访嘉宾。

二是由于受访嘉宾所起的主要作用是回答，故而受访嘉宾使用陈述句的次数明显高于主持人。

三是出于主宾双方自身话语个性化表达习惯和表达重点的不同，她们对于四大句类的统筹运用也各自会出现差异，而且各大句类之下子句类所占比例亦各不尽相同。

四是在低互动度人物访谈活动中，女性的话语表述则会或多或少体现出其自身性别特征，这点显现在此例中则是女主持人和女受访嘉宾都没有运用过祈使句，其主要使用的是陈述、疑问和感叹句，而且相较之上个语料，她们对于感叹句的运用频率则较高。

（三）高潮阶段阐析

按照一般事件发展的时间顺序，在通常意义上所指称的高潮阶段即：夹杂于若干个展开过程中间，具有一定时长，并且呈现出一定情态性特质的阶段。

对于高潮，《现代汉语词典》中有如下解释："1. 在潮的一个涨落周期内，水面上升的最高潮位。2. 比喻事物高度发展的阶段。3. 小说、戏剧、电影情节中矛盾发展的顶点。"我们在此选取的义项是事件发展的顶峰阶段。而且在本书研究视域中，宏观层面来看高潮指的是该次人物访谈互动活动已经部分或完全地达到预定主旨，且在这个过程中互动主体双方（有时候也涵盖现场内外观众）发生真情交融，进而在和谐轻松的互动活动氛围中实现了自身情感的有效表达，同时也让现场内外观众获得了完美的视听感官享受或精神洗礼。

值得一提的是，此过程的具体持续时间往往并不是固定不变的：有可能持续较长时间，也可能只可以持续较短时间。而在此章低互动度人物访谈类电视节目互动活动探讨中，我们可以发现高潮形态往往是较为单一而短暂的。

1. 高潮表现形态

在对目前所收集的低互动度访谈节目语料进行综合分析后，此章研究视域中高潮的具体表现形态可简述为节目主持人与受访嘉宾之间的小高潮。参照上文中对于高潮的定义，我们认为其具体考量要素也可概括为以下两点：一是达到既定访谈主旨目标的比率，二是是否获得了美的视听享受（亦包含精神洗礼）或有效宣泄了情感。

单就语料呈现而言，此种小高潮一般所属范围较小（主要是节目主持人和受访嘉宾两者之间，跟场内外观众之间的大关联并不是常态），且其持续时间一般也较短。

此外，就总体上而言，在整个低互动度访谈活动中，小高潮的触发数量较为有限，而且其高潮基本形态的呈现方式往往也较单一。

接下来，我们可以结合具体语料视频资料来进行深入观照。

如财经类人物访谈电视节目《财富人生》的主持人赖丹丹曾于2011年11月12日专访过阿里巴巴集团前任资深副总裁、现任嘉御基金董事长卫哲。据其视频资料显示，本次访谈只有一次小高潮，其具体起始时间是从30分38秒开始到32分1秒，整个过程持续时间不到2分钟：

　　赖：你最快乐的事是什么？

　　卫：和家人和孩子在一起，我全世界都看到什么风景特别漂亮，我一定想做的是赶快带我最好的朋友和家人都来欣赏这样的风景。就阿里巴巴我们2007年上市的时候，别人（不知道）第一次披露啊，从来没人知道，我们给联交所递交文件以后，我带全家人上游轮玩了七天。我说艺高人胆大，刚刚把文件递交到联交所，我做过投行我知道第一个礼拜是没人来烦你的，但我说从此以后烦的事就来了。所以风平浪静，在游轮上我连手机信号都没有，在大海茫茫中手机信号都没有，绝对没人能找得到我。哎，我珍惜在这段时间我还能跟家人在一起，在一到两个星期，任何一个世界上最漂亮的地方。

　　赖：会很轻松，是吧？

　　卫：对。

　　赖：和他们在一起，会有一种很轻松的感觉。

　　卫：最可惜的是你看到一个很漂亮的东西，吃了很好吃的东西就你一个人在那吃。我有一个朋友打高尔夫一杆进洞，到处打电话：我高尔夫一杆进洞啦！没有人看到，他那个一杆进洞没人看到，变成他这辈子最大的遗憾。别人说我不信，你有本事再来一个？你再打一个我试试看，所以，本来时间最快乐的事情，他高尔夫一杆进洞变成他现在最遗憾的事，连球童都没有那时候（嘉宾丰富的手势体态语，主持人大笑），别人都不相信他：你是开玩笑！所以我说分享，

　　赖：过程是分享是最快乐的。

　　卫：分享一定是最快乐的，最有好处的东西，最好玩的东西，最好的朋友和家人分享，是我人生当中最快乐的事情。

　　这个互动子高潮所呈现的主要内容是主持人赖丹丹与受访嘉宾卫哲之间所进行的一次专属情感沟通，受访嘉宾在此也完成了其自身隐藏情感的有效表达：在此语料片段中，他不仅独家分享了在阿里巴巴公司上市前，他曾与家人避开俗世纷扰，在游轮上休闲一个星期的美好记忆，也还谈及了某一朋友打高尔夫曾一杆进洞，却苦于无人见证的趣事，并借这两件事情来强调如果能够时常把最美好的东西与朋友和家人共享，应算是他人生中最快乐的事情。

　　在这段视频中，受访嘉宾此刻的精神状态极其放松，完全一扫接受访问初期的拘谨严肃，在一定程度上已深入到内心世界，继而真切展现出自己性格中所隐藏着的感性一面。

　　就本次访谈现场效果直观呈现而言，主宾双方的互动气氛较为和谐融洽。同时受访嘉宾诙谐幽默的语言表达和丰富夸张的手势体态语，更是经常逗得主持人忍俊不禁，例如：受访嘉宾在具体言说时还时常蹦出诸如"别人（不知道）第一次披露啊""从来没人知道"等等一些略带调侃色彩的词句，同时还运用了较为丰富的身体态势语进行辅助。

　　此外，这次互动小高潮也部分地实现了该次访谈的既定主旨目标——心很软，刀很快中"心很软"这方面内容。

　　而在《诗人：余光中·日暮乡关（下）》这档人物访谈节目中，《大家》栏目的主持人曲向东曾于2008年5月份专程奔赴台湾，对宝岛著名诗人余光中进行过一次专访。

　　据视频资料显示，在23分24秒到24分26秒这1分多钟时间里，受访嘉宾余光中在畅谈中文诗词作品欣赏互动子话题后雅兴颇高，竟情不自禁地用诗歌吟咏古法，即兴朗诵了宋代词人苏东坡的经典词作《大

江东去》：

> 余：一定要用老派的那种吟法，才能够深入其中。你现在用普通话来念哈，只有四声，那入声就没有了。
>
> 曲：您能不能给我找一首比较典型的诗来吟诵一下？
>
> 余：念那个，《大江东去》了，比如我这样念：大‖江东去——浪淘尽（哦——），千‖古风流人物（喔哎——嘿），故垒西边‖人道是——，三国（哎——）周郎赤壁（哎——嘿），乱石穿空（喔——），惊涛裂——岸（哦），卷起‖千堆雪（啊——），江山如——画（啊——），一时多少‖豪——杰（额——哎嘿嘿——），一定要这样子。
>
> 曲：一定要这样子？
>
> 余：才进得去。

众所周知通过相关韵脚的灵活使用和语音的间歇停顿，汉语诗词在很多时候可以实现节奏的变化，有时，同类韵部的词语在某一特定位置的规律性重复，往往会呈现出声音的回旋悠扬美。赵元任也曾在《国音新诗韵》中对阴平、阳平、上声、去声和入声这五音有过深入论述，且还独具慧眼地指出这五音有规律性地杂错相间，往往能鲜明体现出诗歌的节奏感。

在此处，通过受访嘉宾这种抑扬顿挫诗词古法吟咏技巧的完美运营，的确充分展现出了汉语整齐而富有变化的音律美，进而使主持人和电视机前的观众在观赏本节目的同时，也能获得听觉上的完美体验，再加之该次访谈外景正好布置在东海之滨。天高水蓝、轻涛拂岸，斯人斯景斯词完美相融，又极大增添了本次诗词朗诵的视听感染力。

值得一提的是，此处多次提及的古法诗词吟咏技巧其实在某种程度上也紧紧扣住，并且以适切的方式极为鲜明地体现出此次人物访谈的既定主旨——日暮乡关何处是？其实何处是中国人的精神故乡？手握中文便是故乡！因为炎黄子孙都明白：敬天法祖理念，乃是维持中华千百年来宗法文化的根本支撑点，而这在一定程度上又是中华传统礼乐文化的核心所在。所以说，精通先辈历经数千年传承下来的汉字，便是努力实践这一理念的必由之路。

（四）结束阶段阐析

按照事件发展的时间顺序，一般人物访谈互动活动在历经起始、展开和高潮三个阶段后，也就正式进入了结束阶段。

所谓结束，也就是一个完整人物访谈互动活动的最终结尾部分。就整体发展趋势而言，此阶段还与起始阶段有一定的内在呼应性。如果非得说起始阶段是一个"动态性"开头，那么结束阶段相对来说就是一种"静态性"结尾，而且在本书研究视域内，人物访谈互动活动发展至此一般才算是完成一个相对完整的轮回。

1. 结束类型

在对所收集的低互动度人物访谈电视节目语料进行综合分析后，我们认为结束阶段的具体类型大致上可划分为两大类：总结型结束阶段和展望型结束阶段。就其具体状态呈现上简单来看，就是前者逐渐收拢从紧，而后者则是日渐放开趋松。

2. 结束方式

与上述类型相匹配，也根据主要话语实际结构分布类型的不同，我们认为低互动度人物访谈活动结束阶段的具体表现方式也可相应分为两种：主持人单独总结型结束方式和主持人单独展望型结束方式。前者一般意义上来说，指的就是节目主持人独立自主地对此次人物互动访谈活动发展全过程进行摘要性回顾分析，并进而作出客观评价的一种结束行为表现方式；后者则一般指的是节目主持人独立自主地对人物访谈互动活动的主旨着重加以引申阐述，或对受访嘉宾自身的某些情况（例如想法和安排等），进行远景性预测的一种结束行为表现方式，两者各有千秋，其施行主体一般都是主持人。

接下来，我们可以结合具体语料来进一步开展分析。

首先关于主持人单独总结型结束方式，我们可以拿《中国经营者》的主持人崔艳于 2010 年 12 月 25 日专访资深主持人、乐蜂网总裁李静这段视频资料来看。从 22 分 9 秒到 22 分 47 秒是本次互动访谈结束阶段的实际起止时间，在此过程中，主持人崔艳主要进行了如下总结陈述：

　　　　李静拥有丰富多彩的个性，她可以是俏皮率性的明星主持人，也可以是创意频出的节目制片人。面临创业的艰难困苦，她还可以坚持下来，最终成为一个企业的掌门人。表面上我们看到一个风光无限的主持人艺而优则商，完成了从主持人到董事长的华丽转身。做完这次采访，我们更加体会到创业者身上最可贵的品质，那就是锲而不舍的毅力。好，感谢收看本期《中国经营者》，我是崔艳，我们下周同一时间再见！

　　崔艳在此处，还是在继续展现着其惯有的温婉知性的主持风格：她选用了一些富于节律美的骈偶句式，例如"她可以是俏皮率性的明星主持人，也可以是创意频出的节目制片人"。客观而言，这种骈偶句式在带给电视机前观众特有视听享受美的同时，也能让观众对节目中主持人对受访嘉宾的到位评价留下较为深刻的印象。而且主持人在其间还凭借其女性特有的敏感直觉力，选用了一些富有女性言说色彩的辞藻，如"风光无限和华丽转身"等带有主观情绪色彩词语也是在为主持人这种富有文采的总结风格继续添上绚丽浓重的一笔。甚至崔艳也别出心裁地对诸如"艺而优则商"① 等古语进行了仿拟化用。如此种种，更是彰显了主持人"腹有诗书气自华"、优美雅致的主持风格。

　　我们可以再来看《中国经营者》另一位当家主持人罗振宇，在2009 年 8 月 1 日专访春秋航空公司董事长王正华时的总结性发言。在自21 分 38 秒到 23 分 37 秒结束的结束阶段中，主持人有过如下陈述：

　　　　在准备这次采访的时候，我们原本要问的问题是你王正华和你的春秋航空打算如何面对如此复杂的市场变局。而采访结束呢，我们得到的答案却好像是春秋航空现在的企业行为和外部环境几乎没有关系，只不过是一些预先制定好的战略和节奏在当前的实施。老爷子告诉我们其实早在十几年前也就是开办春秋航空公司的十年

---

　　① 此句是对《论语·子张》中的名句"仕而优则学，学而优则仕"的引申化用。而后世却引申出了"学优登仕"的意义，意为书读好了可以当官。在这次总结中，崔艳又用了修辞学中仿拟的手法变换为"艺而优则商"，有在演艺圈主持做好了就可以凭此做生意的意思，就李静的诸多经历和本次访谈的主旨来说，这个评价是较为中肯的。

前，1994 年，他就想清楚了两个问题：第一个问题是航空业这样的一个舞台适不适合中国的私营企业去发展？第二个问题是航空业这个舞台适不适合春秋公司的禀赋和特征？把这两个问题想清楚之后，换句话说十几年前他开眼抬头看了一次路，剩下来后来的十几年间的春秋航空公司的发展都是在低头拉车的过程，几乎没有去感受外界的那些环境的变化。

好，我们把春秋航空的故事先放下，我们来看看中国的那些国有的大型航空公司，它们是如何解释这两年它们的巨额亏损呢？无非两条：第一条经济危机来了，所以我的客座率下降，这是一个环境变化的因素。第二个因素呢，就是我要去跟石油市场去套期保值，我要去跟市场对赌，结果输了造成了巨亏，无非这两个原因。所以你看一个是只拉车不看路或者说十几年前看完路之后只顾拉车的王正华，一个方面是跟环境不断地去博弈和对赌的大型航空公司，这中间这样的一个对比在告诉我们什么呢？我个人的体会是这则故事告诉我们市场经济也许考验的并不是你的赌技，市场经济只在乎你为这个时代，为整个人类社会贡献了什么样的价值！好，感谢收看本期的《中国经营者》，我们下周再见！

在此处，主持人先是着重回顾了本次人物访谈活动的事先设想，再将其和终场结果形成实际对比，并最终将受访嘉宾的成功经营经历，经过高度浓缩，进而贴切比喻为"开眼抬头看过路之后，剩下十余年间只顾低头拉车的过程"，这其实已经完美契合了本次专访活动既定的主旨——春秋航空公司的独特经营之路。

但罗振宇是一位有着极为敏锐观察力的资深主持人，以其惯有的主持风格，应该很难仅满足于此。果不其然，他随后针对这个点，又立即进行了更深层次挖掘：用春秋航空公司在受访嘉宾领导下经营取得巨大成功的事实，与国内一些大型国有航空公司近期巨亏的真实现象进行了鲜明的对比，并从中得出自己的独特感悟。在精辟总结的基础上，又启迪着观众对此现象进行更深入的思考，并从中受益。这样一来，在升华结论的同时，也能使电视机前观众受到理性精神的洗礼，这也是节目此阶段最大亮点所在。

其实关于在低互动度人物访谈语料中也有较多体现的主持人单独展望型结束方式，我们也可选取如下几个视频资料开展分析。

《高端访问》的主持人水均益曾在 2006 年 5 月 22 日对时任联合国秘书长科菲·安南先生进行过一次专访。根据视频资料显示，该次访谈着重围绕着世界局势的动荡变化，给安南日常工作所带来的诸多冲击而细化展开，既定主旨主要是探寻安南先生在外界风光表象背后的心路历程。此次访谈的结束阶段相对而言就显得较为简单质朴：

> 水（英文表述）：好的，秘书长先生，非常感谢，希望再次在中国看见您！

我们在此可以发现，主持人这种表述其实与本次访谈起始阶段有着一些内在呼应。因为在先前访谈开展过程中，受访嘉宾曾表达了希望在 2008 年能够回中国看奥运会的良好期盼，所以在本次访谈临近结束之时，主持人出于礼貌，同时也结合安南自身的情况，对此期盼进行了远景性展望。

当然，这种结束方式也并非总是那么简单直白。根据语料显示，主持人许戈辉曾在 2011 年 7 月 31 日那期《名人面对面》节目中对时任美国驻华大使洪博培进行过一次独家专访。从 20 分 53 秒到 21 分 17 秒是本次专访的结束阶段，在此过程中，主持人曾如此作结：

> 离任前在很多场合，洪博培常常依依不舍地说：我马上就要失业了。虽然这是一句玩笑话，但是正像他之前所提到的：不论是在过去还是将来，他都已经或者是将要从和中国的种种渊源中受益。不论是工作还是私人生活，洪博培都会把与中国的联系继续下去。

在此处，主持人以其温婉的女性化视角，极其敏锐地捕捉到了受访嘉宾离任前在很多演讲场合上总提到的那句"玩笑话"：我马上就要失业了。单从表象上直观来看，这句话体现出来的主要是受访嘉宾的自我调侃，但毕竟曾在中国工作生活过多年，这句话里其实也隐含着受访嘉宾对于这块土地有些眷恋不舍。于是在结束阶段里，许戈辉抓住这个感情触发点又展开了远景设想：无论怎样，无论何时，都希望洪博培能把与中国的种种联系继续下去。此外，就总体情况而言，此处对于受访嘉宾的愿景构想也还与既定主旨（洪博培——为别人服务）紧密相扣。

第三节　个案语料话轮结构专题分析

在这一节的研究中，我们将会选用两篇较为典型的人物访谈视频资料作为语料素材进行专题性实验分析，且在后续分析过程中，也将会采用以话语分析作为主干框架结构和以语言学诸要素为其具体微观表现形态这种"两位一体"的全新研究思路来具体展开操作。值得一提的是，我们还会采用控制变量思维模式果断去除对于起始和结束阶段的细节讨论，仅以展开和高潮阶段为重点主攻方向，力图以此加强定点分析的力度。

我们选取的典型语料有以下两个：《面对面》主持人王志在中国非典期间（2003）采访时任北京市代市长的王岐山的视频资料和《问答神州》主持人吴小莉于 2011 年 7 月 9 日和 16 日采访时任世界银行高级副行长林毅夫的视频资料。

首先就前者来看，我们主要抽取了从 3 分 43 秒到 34 分 26 秒结束的那个视频片段来详细展开。

（Q1）王志：你最害怕问的问题是什么？能不能告诉我？

（A1）王岐山：实际上最害怕的问题也是我们现在最需要加强的。我在中间借着记者提问已经提到了一点，因为现在最重要的就是污染源的切断，就是所谓传染源的切断。因为这是一个传染性疾病。人们之所以恐慌也在于它的传染性，那么作为传染源的切断的呢，说句实话来自于对于整个病情，疫情这种深刻的分析和把握，然后来自于一种果断的隔离措施。这些东西呢，说句实话我们现在的市委市政府在中央的指导下，我们现在这一系列配套的文件和措施，包括决定啊，几个意见，也包括通知啊，应该说对这些问题都做了非常明确的一些规定。但是说句实话现在这个疫情啊，因为这次是突如其来的，我们到现在对这个病毒的认知还是一个有限的。

从科学上来讲，处在一个有限的阶段。所以在这种情况下，<u>感染源</u>如果不能彻底切断，说句实在话，它就不可能一劳永逸地战胜这个疾病。

（Q2）王志：困难在哪？

（A2）王岐山：困难说句实话，这个队伍状况，说实在的，比如医护人员相当疲劳，<u>专业化程度</u>并不是很高。再一个就是我们整个<u>日常</u>的医院的管理水平，在这时候院长有没有一种力量把这些医护人员，就是说你<u>不是搞传染病的</u>你要按<u>传染病</u>来操作，甚至我对<u>每一个病人</u>他的<u>来龙去脉</u>要掌握清楚，要把这些信息<u>每时每刻</u>地传送出来，然后使得我们的专家能够集<u>中</u>地通过<u>这一点一滴</u>信息的积累，把握<u>每时每刻</u>把它综合分析。你像昨天我们讨论到一种<u>细节</u>了，就是说防护服<u>到底穿几层</u>？<u>哪层穿在里头</u>？<u>哪层穿在外头</u>？就是<u>操作细则</u>规定应该说都是现<u>在</u>才拟定出来。可你要知道一个规定的拟定<u>和</u>到它真正<u>一丝不苟</u>地操作的<u>执行</u>，这说实在的要看出<u>管理的水平</u>来。<u>而</u>每一个人都要<u>严格地</u>（执行），就像刚才咱俩一见面，你说握手不握手？说实在的，<u>应该按规定</u>呢，如果说到了那种场合说实话<u>没</u>有什么情面可讲的，你也别要大胆，你就<u>严格地</u>按规定操作就完了。

王志：对，我非常同意你这个说法，一定要控制传染源。<u>但是</u>按照你这个说法在我这个想象中，我觉得<u>几乎</u>是<u>不可能的</u>。

王岐山：<u>不</u>，<u>现在</u>就要把<u>不可能</u>的事情变成可能才能赢得这场战争。<u>现在</u>就是说，第一先把<u>集中的</u>感染源，你比如说前一段我们的隔离措施，<u>对吧</u>，<u>不管</u>北方交大还是中央财经大学，发生病情的这个<u>整栋楼</u>【手势体态语强调】就是<u>隔离</u>，我们给他送吃送喝，<u>打扫卫生</u>，<u>消毒</u>，对不对？这都没问题，马上就解决问题，对吧？你比如说流行病学调查，我们现在的疾控中心把数字<u>一报上来</u>，<u>就带着人名</u>，<u>带着职业</u>，<u>带着去向</u>和存在状况。然后马上就要找他，这几天你<u>都</u>和谁在一起，当然有难度，有的人还有一<u>些</u>不愿意说呢，有些他可能也记不得，因此确实（有难度）。但是呢？我们要做到就是说<u>不可能</u>做到一个不漏，但是我们首先要成块地，<u>大面积地</u>不能让它再发生。你比如说医院的发烧门诊，刚才我回答的时候也讲到了，发烧门诊，在北京六七十个发烧门诊，现在的隔离措施到底落实了没有？这一切，另外还有些设备，你不能够让（有）发烧病史的这些可疑的人再满楼道地找 X 光室，你就必须配备这种床头 X 光机，而且就是他当场就可以照透视，当场就可以确诊，因为现在透视是确诊中非常重要的指标，或者说是疑似的重要指标，这就很重要了。所以围绕着切断传染源，说实在的，这是一个相当相当的关键。

王志：我们眼里看到了一个就是很镇定的市长，一个很坚定的市长。但是另一方面我们看到北京感染的人数在不断的上升。

王岐山：这个病，传染病，它有一个规律吧，是吧？我觉得这个事情，我刚才说了，谁去预测这个数字在当前这个条件下，谁都近乎于是一种赌博，是危险的，但是说实在的我们也在分析，并不是完全没有底数的。

（Q3）王志：什么底数？

（A3）王岐山：就是说增长总有一个头【手势体态语强调】，增长到一定程度的时候，它要逐渐回落的，我相信我们这些措施，这些人为的工作都不是白费的。

（Q4）王志：预期是多少？

（A4）王岐山：我现在不想说，做这种赌博式的预期回答【受访嘉宾哈哈大笑】，不想回答，因为什么，确实我不想预期，现在起码向市民做这种预期是要严肃而负责任的，我没有相当把握的时候，我不会讲这种话。

（Q5）王志：你上任的时候，我看了这个数字是当时是 300 不到 400。昨天的数字是 2705，那跟你的严厉措施这是成反比，说明什么问题？

（A5）王岐山：传染病有潜伏期，传染源是在我的措施中逐渐地在被切断，隔离是一步一步地被隔离。社区的卫生状况，包括社区，整个这种组织有防（范措施）的这种组织是刚刚建立起来，所以在这个问题上，应该非常清醒地认识到现在的措施是要对今后的十天起作用，不能对当天啊。

（Q6）王志：那我能不能这样预期，十天之后一定降下去？

（A6）王岐山：我相信十天之后，起码我们可以讨论这个问题。

（Q7）王志：你上任十天采取了非常严厉的这些措施，你的依据是什么？

（A7）王岐山：这不是我个人的措施，这实话，说句实话有很多都是中央的（措施），中央领导几乎是天天，不是一个电话，是若干个电话了解各种情况，提出各种问题，在指导着我们这些措施的出台和工作。同时呢，我们也是把有一些原则更多地和我们现实状况和专家，就是科学精神，和专家们讨论形成的这些措施，也考虑了操作性，所以为什么我要讲是一场（战役），我对我们下面的干部为什么要提出军中无戏言，我就要求你们汇报的时候，一就必须是一了，这是我第一次主持市政府常务会议讲的话，《北京日报》给我标出来了叫"军中无戏言"。如果说平时你还可以跟我打打哈哈啊，说这个差不多，似是而非，现在不许了，你说明天这个医院已经准备好床位可以进多少人你得到个位数，到时候进不了就是你的责任，这就叫无戏言。就是要把这个组织化程度在这种时刻提高到最严厉，最高的水平。

（Q8）王志：这是你表示你的一种信心呢？还是确实你有切实的措施？

（A8）王岐山：我们现在就在这么做。如果你把我们的文件看一看，我们现在都是做了规定，而且现在都在执行。我最近就要通过网上，通过市长电话，通过种种信息，包括我私人的各种社会关系，他们都会跟我来反映出我这些措施到底落实的情况如何。另外从发病的和疑似病人新增的这块的来源调查，也可以了解到我这个措施进行过程中的漏洞和不足，以至于或者贯彻不得力的部门、地方和区域，这样的话，我随时把监督检查跟上去，我认为现在这个部署实际上是为了最终切断污染源。

王志：这个我们大家都看到了。但是我感觉到非常奇怪的是市民的恐惧没有减低，反而在增加。

王岐山：哎呀，这个判断我和你稍微有点距离。真的，我实实在在地认为，

（Q9）王志：你了解到的是什么？

（A9）王岐山：这个恐惧，第一，说真的初始反应的恐惧和现在的恐惧还有所不同，我以为市民经历了这一段以后，那种盲目的恐惧开始降低，理智的恐惧开始增加，因为什么？因为他有了知识，了解了一些情况。过去他不了解啊，突然一来了谁知道这个病是怎么回事啊，现在起码病死率大致知道了，再高也不过是个5%。因为死人多少这是恐惧的一个很重要的前提啊，因为得了这个病我能不能治啊，万一的考虑就是我可能得，得以后能不能够活，这恐怕是最主要的。我认为刚开始有相当的盲目性，现在伴随着这一段我说，不要说北京市民，就全国老百姓都开始对这个恐惧从盲目开始走向一种理性，现在更多地关心的是什么？哎，消毒措施、环境卫生、政府的隔离措施是不是办到了？办到了他就踏实，你像我们在公布隔离这个决定的时候，公告的时候啊。刚开始也是研究啊，说会不会把恐惧再增加？后来我们了解到的，说句实话，隔离措施有利于稳定了广大市民的人心，他拥护！他觉得你政府在做事儿，而且做事对。你隔离就意味着我的安全就增加了。

（Q10）王志：你的信息渠道是什么？你怎么能了解最实际最前线的情况？

（A10）王岐山：我的信息渠道相当之多，说实在的，我这个人整个的经历过程从来没有脱离过社会，我的朋友在方方面面都有。他们有的是很底层的，我这人还愿意经常和他们聊聊天，我理发的时候都问问理发员，我有时候让司机跟我说说下面的情况，有时候我专门找那个一起和我插队的人现在下岗职工都有啊，我打个电话问问我说怎么样了。还有市长电话，我通过市长电话的一个两个三个四个信息，一方面我可以来指导我的工作，你比如说昨天（4月29日）我就发现了，市长电话，西客站脏、乱、差，我前天（4月28日）就交代过城管委主任，我说在此时此刻你的卫生环卫的水平只能高于平常的标准，而且要加上"非典"的考虑，出了问题找你负责。昨天我马上把这个信息交给了我的秘书长，秘书长立刻打电话去检查、落实，而且举一反三，通过这个为五一节，为抗击"非典"全市环卫大动员，今天消灭死角，改善状况。所以

我说市长电话可爱啊，你<u>不要把它变成一个偶然的</u>

（Q11）王志：日常的情况呢？正规的工作汇报的渠道畅通吗？

（A11）王岐山：非常畅通，是我没时间听，因为现在日常的有<u>些</u>工作我只提出来现在就是<u>必须把日常工作作为前提和基础</u>，"非典"斗争是在这个基础之上，<u>而不要搞两张皮</u>，好像专门有一批人就去对付"非典"，其他人都好像没事干了。<u>不对</u>，整个这个城市的基本功能<u>不能丢</u>，水、煤、电、气，你这个无论是商业、治安、环卫等，这些都要<u>比平时做得更好</u>。你不要光<u>表态、誓师</u>说我们一定怎么样，我说你把这个工作做好，然后再加上"非典"的考虑。你比如说卫生垃圾问题，我们就是解决了。

（Q12）王志：但是我刚才看你在发布会上讲到一点，就是<u>老百姓获取信息的渠道还是有缺陷的</u>。虽然你们从主观上来说很想信息透明，很想信息公开，你指什么？

（A12）王岐山：我说实话啊，现在我真是想啊，我那天跟我的秘书长开玩笑，我说给我的办公室架一直播电视吧。如果架一直播电视，老百姓说真的就踏实多了，说看看我们，我们知道多少，<u>老百姓最怕是他的事我不知道</u>【受访嘉宾在此使用过手势体态】，更怕的是我知道了<u>解决不了</u>，<u>无外乎</u>这就两件事。我们现在就是什么，今天发布会不就这样吗？王岐山刚来了十天要冒这么大风险，咱们就上了直播了，为的什么？为的就是给老百姓<u>建立一个信心</u>，你们的市长<u>知道</u>你们的事儿，反过来，你们市长愿意把事告诉你们。

（Q13）王志：他怎么知道你的想法呢？他通过什么样的渠道？

（A13）王岐山：我说，一个电视，一个报纸，再一个我的各层官员都应该<u>张开嘴巴</u>，一边做，这时候需要边做边说，<u>但是绝不能只说不做</u>。平常我们要求尽可能<u>少说多做</u>，现在说句实话，这场斗争面对老百姓的这种<u>恐惧的心理</u>的时候，政府要<u>一边做一边说</u>。

（Q14）王志：我收到很多的手机短信说，政府要在北京的上空撒药，所以请你们把窗关起来，有这种撒药吗？还是空穴来风？

（A14）王岐山：想都没想过，现在你要告诉市民的<u>倒是有一条</u>，市民现在有<u>一些</u>，最近我们开始要大量地宣传消毒水的用法。

我们现在市民有一种紧张感，导致好像那味越浓啊，就觉得越放心，心理上有一种安慰。实际上消毒水浓到一定程度是无效的，它必须是科学地配备多少水以后它才起作用。

（Q15）王志：有传说政府要把所有的病人转移到郊区，这个消息是不是确切？

（A15）王岐山：没有，郊区我们只是建立了一个医院，是为了解决床位不足的问题，我们现在同时在腾出两个三级甲等医院，就是宣武医院和中日友好医院，要加入到以救治为中心提高收治（率）和治愈率，提高这两率的斗争中来。这两个都是实力医院，而这两个医院抽调，将在全市抽调这方面的专家队伍来上，危重病人将在最好的医院得到救治。

（Q16）王志：为什么在这种情况下，在这种时候，想到要在小汤山建这样一个规模那么大的传染病医院？

（A16）王岐山：可以说不够，定点医院不够。另外实际上我们建立这样一个"野战医院"呢，当时呢是想什么，想扩大我们的收治能力，实际上就是这样。至于选在那个地方，是考虑那个地方从环保啊，从配套，从交通各方面条件。比如说小汤山医院，将从全军抽调1200个医护人员，他们得住啊，他们得轮班休息啊，他们还要有很好的条件，还要很好的隔离啊。

王志：就医疗的条件本身来说，有一个估计让我们非常地不乐观。他们觉得北京现有的医疗条件能接受感染病人的底线就是六千人。

王岐山：你说的是一个医疗资源吧，这个数字我们现在做了一些推算。唯物论者应该承认有底线，我们也在做观察，密切的观察，我觉得现在还需要我再观察两天到三天。

（Q17）王志：但是我们做最坏的打算，如果人数继续增加，真的达到六千人的时候，北京市有没有能力收治所有被感染的"非典"病人？

（A17）王岐山：我相信到那时候也会有（办法），我们的紧急调度能力强极了，我们上千张床位的医院有30多个，这叫到什么时候就说什么话了。

（Q18）王志：北京有 400 万以上的外地劳务人员，但是现在都想往外走，而且很多都在往外流，你用什么来控制这个外流？

（A18）王岐山：现在说句实话，现在只好发挥我们的组织基础，按社区、按工地，所有的工商企业等等方面我们来做工作。你说让这个城市完全静止，我们也曾经想过，说是不是火车咱们就不卖票了？但是说真的，自中国有火车历史以来没有过，几乎是不可想象的。但是我们尽量地通过这种群防群控，画地为牢，各自为战，村自为战，社区为战，学校为战，然后把它基本上先安静下来，在一个个的区块里。这对我们，说真的，控制它的一定的流动性，加强它内部的这种（管理），不管是防止感染，还是作为流行病学调查（造成）有利的这种外部环境，我觉得是完全有希望的。

（Q19）王志：来自甘肃，来自宁夏的消息，他们发现的病人都是从始发地的列车或者飞机，就是从北京去，你对他们有什么样的承诺？

（A19）王岐山：我们可以的话，我和刘淇同志已经给各省市、自治区的书记、省长、市长、主席写了公开的信，为此给他们带来的，请他们给予谅解和理解。昨天（4 月 29 日）吴仪副总理下午已经召开了我们和周边七省、市、自治区的联席会议，大家在吴总指挥的主持下，谈得很好。我们这边做好工作，那边也做好工作。比如说我们要控制不住的，我们一定要争取把流出去人的信息告诉对方的省市。反过来对方省市如果说碰到了我们流出去的人，他一定要把这个信息反馈给我们，加强这种信息的沟通，然后也是联防联控啊。大家在这时候要共渡难关，相互理解。

（Q20）王志：但是公开信发出以后，我仍然听到这样的消息。在北京的周边地区，有人把北京的道路切断了。当你听到这样的消息的时候，

（A20）王岐山：这个中央已经严厉禁止【受访嘉宾打断主持人提问】，绝对不允许。

（Q20）王志：你的感触是什么？

（A20）王岐山：我们郊区也有这种个别地界，我们也在严厉制止。我的感觉，说句实在话，怎么说呢，反应过度，但是确实很

多地区的病源都是出自北京，那我相信，那我相信。

（Q21）王志：您的表态，您的言行啊，都很容易让我想到你在海南说的一段话：我来海南常常告诫自己，千万不要急，不要急，如果急就必要出大错，现在你是不是有点急啊？

（A21）王岐山：我觉得现在就是所谓说不急，在这种事情面前是不可能的。但是呢，就是在研究分析，实际上最终是在决策的时候要注意，就是在最后一拍的时候【受访嘉宾在此使用过手势体态语】，恐怕要再三提醒自己，不要急，在办事的过程中非急不可，这是什么事啊。我在海南有一件事，我说别的事，我都不急，但是我有一件事，我急【受访嘉宾在此使用过手势体态语】，就是当你对海南岛的特点（有了解），当你把独特的生态破坏，无法恢复的情况下，这样的事情，我立刻就急。

王志：去海南的时候，我记得你没有先在媒体上亮相，你就把海南跑遍了，你是低调的人。但是这次来北京，你没法低调，你是高调出台，包括今天的采访，我都非常意外，你能够坐在我们镜头前。

王岐山：我需要媒体向我反映情况，我需要媒体把我的想法，实际上是中央，市委市政府和我们广大干部，现在日夜所做的这些事情，把真相通过你们告诉市民，你们是我最好的和市民对话的渠道。

（Q22）王志：问一个非常实际的问题，作为市长来说，您是赞同市民呆在家里呢，还是按照正常生活？

（A22）王岐山：我觉得现在是这样，尽可能地，一个最大的自我保护状态就是，根据自己的身体状态合理地安排自己的活动，我以为有一些只要透风，通风条件非常好的一些场所，不是不可以去的。你比如说出租司机接触人最多，但是现在数字分析证明出租司机的感染概率极低。后来我想是不是因为开着车呀，通风好啊，开着窗户啊。

（Q23）王志：那现在很多商店都关门了，很多行业都受到影响了。你市长不是当一天两天，你还得考虑"非典"之后，这一点您想到过吗？经济会受什么样的影响？

（A23）王岐山：说真的，经济肯定会有点影响，看时间长短，我认为如果要说这个事情就在于三五个月之内解决的话，就不会受到很大的影响。我们的工厂也没停工啊，主要是商业受些影响，但是商业也看什么商店了，就这种医疗卫生用品、消毒用品的需求，包括医疗器械的进口，大批大批的。

（Q24）王志：那北京也出现过抢购的情况，能不能保证供应？这也是市民非常关心的。

（A24）王岐山：绝对没问题，这点我是最有信心的。因为那天抢购出现了以后，我们都出去了，中央也非常关怀和支持，说实在的。从总的来讲，我是作为新的市长，我发现了我们整个商业的这支队伍啊，应急、应变能力和调度能力在中央的支持下，非常之大。说实话，那也就一天半的时间就平息了。

王志：您上任以来出现这些转变，这种严厉的措施，老百姓应该来说是很欢迎的，但是也有一种担心。

王岐山：我明白你的意思了，这问题有可能啊，任何真理就在于度。我想到这个问题，度的把握在于我们各级干部联系实际的掌握火候，这是，你提的这个问题很要害，是我担心的一个问题。突如其来啊，我们科学认知，科学依据都是在一边摸索过程中一边才进行研究。而说句实话啊，你也知道，当一个新的科学被认同，是多么的困难，就是专家们互相之间来认同都是很难的，这时候说实在的，在紧急的时候要靠政治家的决断。

（Q25）王志：你对市民怎么说？你可以信赖这场抗击"非典"的战斗吗？

（A25）王岐山：疫情的发展，说句实在话，还在紧张地，我们还在紧张地工作来控制疫情的发展，离真正的控制和切断还有一个距离。在这种情况下，说实在的，我的心情也很沉重，我总希望尽快地让市民从这种恐惧中解脱出来，也即是刚才我讲的这种要有质量，基本前提的生活就是要有安全感。那么在这种时候，我相信我们广大市民经过这一段时间，他们的心理承受和他们对这种疫情的了解和知识是不断增多的，他们的自我保护意识是加强的。我现在能对他们说的，我就希望他们好好过节，我就希望他们能够非常好地处理好个人现在的生活，因为什么？使他们自己对自己，在自己的身体条件下，让他保持一个良好的状态，这恐怕是现在他们能够做到抵御传染的一个最好的办法。我将为他们来创造环境，而他们自己要注意处理好自己的生活，保持一个良好的状态。

（Q26）王志：有人很形象地，就是说北京今年的春天比作一个"戴口罩的春天"，夏天也快要来了，这口罩还会延续吗？

（A26）王岐山：我不是说咱们现在不做那种猜测吗？

王志：但是我们很想知道。

王岐山：那你就且听下回分解吧。

需要着重进行强调的是，我们在此处对上述语料都进行了具体符号标注，其中"＝"意为重音，"【】"意为相关的重要补充内容，"□"意为特定重要数据。

首先可以明确的是，本次人物访谈的既定主旨关键词便是"抗击非典，军中无戏言"。其次是参与本次人物访谈的实际主体为主持人王志和受访嘉宾王岐山。访谈相关背景信息为当时全国"非典"肆虐，北京城内更是人心惶惶。基于当时如此紧急的情势，王志借此节目主要想就一些涉及群众切身利益的问题，与刚刚履新的王岐山进行一次深入交流，相关互动子话题也主要围绕着受访嘉宾在抗击"非典"专项斗争中的一些具体部署，以及其在这段高压煎熬时间段中的心路历程来详细展开。

就微观形态上语言学诸要素分析和话语轮次推进结构主体框架搭建情况综合来看，我们通过分析可以知道此语料文本中共有 26 处问答相邻对，而且本次访谈互动活动就是通过这 26 处问答相邻对的具体有效落实，在追求着既定主旨的最大化实现。与其相适应，在此过程中主持人和受访嘉宾实际上主要围绕着如下几个互动子话题进行了言语交流：（1）王岐山最害怕的问题，（2）实际所面临的困难，（3）北京市感染"非典"人群底数，（4）具体"非典"感染人群数预期，（5）严厉措施成效并不明显，（6）十天之后感染人数是否会降低，（7）非常严厉措施指定的依据，（8）"军中无戏言"是信心表示还是有具体落实措施，（9）市民恐惧感是下降还是上升，（10）了解最实际最前线信息的非常规渠道，（11）信息上报常规渠道，（12）信息公开的内容，（13）信息公开的渠道，（14）对于要在北京上空撒药手机短信的回应，（15）把所有病人转移到郊区是否属实，（16）小汤山医院建设的想法由来，（17）假使感染人数继续上升的应急预案，（18）如何控制在京外来务工人员恐慌性外流问题，（19）与相关省市关于人员外流联防联控问题的探讨，（20）个别地方切断通往北京的路防止传染扩散，（21）急与不急的悖论，（22）希望市民呆在家里还是正常工作，（23）"非典"对于经济的影响，（24）抢购风波后能否保证正常供应，（25）想对市民说的话，（26）戴口罩的春天是否还会继续等。显然互动主体双方经由这26个问答相邻对共同努力推动着整个访谈互动活动向前顺利开展。概而述之，其中尤以涉及努力切断传染源（第一到第八问答相邻对）、小汤山医院的建设（第十五到第十七问答相邻对）、信息及时反馈汇报渠道是否畅通（第九、十、十一、十二、十三和十四问答相邻对）和在京外来务工人员恐慌外流的联防联控问题（第十八、十九和二十问答相邻对）等方面内容的互动子话题居多，而第二十一到二十六问答相邻对，则更多的是分别涉及了其他方面相关内容。

　　就此次访谈互动活动总体节奏发展来观照，可以发现以第二十一问答相邻对为界限，明显前紧后松。这种情况的出现，其实也是与相关互动子话题的设置有着密切相连：譬如在这之前诸如努力切断传染源、小汤山医院的建设、信息及时反馈汇报渠道是否畅通和在京外来务工人员恐慌外流的联防联控问题等方面的互动子话题，基本上都直接涉及受访嘉宾抗击"非典"的具体工作部署，自然应属于本次访谈的重点内容，再加之源于互动子话题流自身的严肃性，当时现场访谈氛围也随之较为凝重，故而本次人物专访在此时所呈现出来的节奏一直较为紧张，这自然也在情理之中。而在这之后的一些互动子话题，虽然或多或少也都在围绕着既定主旨服务，但其内容在重要性层面已经略有降低。再加之后续互动子话题自身所具备的相对轻松性，与之相伴随，当时现场互动访谈氛围也在逐渐转向缓和，故而后续整个活动所呈现出来的节奏已经日趋松弛。

　　其实关于这点，我们也可通过受访嘉宾回答主持人提问过程中的重音分布和手势体态语强调情况来间接地进行观照。例如，受访嘉宾在各问答相邻中对主持人提问实际回答过程中的重音分布情况依次显示为：第一问答相邻对中有 4 次，第二问答相邻对中有 50 次（还包括 1 次用手势体态语进行强调），第三问答相邻对中有 4 次（包括 1 次用手势体态语进行强调），第四问答相邻对中有 2 次，第五问答相邻对中有 7 次，第六问答相邻对中有 2 次，第七问答相邻对中有 16 次，第八问答相邻对中有 16 次，第九问答相邻对中有 19 次，第十问答相邻对中有 15 次，第十一问答相邻对中有 6 次，第十二问答相邻对中有 6 次（包括 1 次用手势体态语进行强调），第十三问答相邻对中有 5 次，第十四问答相邻对中有 2 次，第十五问答相邻对中有 2 次，第十六问答相邻对中有 3 次，第十七问答相邻对中有 3 次，第十八问答相邻对中有 1 次，第十九问答相邻对中有 3 次，第二十问答相邻对中有 3 次（包括 1 次受访嘉宾强行打断主持人提问），第二十一问答相邻对中有 8 次（包括 2 次用手势体态语进行强调），第二十二问答相邻对中有 1 次，第二十三问答相邻对中有 4 次，第二十四问答相邻对中有 6 次，第二十五问答相邻对中有 9 次，第二十六问答相邻对中没有。

众所周知，在语言学范畴内，重音具体可以分为语法和强调重音两类："在不表示什么特殊的思想和感情的情况下，根据语法结构的特点而把句子的某些部分重读的，叫做语法重音……为了表示特殊的思想和感情而把句子的某些地方读得特别重的现象，可以叫做强调重音……"[1] 在这个视频资料短片中，我们可以发现其重音构成以后者居多。它们的出现，主要是为了能够明确话语信息的主次顺序，进而能更好地促使语义准确性表述的有效达成。此外，这些重音在增强语言相应表现力和感染力的同时，其直接造就的抑扬顿挫言说表达方式，在客观上也往往能够使语流更加富有鲜活的生命力。

与此同时，我们也发现各问答相邻对中重音分布的密集与否，其实往往还与所涉及互动子话题与本次访谈既定主旨的远近松紧有着较为密切的关联。据本视频语料显示，就普遍情况而言，在与本次访谈既定主旨关联越紧密的互动子话题中，受访嘉宾王岐山回答过程中的重音分布也往往相应较为密集，有时诸如手势体态语等非语言性要素也会直接参

---

① 胡裕树：《现代汉语》（重订本），上海教育出版社 1995 年版，第 114—115 页。

与到访谈互动活动中来，甚至一度还有受访嘉宾一改常态，强行打断主持人提问的情况出现①。而自第二十一问答相邻对开始，本次访谈互动活动节奏的后期演变趋势则已略为舒缓，虽然在第二十五相邻对中还有一个小高峰。究其主要原因，自此处开始本次访谈互动活动的既定主旨也正在逐渐被细化，相关互动子话题的选择也随之逐步发生衍变，形象来表述即：逐渐摆脱"重磅集束炸弹模式"转而变为"轻度单一手榴弹模式"，受访嘉宾回答在过程中的重音分布也就相应呈现出减少之势。

此外，主持人在具体访谈提问过程中，运用单刀直入语言表达策略的有如下几处：第一问答相邻对中的"你最害怕问的问题是什么？能不能告诉我？"第二问答相邻对中的"困难在哪？"，第三问答相邻对中的"什么底数？"，第四问答相邻对中的"预期是多少？"，第五问答相邻对中的"那跟你的严厉措施这是成反比，说明什么问题？"，第七问答相邻对中的"你上任十天采取了非常严厉的这些措施，你的依据是什么？"，第八问答相邻对中的"这是你表示你的一种信心呢？还是确实你有切实的措施？"，第九问答相对中的"你了解到的是什么？"，第十问答相邻对中的"你的信息渠道是什么？"，第十一问答相邻对中的"日常的情况呢？正规的工作汇报的渠道畅通吗？"，第十二问答相邻对中的"你指什么？"，第十三问答相邻对中的"他怎么知道你的想法呢？他通过什么样的渠道？"，第十六问答相邻对中的"为什么在这种情况下，在这种时候，想到要在小汤山建这样一个规模那么大的传染病医院？"，第十八问答相邻对中的"北京有400万以上的外地劳务人员，但是现在都想往外走，而且很多都在往外流，你用什么来控制这个外流？"，第十九问答相邻对中的"来自甘肃，来自宁夏的消息，他们发现的病人都是从始发地的列车或者飞机，就是从北京去，你对他们有什么样的承诺？"，第二十问答相邻对中的"你的感触是什么？"，第二十二问答相邻对中的"您是赞同市民呆在家里呢，还是按照正常生活？"，第二十三问答相邻对中的"经济会受什么样的影响？"，第二十四问答

---

① 根据Sacks等人的话语分析理论，话轮转换机制需要与话论修正机制相匹配适应，所以当出现话语交际紧急情况之时，表达者需要提早结束自己预定想要表达的话语行为，当然其中也不排除另一方表达者在紧急情况中强行进行修正，本书中受访嘉宾王岐山打断主持人王志和王志强行打断王岐山都是此例。

相邻对中的"那北京也出现过抢购的情况,能不能保证供应?这也是市民非常关心的",第二十五问答相邻对中的"你对市民怎么说?你可以信赖这场抗击'非典'的战斗吗?"。

运用较为委婉语言表达策略的则有:第六问答相邻对中的"那我能不能这样预期,十天之后一定降下去?",第十四问答相邻对中的"我收到很多的手机短信说,政府要在北京的上空撒药,所以请你们把窗关起来,有这种撒药吗?还是空穴来风?",第十五问答相邻对中的"有传说政府要把所有的病人转移到郊区,这个消息是不是确切?",第十七问答相邻对中的"但是我们做最坏的打算,如果人数继续增加,真的达到六千人的时候,北京市有没有能力收治所有被感染的'非典'病人?"第二十一问答相邻对中的"您的表态,您的言行啊,都很容易让我想到你在海南说的一段话:我来海南常常告诫自己,千万不要急,不要急,如果急就必要出大错,现在你是不是有点急啊?",第二十六问答相邻对中的"有人很形象地,就是说北京今年的春天比作一个'戴口罩的春天',夏天也快要来了,这口罩还会延续吗?":

对以上数据用饼状图进行统计,则可以直观表现如表3-5所示。

表 3-5

问答相邻对 语言表达策略	具体问答相邻对数目	在总数中所占比例(%)
单刀直入	20	76.92
较为委婉	6	23.08

由此可见,主持人在本次人物访谈互动活动中,所表现出来的提问风格总体上较为强硬,主要侧重于单刀直入的言语表达策略的运用。具体统计数据如图3-1所示。

而受访嘉宾在具体回答时,也运用了多种言语策略,总体来说其回答风格呈现出刚柔并济的特点:既有正面回应,也有侧面巧避。其中正面回应的有:诸如在第一问答相邻对中对于最害怕问题时的"直陈",在第二问答相邻对中对于目前所面临困难时的"直陈",在第五问答相邻对中对于主持人措施实施预期与实际收效失衡质疑时的"直陈",在第七问答相邻对中对于主持人严厉措施制定依据探寻时的"直陈",在

具体问答相邻对数目

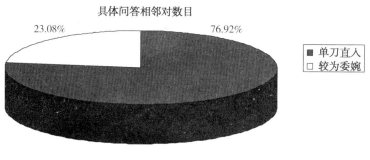

图 3 - 1

第八问答相邻对中对于主持人是否有切实可行措施落实质疑时的"直陈",在第九问答相邻对中对于主持人市民恐惧感不减反增质疑时的"直陈",在第十、十一、十二和十三问答相邻对中对于主持人信息了解渠道探寻时的"直陈",在第十四和十五问答相邻对中辟清一些谣言时的"直陈",在第十六问答相邻对中对于主持人小汤山医院筹建初衷探寻时的"直陈",在第十七问答相邻对中对于主持人"非典"病人收容问题探寻时的"直陈",在第十八、十九和二十问答相邻对中对于主持人北京务工人员外流群防群控具体落实情况探寻时的"直陈",在第二十一问答相邻对中对于急与不急悖论回应时的"直陈",在第二十二问答相邻对中对于主持人正常生活工作还是躲在家里建议探寻时的"直陈",在第二十三问答相邻对中对于经济是否会受"非典"影响问题回应时的"直陈",在第二十四问答相邻对中对于是否能保障日用品物资征程供应问题回应时的"直陈",在第二十五问答相邻对中对于主持人是否可以信赖此次抗击"非典"斗争回应时的"直陈"。

　　侧面巧避的则具体表现在以下几处:在第三问答相邻对中对于主持人底数探寻时的"曲答",在第四问答相邻对中对于主持人感染人数预期探寻时的"曲答",在第六问答相邻对中对于主持人进一步预期探寻时的"曲答",在第二十六问答相邻对中对于"非典"未来发展形势预测回应时的"曲答"。

　　如对上述数据从统计学视角来进行观照,分别如表 3 - 6 和图 3 - 2 所示。

表 3 - 6

问答相邻对 语言表达策略	具体问答相邻对数目	在总数中所占比例（%）
正面回应	22	84.62
侧面巧避	4	15.38

具体问答相邻对数目

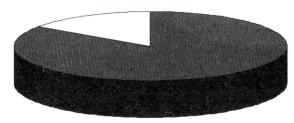

图 3 - 2

　　在此次人物访谈互动活动中，受访嘉宾在具体回答提问过程中，主要是采用了正面回应言语表达策略，并辅以少量侧面巧避言语表达策略。值得一提的是，无论是主持人，还是受访嘉宾，他们在本次人物访谈互动活动中，对于各种言语表达策略的各自灵活运用，一方面能够更顺畅地推进访谈互动活动全面深入，进而共同实现既定的交际主旨；另一方面也能够鲜明体现出他俩各自的性格（情绪）特征。例如在第八和二十问答相邻对中，鉴于当时情势较为紧张，受访嘉宾就曾当机立断两次强行打断主持人的提问，进而鲜明地表达出自己的观点。

　　而在对于主持人诸多提问的观照中，我们也发现王志往往也表现得较为强硬，他很多时候，都是紧紧围绕着一些较有冲击力的"重磅互动子话题"来向受访嘉宾展开提问。且在具体访谈互动过程中，主持人也经常鲜明地表达出自己的见解，并没有因为职位的限制而过多"迁就"受访嘉宾甚至也有强行接过受访嘉宾话题的情况存在。例如在第二问答相邻对中，在受访嘉宾阐述当前所面临困难之时，王志就有着自己独特的思考："对，我非常同意你这个说法，一定要控制传染源。但是按照你这个说法在我这个想象中，我觉得几乎是不可能的。"其实这样一来，客观上也能够逐步引导受访嘉宾对此问题，进行更深入更详尽的阐述。

此外，更为难能可贵的是，主持人王志也堪称"提问高手"：一方面非常善于捕捉提问的时机，他的提问大多中肯而简洁，几乎从不会无的放矢；另一方面，他又非常善于掌握提问的火候，虽然有时有些提问或多或少总带有些许质疑的感情色彩，但却丝毫没有给受访嘉宾和场外观众带来跋扈傲慢的不适感受，且其强势提问风格所引起主宾双方思想火花的激烈碰撞，反而在客观上更有利于精彩访谈互动活动的展现和本次人物访谈节目整体收视率的有效提升。

利用语言学研究方法来观照，我们也可以在主持人的具体言说过程中，对其所使用句子的长度进行数据统计，详见表3 - 7。

表 3 - 7

句子长度 相关数目	具体数目	所占比例（%）
4 字句	2	3.85
5 字句	1	1.92
6 字句	3	5.77
7 字句	1	1.92
8 字句	2	3.85
9 字句	2	3.85
10 字句	4	7.71
11 字句	2	3.85
12 字句	1	1.92
13 字句	1	1.92
15 字句	2	3.85
18 字句	1	1.92
19 字句	5	9.62
20 字句	1	1.92
21 字句	1	1.92
23 字句	1	1.92
24 字句	2	3.85
25 字句	1	1.92
26 字句	5	9.62
27 字句	1	1.92

续表

句子长度 相关数目	具体数目	所占比例（%）
28 字句	1	1.92
33 字句	1	1.92
34 字句	1	1.92
35 字句	1	1.92
37 字句	1	1.92
38 字句	2	3.85
40 字句	1	1.92
41 字句	1	1.92
42 字句	1	1.92
48 字句	2	3.85
63 字句	1	1.92

将表 3 – 7 转换成折线图即是图 3 – 3。

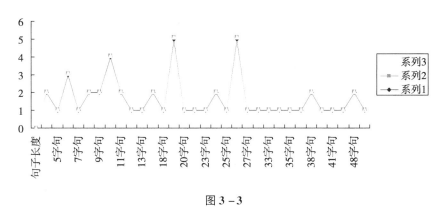

图 3 – 3

在此，我们也可以很直观地发现：主持人在本次人物访谈互动活动中，选用语句字数范围主要集中在 4—48 字，且其具体出现数目自 1 到 5 个不等。加之其间这些长句中以逗号数目为主要区分度，进而导致辖下所夹杂的短句数目颇多，可见其更喜欢采用中短句和散句来进行本次访谈互动交流。

值得一提的是，除却一处引用了别人 "将北京今年的春天比作一个

'戴口罩的春天'"的比喻,他几乎很少使用很多具有较强主观感情色彩的积极修辞手法,其遣词造句的口语化倾向,也还不及受访嘉宾明显。此外就视频语料综合显示,主持人在具体提问过程中,主要使用的疑问句类型为是非和特指问句两大类。

　　而在受访嘉宾的具体言说过程中,我们也可以尝试着对其所使用句子的长度进行图表统计(见表3-8、图3-4)。

表 3-8

句子长度　　　　相关数目	具体数目	所占比例（%）
3 字句	1	0.85
6 字句	2	1.71
10 字句	3	2.56
14 字句	2	1.71
15 字句	8	6.84
18 字句	4	3.42
20 字句	3	2.56
22 字句	4	3.42
25 字句	5	4.27
27 字句	3	2.56
30 字句	5	4.27
32 字句	4	3.42
35 字句	5	4.27
38 字句	3	2.56
39 字句	2	1.71
41 字句	4	3.42
43 字句	6	5.13
47 字句	6	5.13
50 字句	5	4.27
53 字句	8	6.84
57 字句	4	3.42
61 字句	3	2.56
65 字句	8	6.84

续表

句子长度 相关数目	具体数目	所占比例（%）
70 字句	2	1.71
76 字句	7	6.03
78 字句	2	1.71
87 字句	2	1.71
98 字句	1	0.85
103 字句	1	0.85
113 字句	1	0.85
133 字句	1	0.85
135 字句	1	0.85
137 字句	1	0.85

将表 3-8 转换成折线图即是图 3-4。

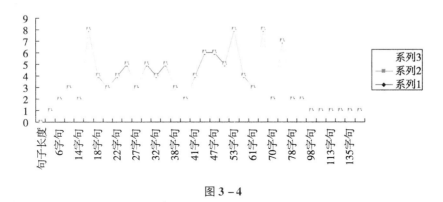

图 3-4

我们在此处也可以很直观地发现：受访嘉宾在本次人物访谈互动活动中，所选用的语句字数范围主要集中在 5—135 字，且其具体出现的数目自 1 到 8 个不等。加之其间长句中以逗号数目为主要区分度，进而导致所夹杂的短句数目颇多，由此可见，其也更喜欢灵活采用中长句和散句来进行本次访谈互动交流。此外受访嘉宾在具体回答过程中，主要使用的句子类型为陈述句。

值得一提的是，在王岐山的话语表述中，我们可以发现其语气词口语附加成分较多，而且由于是现场即兴发挥，其中势必会存在不少病句，但就总体效果测评而言，这些语病还不至于严重到影响主宾之间的正常访谈互动。

此外据视频资料显示，受访嘉宾王岐山也多次在回答过程中用到诸如"说句实话""说真的"等插入语补足成分，经过统计，我们发现类似词语的出现次数竟然有 33 次之多。

其详情如下：

"说句实话"的使用次数为 9 次，

"说句实在话"的使用次数为 3 次，

"说实在的"的使用次数为 9 次，

"说实话"的使用次数为 3 次，

"这实话"的使用次数为 1 次，

"实实在在地"的使用次数为 1 次，

"实际上"的使用次数为 4 次，

"说真的"的使用次数为 3 次。

如将上述数据形成统计表即为表 3 - 9。

表 3 - 9

插入语　　　次数	具体数目	所占比例（%）
说句实话	9	27.27
说句实在话	3	9.09
说实在的	9	27.27
说实话	3	9.09
这实话	1	3.03
实实在在地	1	3.03
实际上	4	12.12
说真的	3	9.09

形成直观统计图即为图 3 - 5。

众所周知，所谓插入语，指的是在一个句子中所插入的一个相对较为独立的成分。通常情况下，它一般不与句中的其他成分发生语法联

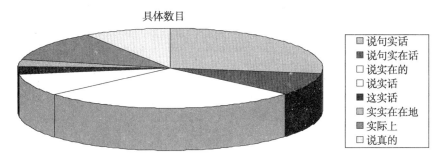

具体数目

- □ 说句实话
- ■ 说句实在话
- □ 说实在的
- □ 说实话
- ■ 这实话
- ▨ 实实在在地
- ▨ 实际上
- □ 说真的

图 3 – 5

系，而且由于其所处位置也会较为灵活，可出现在句首、句中或句末，即使将其删除之后，该句的句子结构仍然可视作完整。

就其功用而言，插入语有时起的是附加说明和解释的作用；有时起的是体现表达言说者基本态度的作用；有时起的是引起言说对方（接受者）注意的作用；有时甚至还会起着转移话题，类似于促成整句内部衔接紧密的作用等等。

结合本语料的具体背景信息和既定主旨，我们可进一步作如下分析：

对于诸如"说实在的""说真的"和"说句实话"等这些在王岐山话语表述过程中频繁出现的短语，我们或许可以简单认为仅是受访嘉宾的口头禅，但在经由仔细深究，同时也可发现这其实也是受访嘉宾在本次人物访谈互动活动中，所采用的一种卓有成效的言说表达策略。其功效主要体现在如下两个方面：一是能够如实地将当前极为严峻的"非典"发展形势和相关工作实际开展过程中所面临的诸种困难这两大类客观要素，尽可能真实地呈现给电视机的前广大观众。二是在具体回答过程中，多次运用这些带有明显感情色彩的词语，同时也更能够彰显受访嘉宾在谈事论事时态度诚恳磊落和作风务实干练：既直面现实毫不畏惧，虽然面前有重重困难，但是北京市市委市政府还是非常有信心，也非常有决心不辜负中央领导和百姓的重托，又刚毅果敢脚踏实地，北京市委市政府一直都在努力调整和强化"抗击非典"工作的落脚点，以求能真正摸索出一套行之有效的思路办法，来顺利完成本次"非典"防治工作攻坚阶段的诸种任务。与此同时，插入语的灵活运用客观上还能给受访嘉宾延时思考的机会。值得一提的是，这些词语的综合运用客观上在整个访谈互动活动推进过程中，也易于拉近受访嘉宾与主持人之间的情感距离，在给电视媒体前公众留下务实真诚良好印象的同时，亦有利于尽可能广泛地调动一切诸如媒体宣传推广等积极因素，营造起氛围全力配合"抗击非典"工作的全面展开。

接下来，我们可以再来看同一互动访谈主宾共同参与，前后相接的两个视频资料。

其中第一个视频资料的具体起止时间为 4 分 30 秒到 26 分 56 秒：

（Q1）吴：其实世行跟中国的合作 1985 年就开始了，当时中国的角色还是比较受援的一个角色。现在中国已经是一个最大的外汇储备国，在这种情况之下，世行跟中国的关系是不是也产生了一些微妙的变化？

（A1）林：我想，确实是有些变化。你比如说，中国在改革开放之初我们同世界银行那边确实得到很多帮助。你比如说，我们国内的第一条高速公路就是在 1986 年的时候，北京天津塘沽的这条高速公路，那么这个是跟世行贷款来建立的，但是我想世行对这条高速公路的贡献最主要的还不是资金，是高速公路它建设的标准，管理的方式，融资的形式，还贷的这种安排。那么我从那条高速公路学了这个经验以后，那么现在呢，我们已经有超过 6 万公里的高速公路，可以讲都是这条高速公路的徒子徒孙了。当然了，中国也是世行最骄傲的合作伙伴。因为呢，世行在中国的项目不仅是项目执行好，中国还贷也非常准时，而且还有超前还贷的情形，更重要的是中国创造了很多值得其他发展中国家学习的经验。因此我想中国这个跟世行合作啊，可以讲说从原来已引进为主，到现在呢，我们还是要继续引进，但是我们也可以输出不少东西。

（Q2）吴：很多人说您是朱镕基总理的一个很重要的智囊和幕僚。当时是怎么样提供这样的智囊和幕僚的信息？

（A2）林：这个我不敢自称是智囊。我不过就是跟其他同事一样，是一个对中国的问题高度关注，而且呢在改革开放的过程当中我们国家的决策部门它是一个很开放的心胸：问题摆在桌子上，每个人都可以研究，有了研究以后你就可以发言，发言以后我们国家的这个决策者，从这个朱总理啦，温总理啦，还有其他的主要部门的领导，他们都愿意听。然后如果听了以后，觉得有不谋而合之处他就拿去用。实际上呢，他们心里面早就想到了，那我们不过是敲敲边鼓吧。

林：我们知道有一个叫华盛顿共识。那华盛顿共识确实，它的形成是因为在80年代以前很多发展中国家有很多政府的干预【受访嘉宾手势体态语强调】，结果呢，效果很差，那么就认为这个政府失败的后果会比市场失败的后果更严重，所以最好政府不要去干预经济。除了教育，除了卫生之外，其他事最好让市场去发挥。那么到世行以后呢，我在推广说实际上我们在重视市场的过程当中不能够忽视政府。那么这个开始的时候，我想大家有一点觉得奇怪，因为这好像已经有定论的东西你怎么还根据中国经验来提重新定位的问题。但我想，我们都是学者嘛，那经过这个一年两年三年我不断地说，大家不断地讨论，不断地争论，现在我想呢，大家对这个问题呢，也逐渐形成一些共识：认为确实要完善市场体系，但是也要健全政府的功能。你如说我2008年6月份刚去的时候，那么我提出这个问题的时候，大家都觉得很惊讶。那后来金融海啸以后，那么大家可以看到发达国家它政府要不出手援助的话，后果会是怎么样可想而知。那么久对政府的作用开始有一些反思。那么当时会认为说危机是临时性的，那么长期性的发展是不是也要政府的作用？那这个还是在继续讨论，继续争论的过程。

（Q3）吴：这是一个还在进化的观点啊。但是有一些比如说报告或者说您刚提到了在金融海啸出现了之后，我们要采取的这些政策导向，当时在形成过程当中有没有真的还是大家都争得面红耳赤的这种情况？

（A3）林：有些事是比较容易被接受的。你比如说，那么在比较大的冲击来的时候，失业率会增加，然后中小企业是这样个就业的主要平台。所以支持中小企业，还是比较容易得到支持的，但是，用反周期的积极财政政策加强对基础设施的投资，消除增长的瓶颈这个是要费一番口舌的。因为呢，在发达国家他们利用这个经验不多，他们强调的就是基础设施应该由市场来解决。政府去解决的话，效果会不好，那所以说你现在要跟人提出所谓政府在反周期的时候加强对基础设施的投资解决短期的问题又给长期的经济增长提供潜力要进行理论分析，而且呢，也必须用实证的方式来证明这是可行的，这是需要费一点功夫的。

林：比如说我在 2009 年 3 月份的时候第一次提出超越凯恩斯主义的这个想法。当时呢，我提出说是能够全球形成两万亿美元的基础设施的资金用来解决发达国家跟发展中国家经济增长当中的基础设施的瓶颈。当时提出这个两万亿美元的这个基础设施的资金，大家觉得这是一个天文数字。不过现在看起来的话，你比如说，今年二月份的时候就是由欧盟跟欧洲中央银行提出的一个方案叫作 Europe 2020 Project Bond Initiative，也就是说在欧洲欧盟区里面他们准备从2011 年到 2020 年这十年当中总共动员1.5 万亿到 2 万亿欧元来搞基础设施建设，那当然在欧洲就比我提出全球的还大。我们知道美国奥巴马总统他也提出在美国要形成，要建立一个基础设施银行，他通过这样的道路，走同样的道路。发达国家当然也有基础设施的瓶颈，你比如说在华盛顿到纽约，这是美国一个黄金交通渠道，那目前呢，它的铁路，最快速的铁路是 Amtrak，220 英里等于 350 公里，要走三个小时。但如果要我们现在的高速铁路的话一个小时就过来了。所以我觉得它也有很多交通瓶颈，发达国家还有基础设施老化的地方很多，这是可以的，所以他们可以讲说这是第一个跨越这个概念已经普遍被接受的。而目前我在推动的是第二个跨越，向发展中国家去投资。

林：在 60 年代的时候，日本制造业雇用的工人只有970 万人，那些劳动力转移出去，那970 万的劳动力密集的产业的就业机会帮助了亚洲四条小龙，80 年代亚洲四条小龙那不到1000 万的劳动密集型产业转移到大陆来，帮助了大陆。现在呢，单单大陆就有8500万劳动力比较密集的制造业。我想在未来十年，必然要转移出去，这对全世界的发展中国家来讲是一个千载难逢的机会。

（Q4）吴：不过也有人提到说，中国经验是不是能在这里（非洲）适用。因为中国有特殊的中央政府跟地方政府的关系，有很多的国有企业，有完善的工业跟农业的基础。那些非洲国家，可能政权都还不稳定，你怎么看这样的说法？

（A4）林：我想大概很多东西在还没有成功之前大家都会有很多疑问。你说中国这套经验，在它没有成功之前大家也很怀疑。那我也同时相信中国的经验不能简单地移植。你比如说，发展中国家它的地方政府大概不见得像中国这么有能力去动员资源去执行，可是在发展中国家在非洲，我走过很多地方，他们的政府，他们的官员去发展他们经济的积极性还是非常高的，而且受的教育普遍都非常好的。在那种状况之下，只要把问题想清楚，那么他可以从局部开始做起。你比如说，我们接着前面讲的中国将会出现一个产业转移的这样的时代的到来，那么非洲国家它们普遍基础设施不好，电力不足，那如果这个问题不解决，很难抓住这个机遇。可是要解决全国的道路，全国的铁路，全国的电力那要猴年马月啊。在这种状况之下，它们今天也许就形成一个工业园工业区，就像我们有一些全国各地在做的这样子，集中在一个小范围之内把这个基础设施搞好。三通一平或是几通几平，那在这个过程当中那可以是当地的政府加上国际机构像世界银行，还有第三国，像中国共同来投入。那如果它们能掌握住这个机会，对世界银行来讲，要达到的扶贫减贫的目标就达到了。

（Q5）吴：中国这几年对非洲的投入也不小，包括了政府的，包括国企的，也包括民间企业的，甚至个体户的。所以也出现了一些新的说法，西方社会也说觉得是要警惕中国的在非洲的'新殖民主义'，甚至说中国有一些'掠夺性'的发展在非洲，你怎么看这样的说法？

（A5）林：我想这个，当然呢，对任何事情别人都会有几种不同侧面的解读。当然中国这几年在非洲的投入当中，在资源上面的开发引起很大的关注，你前面讲的"新殖民主义"，主要是针对这个来讲的。但我想跟过去的殖民主义很大的不同，过去殖民主义把你变成殖民地然后矿产资源就是他的，除了简单的工资，很低的工资水平之外，这个土地的财富就是原来的殖民者就掠夺了，而中国还有像印度，还有像巴西，他们现在在非洲或是其他国家的资源开发是按照市场的原则的，是市场上根据供给跟需求，根据它的价值来支付给当地的，所以我想呢，这不能算是掠夺，这是一个市场的正常的交易，这是第一点。第二点的话就是说目前其实就像你讲的，我们在非洲的投资有几大项：第一项当然就是你前面讲的矿产资源是27%，第一大项。第二大项其实是制造业，制造业是22%，只差5个百分点，也就是说我们在非洲的制造业的投资已经达到20亿美元，这是不小的数字。但这方面很少引起注意，我想主要的原因就是矿产资源，当然这几年矿产资源涨价得到关注，还有一个原因，矿产资源开发通常是大项目，而且这些大项目，目前呢，我们国内有不少是像中石油啦、中石化啦，这样的大型的国有企业，所以比较引起关注。而制造业上面呢，大部分是民营企业，大部分是小的。

（Q6）吴：是不是就是您刚提到的就是所谓的梯度转移出去的企业？

（A6）林：对对对，这一部分都是小的，其实对非洲经济发展非常重要，创造很多就业机会的，把我们国内很多技术转移过去的。但目前呢，引起的关注度，媒体的关注度还是比较小的。但我们知道，媒体向来都是关心大项目关心热点项目，关心能够耸人听闻的项目嘛。

（Q7）吴：所以您觉得其实是没有看到全面？

（A7）林：没有看到全面。

第二个视频资料的实际起止时间为 3 分 43 秒到 26 分 17 秒：

林：【起始聊得是关于中国经济何时硬着陆的话题】中国经济什么时候硬着陆，30 年来总有人在说嘛，而且不仅是说硬着陆，你比如说这个 90 年代末本世纪初最畅销的书是中国崩溃论，但是中国并没有崩溃。我并不是说中国没有问题，重要的是要看有没有增长的潜力，以及整个社会是不是能够往能够去更好地利用这个增长潜力的方向去走。那固然我们已经用了这个潜能 30 年了，平均每年 9.9%，是人类有史以来在这么大的面积，这么多人口，这么长的时间，这么高速增长的一个奇迹。可是我认为呢，还有很大的潜能，还可以再继续用 20 年应该没问题。

（Q8）吴：（末日经济学家鲁比尼）可能觉得中国可能不能再靠重复建设，重复的基础建设去拉动它的经济增长？

（A8）林：我不知道鲁比尼先生他是什么时候去的，我好像每次去的话都是非常地拥挤啊，都是这个交通是瓶颈，所以还没有看到说从这个上海到杭州的高速公路利用不足的情形，也许他是晚上去的吧。当然这个说在基础设施建设上面，即使表面上看起来好像有一点产能过剩的情形，但是交通必须先行啊。如果你不是先行的话到它变成瓶颈以后再来消除的话可能它的代价会更高。

（Q9）吴：大家可能开始担心，中国的这样的举债是不是出现了一些问题，有一些地方债务会不会出现无法偿还，甚至出现您刚刚提到的新一轮的这种公共债务的危机？

（A9）林：对它（审计署）的这个报告，我没有具体看，但来讲 10.7 万亿，27%，它只是债务占 GDP 的比重，并不是不良债务占 GDP 的比重，只要用在能够促进经济增长的，我想债务高一点并不是主要的问题。当然，大家关心说如果你继续用积极财政政策，政府的支出增加，负债会增加，可是你要退出积极财政政策，失业会增加，社会支出要增加，政府的收入也在下降，负债同样也在增加。在这种状况之下的话，我提出的超越凯恩斯主义就是把这个政府积极财政政策的负债用来进行能够提高生产力的投资。我想如果能够这样做的话，那么应该能够比较快地消化掉过剩产能，解决失业问题，让经济恢复到正常的增长。如果它能增长的话，那么收入增加了，债务就能解决了。

林：【过往经历回顾】就是我想我比较幸运，因为很多东西人生当中很多你不能自己决定的。那在冥冥之中别人帮我做决定好像都把我往最理想的位置去摆。确实就像你说的，1979 年回国，那么当时呢我作为从台湾回来，对大陆情形还不是太熟。那我希望呢就是说如果我要贡献我的力量应该了解这个社会，了解这个制度，提出要上学。那应该你知道这个大陆的人大就像台湾的政大，都是党政培养干部的部门，所以当时呢在安排上面自然地就想说那你应该到人大去。

（Q10）吴：是您觉得？还是本来安排的时候觉得？

（A10）林：开始的时候这个我提出以后那么跟有关部门联系，他们的第一个推荐是到人大，那后来呢，这个阴差阳错就到了北大，当然了到北大是我原来想都不敢想的地方。

林：【归国后话题的展开】因为我1987年回来以后，总觉得中国的问题不能简单照搬西方的理论，可以参考，但必须深入中国的实践来研究问题。然后我就想说这个呢，不是一个人的事业，但是总要有人开始来做，所以在1987年和1988年一直跟北大我做兼职，也是主要这个原因。那也是想在北大里面集合一批有共同理想、共同抱负和共同认识的人来形成合力。

吴：1993年您要成立中国经济研究中心的时候，当时还没有那么大的助力，因为现在您这么多年的贡献已经比当时要容易一些了。

林：我想这个是这样，得道多助吧。因为确实在1993年的时候在国外拿到博士学位的学者，年轻学者很多都准备回来，所以就开始倡议成立这么一个中心，1993年成立了个筹备组，1994年正式成立。那么这个过程当中当然得到很多人的帮助，但我想呢，最主要还是看到中国发展的需要，中国发展的势头。我个人认为是这是一个时代的事业，让我很幸运地能够在这个时代里面作为一个分子参加了这样一个事业。

吴：据说当时温家宝总理对于这个学院的成立也是给予关注的。

林：因为比较常到中央去参加各种座谈会，所以就利用这种机会。温总理对我也有所了解吧，所以后来我就跟他写了一个信。那么总理呢，看得非常仔细，对我那个信呐，有很多对我提出的东西，很仔细地阅读，下面都画了杠。所以呢有总理的批示以后，推动起来就相对比较顺利一点。

吴：那现在国家经济发展研究院的话，本身资金应该是由国家支持了。

林：我想我们国家一个最大的特性就是给政策。有了政策以后那么事情就好办了。

（Q11）吴：我敬佩您，但更敬佩您的夫人，我觉得她比您还伟大，一定要有机会见见夫人。我知道你们都不愿意跟我们说，也从来不说，因为这是您的过去啊。但是我很想知道的就是说当夫人到了美国见到您以后，您有没有跟她<u>真</u>的说一说当时你怎么想的？在跳入黑黑的海当中的时候，是什么样的心情？

（A11）林：应该我们是心有灵犀一点通吧。因为我到大陆去也不是突然的想法，这是从小读历史就希望对中国的现代化，对中华民族的复兴能够作为中国知识分子的一个分子，尽一点力量。这个想法她也有我也有，我们是有共同的想法的。到大陆呢，当然，1979 年的时候到大陆，这是正好有<u>那个时空的条件</u>所做的一个行为，但是这个想法是应该讲起来在 50 年代出生，然后在台湾长大的很多人共同有的想法。

（Q12）吴：我记得我上次采访您的时候，您就说夫人对您非常的理解，非常的包容，但是我觉得你也必须跟她<u>交代</u>，难道你没有，就后来见了面以后，有没有进行一些交代？她可能也还会关心，你比如说上了岸之后的安危或者是上了岸之后究竟又发生过什么，然后你能够到了北京？

（A12）林：当然这个都会说了，因为见面当然是无所不谈了。我会跟她讲说到大陆以后到北大学习，有老师的关心，有同学的鼓励，然后也很幸运地碰到舒尔茨教授，到了美国去。然后也很幸运地我们在美国又重逢，全家又回国。所以呢，我觉得跟她呢是，跟我爱人我确实就像你说的她应该是比我更伟大，因为她要受的苦比我更多，然后呢那 30 年不离不弃的，不断地支持我，就包括这次我到美国去，她也要放弃自己的工作陪伴我，因为她对我不放心。继续支持我，所以确实我<u>非常同意</u>你那个说法就是她比我伟大。

林：那么我当时离开台湾的时候，我真的很希望我个人的举动不影响到我的长官、我的同事、我的部属。那据我了解好像我的长官、我的同事、我的部属，并没有因为我的离开而受到冲击，因为人各有志嘛。我想他们碰到以后还都是朋友，那么他们也是为中华民族在努力的，而我呢，是作为一个历史的爱好者跳到这个时空来看待中华民族发展的前景【受访嘉宾手势体态语强调】。我做出我的选择，是我作为一个知识分子对自己的负责。当然我相信他们也是热血沸腾的一代，所以我希望呢这个，就像大家说的，相逢一笑泯恩仇。我也很盼望能够再见到他们，能够像当年还在一起的那样<u>开怀畅谈</u>、无所不谈。

（Q13）吴：还有没有想过就是适当的时候就像您说的能够回到台湾？

（A13）林：想，我一直是想回去了，因为实际上那是我出生的地方，我长大的地方。中国人讲落地归根嘛，当然我现在快60岁了，也许讲归根，讲落叶，按照现代人的健康来讲，还早一点。<u>但是</u>希望能够重温自己童年生长过的地方，这个愿望当然是从离开的第一天就没有放弃过的。当然呢，我离开的时候也有准备会是一<u>个需要我努力</u>也<u>需要这个时代</u>能够比较好地往历史的方向，我们所期望的方向去走，但我相信历史，我也相信有一天我会回去。

值得一提的是，此处符号备注方式均与上文相同。

首先，我们可以明确本次人物访谈的既定主旨是探寻受访嘉宾对目前中国经济发展情况的一些独立思考，以及通过对其自台湾海峡泅渡回归大陆后若干年以来生活和工作经历的回顾，进而披露其点滴心路历程，概而言之，本次人物专访的主旨关键词就是"立志报国，拳拳赤子心"。其次实际参与本次人物访谈的互动主体双方，分别为主持人吴小莉和受访嘉宾林毅夫。

就微观形态上语言学诸要素分析和话语轮次推进结构主框架搭建情况综合来看，通过相关数据统计分析，我们可以知道此语料文本共有13处问答相邻对，而且同时又借助于这13处相对较为独立问答相邻对逐步推进本次人物访谈互动活动。就语料实情呈现而言，主持人和受访嘉宾在这一特定时间段内，主要围绕着如下一些互动子话题在按序进行言语交际：（1）世界银行与中国的关系，（2）朱镕基时代的幕僚智囊经历回顾，（3）金融海啸后相关政策的制定，（4）"中国经验"是否适用于非洲国家，（5）中国对于非洲的帮扶是否就是"新殖民主义"，（6）梯度转移出去的相关企业发展状况，（7）媒体现今对于中国帮扶

非洲的认识是否全面，（8）对末日经济学家鲁比尼经济危机说的驳斥，
（9）中国经济是否会出现债务危机，（10）在大陆的相关学习和工作经
历回顾，（11）受访嘉宾夫人是否支持丈夫当年的疯狂举动，（12）回
归大陆是知识分子应有的赤忱之举，（13）希望有生之年能够重回台湾
等等。概而述之，这些互动子话题主要涉及了如下几大块内容：如世界
银行与中国的关系（第一问答相邻对）、智囊幕僚生涯回顾（第二到第
三问答相邻对）、对非洲国家经济开发的大力帮扶（第四到第七问答相
邻对）、对中国经济前景的展望（第八到第九问答相邻对）、当年泅渡
回归大陆经历回顾（第十到第十二问答相邻对）和对回归故乡宝岛的
深深向往之情（第十三问答相邻对）。

　　按研究惯例，我们也对受访嘉宾在这些问答相邻对中实际回答提问
时的具体重音分布和手势体态语强调情况，进行了数据统计：第一问答
相邻对中有 4 次，第二问答相邻对中有 10 次（还包括 1 次用手势体态
语进行强调），第三问答相邻中有 15 次，第四问答相邻对中有 4 次，第
五问答相邻对中有 5 次，第六问答相邻对中有 2 次，第七问答相邻对中
有 6 次，第八问答相邻对中没有，第九问答相邻对中有 5 次，第十问答
相邻对中有 3 次，第十一问答相邻对中有 1 次，第十二问答相邻对中有
2 次（还包括 1 次用手势体态语进行强调），第十三问答相邻对中则有 2
次。

　　除去受访嘉宾在阐述其一些独立见解时偶尔重音分布稍密之外，就
总体而言，本次人物访谈交际活动中互动节奏相对来说还较为舒缓。与
前个语料文本相似，我们也发现各问答相邻对中重音分布的密集与否，
还往往跟所参与互动子话题与本次访谈既定主旨的远近松紧情况有着较
为密切的关联。就普遍情况观照而言，在与本次人物访谈既定主旨关联
越紧密的互动子话题流中，受访嘉宾在具体回答过程中的重音分布也相
应呈现出较为密集的态势。

　　此外，主持人在具体访谈提问过程中，运用单刀直入语言表达策略
的有如下几处：如第一问答相邻对中的"世行跟中国的关系是不是也产
生了一些微妙的变化？"，第二问答相邻对中的"当时是怎么样提供这
样的智囊和幕僚的信息？"，第四问答相邻对中的"你怎么看这样的说
法？"，第五问答相邻对中的"西方社会也说觉得是要警惕中国的在非

洲的'新殖民主义'，甚至说中国有一些'掠夺性'的发展在非洲，你怎么看这样的说法？"，第六问答相邻对中的"是不是就是您刚提到的就是所谓的梯度转移出去的企业？"，第七问答相邻对中的"所以您觉得其实是没有看到全面？"，第十问答相邻对中的"是您觉得？还是本来安排的时候觉得？"，第十一问答相邻对中的"但是我很想知道的就是说当夫人到了美国见到您以后，您有没有跟她真的说一说当时你怎么想的？在跳入黑黑的海当中的时候，是什么样的心情？"，第十二问答相邻对中的"难道你没有，就后来见了面以后，有没有进行一些交代？她可能也还会关心，你比如说上了岸之后的安危或者是上了岸之后究竟又发生过什么，然后你能够到了北京？"，亦如第十三问答相邻对中的"还有没有想过就是适当的时候就像您说的能够回到台湾？"。

运用较为委婉语言表达策略的则有：第三问答相邻对中的"当时在形成过程当中有没有真的还是大家都争得面红耳赤的这种情况？"，第八问答相邻对中的"（末日经济学家鲁比尼）可能觉得中国可能不能再靠重复建设，重复的基础建设去拉动它的经济增长？"，第九问答相邻对中的"大家可能开始担心，中国的这样的举债是不是出现了一些问题，有一些地方债务会不会出现无法偿还，甚至出现您刚刚提到的新一轮的这种公共债务的危机？"。

对以上数据用表格和柱形图进行统计，则可直观地表现为表 3 - 10、图 3 - 6。

表 3 - 10

问答相邻对　　　　　语言表达策略	具体问答相邻对数目	在总数中所占比例（%）
单刀直入	10	76.92
较为委婉	3	23.08

由此可见，主持人在本次人物访谈互动活动采访过程中，所表现出来的提问风格总体上较为强势，主要侧重于单刀直入的言语表达策略的灵活运用。值得一提的是，她在强势提问的前期往往或多或少还会有一些铺垫，这样一来客观上也能使这种"直白"的提问方式有一个良好的"缓冲垫"，不至于让受访嘉宾和电视机前观众因直接受到强烈刺

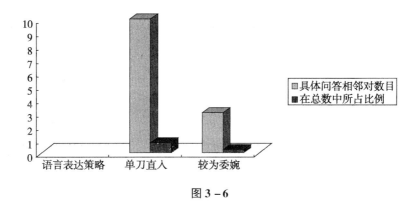

图 3－6

激，从而萌生不悦之情。

　　而受访嘉宾在具体回答过程中，也综合运用了多种言语策略，其回答风格呈现出刚柔并济的特点：既有不少正面回应，也有些许侧面巧避。正面回应的诸如在第一问答相邻对中对于世行与中国关系解读时的"直陈"，在第二和第三问答相邻对中对于智囊幕僚经历回顾时的"直陈"，在第四问答相邻对中回应"中国经验"是否适用于非洲国家时的"直陈"，在第五问答相邻对中回应中国对于非洲的帮扶是否就是"新殖民主义"时的"直陈"，在第六问答相邻对中对在非洲帮扶过程中梯度转移出去相关企业相关情况分析时的"直陈"，在第七问答相邻对中回应媒体现今对于中国帮扶非洲的认识是否全面时的"直陈"，在第九问答相邻对中回应中国经济是否会出现债务危机时的"直陈"，在第十问答相邻对中对于在大陆的相关学习和工作经历回顾时的"直陈"，在第十一问答相邻对中回应受访嘉宾夫人是否支持丈夫当年的疯狂举动时的"直陈"，在第十二问答相邻对中对回归大陆是知识分子应有的赤忱之举解读时的"直陈"，在第十三问答相邻对中回应是否希望在有生之年能够重回台湾时的"直陈"。

　　侧面巧避的情况则具体表现在以下几处：在第八问答相邻对中对于对末日经济学家鲁比尼经济危机说的驳斥时的"曲答"。

　　假使对上述数据从统计学视角来进行观照，我们可以鲜明地形成表3－11 和图 3－7。

表 3 – 11

问答相邻对 语言表达策略	具体问答相邻对数目	在总数中所占比例（%）
正面回应	12	92.31
侧面巧避	1	7.69

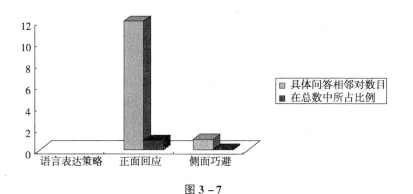

图 3 – 7

显然在此次人物访谈互动活动中，受访嘉宾在具体回答提问时，主要采用正面回应，且辅以少量侧面巧避的言语表达策略。值得一提的是，无论是主持人，还是受访嘉宾，他们在本次访谈互动活动中对于各种言语表达策略的灵活运用，一方面能推进访谈互动活动走向深入，进而共同有效实现既定交际主旨；另一方面也能够鲜明地体现出他俩各自的性格特征：主持人在提问时往往柔中带刚，在切中肯綮的同时，也很好地体现出西方学者们提倡的"礼貌原则"①，较好地传递了正向的访谈态度。而受访嘉宾在回答时则温文尔雅，也颇具知名学者之风。

利用语言学研究方法来进行定点观照，我们也可以对主持人具体言说过程中所使用的句子长度专门进行数据统计，详见表 3 – 12。

————————

① 美国社会语言学家 Robin – Lakoff 先生曾提出礼貌三原则，其中两条便是提供选择和友好相待两条，他还认为礼貌原则在不同文化语境中虽然具体表现形式会有所不同，但基本形式还是一样的。此外，其实在西方学者 Geoffery – Leech 先生提出的礼貌原则中的得体、谦逊、一致和赞誉这些准则，也都或多或少涉及了此问题的探讨，故而也值得我们进行后续深入探讨。

表 3 – 12

句子长度 / 相关数目	具体数目	所占比例（%）
4 字句	1	3.85
11 字句	1	3.85
12 字句	1	3.85
14 字句	1	3.85
19 字句	2	7.69
23 字句	1	3.85
24 字句	3	11.53
25 字句	2	7.69
27 字句	2	7.69
31 字句	1	3.85
39 字句	1	3.85
40 字句	3	11.53
46 字句	2	7.69
51 字句	1	3.85
62 字句	1	3.85
65 字句	2	7.69
70 字句	1	3.85

假使将表 3 – 12 转换成折线图，即是图 3 – 8。

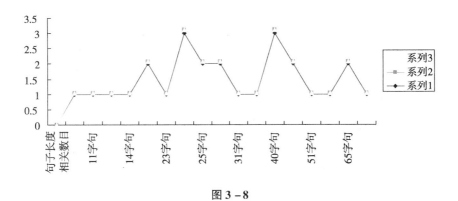

图 3 – 8

　　在此，我们可很直观地发现：主持人在本次访谈互动活动中，选用语句字数范围主要集中在11—65字之间，且具体出现数目也自1到3个不等。加之其间长句中以逗号数目为主要区分度，进而导致所夹杂的短句数目也颇多，可见她也比较喜欢采用中长句和散句来进行本次访谈互动。同时她几乎很少使用很多具有较强主观感情色彩的积极修辞手法，其遣词造句的口语化倾向也不及受访嘉宾明显。此外根据视频语料显示，主持人在具体提问过程中使用的疑问句类型主要是是非和特指问句两大类。

　　而在针对受访嘉宾言说内容的具体考察中，我们也可以对其所使用句子的长度进行数据统计（见表3－13）。

表3－13

句子长度 / 相关数目	具体数目	所占比例（%）
6字句	1	0.91
9字句	1	0.91
10字句	1	0.91
12字句	2	1.82
13字句	3	2.73
17字句	4	3.64
19字句	3	2.73
21字句	3	2.73
22字句	4	3.64
23字句	5	4.50
25字句	4	3.64
26字句	2	1.82
27字句	5	4.50
29字句	1	0.91
30字句	2	1.82
32字句	2	1.82
33字句	3	2.73
34字句	3	2.73

句子长度 相关数目	具体数目	所占比例（%）
35 字句	2	1.82
37 字句	4	3.64
39 字句	2	1.82
40 字句	4	3.64
43 字句	3	2.73
45 字句	2	1.82
47 字句	4	3.64
50 字句	2	1.82
52 字句	4	3.64
55 字句	2	1.82
57 字句	3	2.73
60 字句	4	3.64
64 字句	3	2.73
66 字句	2	1.82
68 字句	3	2.73
72 字句	2	1.82
75 字句	1	0.91
79 字句	1	0.91
83 字句	2	1.82
91 字句	3	2.73
94 字句	1	0.91
102 字句	2	1.82
104 字句	2	1.82
111 字句	1	0.91
127 字句	1	0.91
167 字句	1	0.91

将表 3-13 转换成折线图即是图 3-9。

在此处，我们也可以很直观地发现：受访嘉宾在本次人物访谈互动

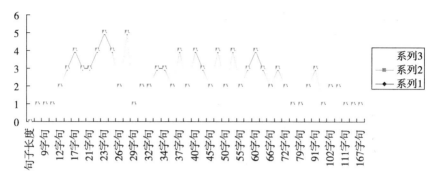

图 3 – 9

活动中，所选用语句字数范围主要集中在 9—167 字，且具体出现数目也自 1 到 5 个不等。加之其间长句中以逗号数目为主要区分度，所导致夹杂的短句数目也颇多，可见他更喜欢灵活采用中长句和散句来进行本次访谈互动交流。据本视频语料显示，受访嘉宾在具体回答过程中主要使用的句子类型为陈述句。值得一提的是，受访嘉宾在话语表述中也使用了较多的口语语气词附加成分，而且由于很多内容都属于是现场即兴发挥，其中势必也还会存在不少病句，但就总体交际效果估量而言，这些语病还不至于影响主宾之间正常的访谈互动。

　　另据视频资料显示，受访嘉宾也多次在回答过程中，用到诸如"你比如说"等插入语补足成分，经过统计类似词语出现的次数竟然达到 7 次之多。对于这些词语的使用，一方面我们或许可以简单认为这仅是受访嘉宾的口头禅，但另一方面，在深究之下，也可发现这其实属于受访嘉宾在本次人物访谈互动活动中所惯常采用的一种卓有成效的言说表达策略。这主要体现在两个方面：一是能够尽量生动地将自己对于目前中国经济发展相关政策研究的一些成果心得呈现给电视机前观众。与此同时，诸多插入语的灵活运用客观上还能给受访嘉宾以延时思考的机会。二是在回答过程中多次运用这些带有主观情绪色彩的词语，也易于拉近受访嘉宾与主持人之间的情感距离，以利于本次访谈互动活动的顺利开展，同时也容易给电视媒体前公众留下受访嘉宾谈吐温文儒雅的良好印象。

　　值得一提的是，在本次人物访谈节目的录制过程中，主持人也较好地展示出了其良好的职业素养——极富感染力的个性化倾听技巧。据本视频语料实际呈现效果来看，在整个访谈互动活动推进过程中，很多时候她都选择采用冷静倾听方式来应对受访嘉宾较长时间的独自阐述。

其实单就倾听技巧探讨而言，我们认为它不应当仅仅只是一种简单的信息听取，而更是一种通常为主持人所掌握的[①]，能够鲜明体现出其主持个性风貌，且亦能随时随地适情应境地对相关所需信息进行灵活过滤整合的综合性择取艺术。在整个访谈互动活动推进过程中，主持人有时候根据实际需要，往往可以选择多种倾听方式：既可主动静默的舒缓式倾听，亦可选用被动沉默但随时带有些许警惕性的紧张式倾听（这种倾听一般主要意在伺机寻找互动子话题调配的突破点，常出现在带有些许论辩性质的谈话类电视节目中）。

但是无论从哪个方面来进行观照，我们都明白倾听绝对不能仅仅只是一种消极的"听"，其实它或多或少也应该带有"看"的成分。简而言之，其可谓是一种带有一定姿态性的"察言观色"，且这种"察言观色"往往还需要主持人真诚地去聆听和用心地去感悟，并在某种情境条件制约下，适时以语言（主要表现为语气词）或非语言（主要表现为笑容、眼神和点头）等方式呈现出来。

在这层意味上，我们发现有一些西方学者对"倾听"这个人物访谈互动活动中重要参与要素的作用和要求，有过如下精辟总结："（倾听要能够）挑起话题、最低限度的鼓励、少提问、无干扰的环境、目光的接触、参与的姿态等。"[②]在本书研究视域内，我们认为是否能够挑起话题，促成互动才是其本质作用所在。

其实提问与倾听相互之间并不是绝对矛盾对立的关系，它们只是同一个矛盾体的不同方面罢了，而且它们往往互为辅助，共同推进着人物访谈互动活动顺利开展。诸多访谈互动活动实践经验业已证明，倘若没有良好倾听为基础构建的提问，在很多时候往往会流于话题过于宽泛；反之同理，假使没有深刻提问提供质量保障，倾听也经常只会带来主体

[①]　这样表述并不是意味着受访嘉宾不需要倾听技巧，只是由于国内目前主流人物访谈类电视节目中往往是主持人在主控整个访谈互动活动的推进，故而此处着重阐述主持人的倾听技巧。

[②]　[美] 罗伯特·博尔顿：《交互式听说训练（5 大技巧克服人际交流的 12 种障碍）》，新华出版社 2004 年版，第 36—37 页。

双方之间配合失衡，进而使整个访谈互动活动出现难以为继的局面。此外，如若能够合理拿捏好倾听和提问的时机和火候，有些时候往往还能给人物访谈类电视节目带来独特的美学效果，比如说留白。

众所周知，留白是绘画与摄影通用的一种专业术语，意指整幅构景画面不需要全都占满，有时适当留出一些空间放置在那里，或许更有利于引发观众对其展开丰富联想，进而呈现出一种富有中国传统意味，令人回味悠长的古典美意境。其实这个概念在本书研究范畴内，也起着重要作用：首先，它是通过互动节奏的变幻所呈现出来的一种整体性渲染美感，进而使主持人、受访嘉宾和（或）现场内外观众的心灵在其间能够受到浸润，这是因为一期成功的人物访谈类电视节目就其本质上来观照，也是一种个体（群）心灵"影响"其他个体（群）心灵的综合性交际艺术。其次，它的合理运用，既能极好地烘托出人物访谈互动活动和谐轻松的氛围，同时也能通过诸多互动子话题流松弛有度地有机串联、衔接，进而使整个访谈互动活动较为顺畅地发展下去。

第四章

高互动度访谈活动纵向修辞学分析

第一节 互动典型形态划分

承前所述，我们认为低互动度语料在很多时候所体现出来的特征，主要还仅是使人们能够了解人物访谈互动活动的浅层表象运作机理，这点在上一章的语料分析中，已有较为鲜明的体现。而高互动度语料所体现出来的特征，则不仅只让人们停留在对于访谈互动活动表象的粗浅了解上，而是使观众在初步了解的基础上，能更真切感受到国内主流人物访谈类电视节目中典型互动活动运营所彰显出来的独具魅力，这主要是因为高互动度访谈活动，更多地还是为了能给现场内外观众带来更完美的视听体验和更欢乐的情感享受。

单就实际情况而言，随着国内主流人物访谈类电视节目的快速发展，很多时候对于访谈互动活动中的各种多元化参与要素的探寻，已成为访谈电视节目自身品牌构建框架中不可或缺的组成部分。而且这些多元化参与要素的综合运用，在一定程度上也日益成为鲜明彰显主持人个性化主持风格的重要风向标，譬如我们熟知的以主持人杨澜名字命名的《杨澜访谈录》和以曹可凡名字命名的《可凡倾听》等。

以下我们可结合所收集的高互动度语料，尝试着进行后续探讨。

（一）单方主导的高维互动

所谓单方主导的高维互动，要点在于"单方"和"高维"两个词语上。

首先，我们认为"单方主导"着重强调的是在高互动度访谈交际活动中，掌握话语分配主动权和进行局面控制的行为施事主体是固定而且单一的，通常情况下往往指的就是人物访谈类电视节目主持人自身。"高维"则指的是实际参加高互动度互动交际活动的其他相关主体数目是不定的，但就目前所掌握语料的详情来综合观照，其他互动参与主体（主要指受访嘉宾）一般也就是一到两名，只有极少数情况才会有超过三人以上的情况发生。其中一个比较典型的例子，就是在朱军主持的《艺术人生·〈西游记〉剧组 20 年后再相聚》这期人物电视访谈节目中，前后上场的主要受访嘉宾共有八人（主要是饰演唐僧师徒的众多演员），再加上其他出场的次要受访嘉宾（饰演各类菩萨、精怪的演员）前后竟达十余人，可谓是一场"群英荟萃式"的人物访谈集锦。而且在高互动度访谈活动中，实际参与主体们在沟通时话语轮次往复推进频率往往也较快，进而也就带动人物访谈节目整体推进节奏逐渐走向紧凑化。

　　其次，访谈互动活动具体展开形态也并不确定：据目前语料整体呈现而言，这期间不仅可以有主持人与受访嘉宾双方之间进行的一问一答激烈交替推进式交流，还可以有主持人与受访嘉宾们多方之间进行的一问多答交替推进式交流。且互动主体双方具体所采用的策略方式也并不确定，但总体上体现出来的还是各种言说与行为策略的多元统一，有时候起辅助性作用的行为体态语，在其间也往往能起到较为重要的作用。值得一提的是，在目前国内主流人物访谈类电视节目的典型互动活动中，受访嘉宾一般很少会和主持人争夺话语控制权，在交际中往往还仅是处于相对较为弱势的地位，且也总是安于被动言说的局面。之所以如此，或是由于在国内主流人物访谈电视节目中，主宾双方在普遍情况下往往都尽量恪守礼貌原则，也总是希冀能在和谐圆满的氛围中完成整个互动活动。在某种意义上来说，这其实或许也是国内人物访谈电视节目运营尚不完全成熟的重要表现之一。

　　再次，就其他传播学方面要素的综合集聚情况而言，在高互动度访谈交际活动中，人物访谈电视节目的实际展开往往已呈现出较为"立体化"的状态：一是节目录制地点一般是一个相对较为开阔的环境，如可以是受访嘉宾提供的居家露台或会客室等私人场所，抑或是节目组自配的大型演播厅。二是一般电视节目录制现场都有一定数量的观众在进行实地观摩，而且其现场访谈氛围一般也较为轻松随性，主持人、受访嘉宾也经常会与现场内外观众进行诸如现场和微博提问、电话连线等各种类型互动。三是电视节目的具体编排也往往会鲜明体现出主持人的个性和节目策划组特有的风格：不仅有时候在节目中可以有选择性地插播一些设计独特和蕴涵丰富的背景资料介绍短片，而且有时候节目组也会编排互动主体双方之间在访谈间隙，进行诸如做游戏和猜谜语等一些气氛较为激烈的活动[①]。

综上所述，单方主导的高维互动是国内主流人物访谈类电视节目中高互动度访谈交际活动的重要表现形式之一，主要体现出该活动的特质已不仅意在"使人领会"，而且更多在于"让人感受"的独具特色。

（二）多方主导的高维互动

所谓多方主导的高维互动，重点落在"多方"和"高维"两个词上。

首先，我们认为"多方主导"强调的是：在高互动度访谈活动中，掌握话语分配主动权、进行局面控制一方的行为主体数目并不固定，而且往往不止一个。就目前所掌握的语料来看，其往往主要指的还是人物访谈类电视节目主持人（们）自身，但在不同电视节目中，主持人实际参与数目却也总是不尽相同的。例如在演艺类人物访谈电视节目《超级访问》中，就经常出现两位主持人：李静和戴军。在财经类人物访谈电视节目《波士堂》中，虽然只有一位主持人，但往往还有三位可以协同主持人进行访谈提问的观察员，且这些观察员往往对受访嘉宾有一定程度的了解，其实相当于是这样一种主持组合模式：一位传统"显性"主持人 + 三位特定"隐形"主持人。显然，经由这种以点带面、全新话语构筑体系的倾力打造，更能促进访谈互动活动的持续深入，同时也能使受访嘉宾的魅力呈现更为立体多元。"高维"则主要指的是实际参加高互动度访谈交际活动的其他主体（主要指受访嘉宾）数目也往往不确定，就目前所掌握的语料来看，一般也就是一到两名受访嘉宾，少数情况也会有超过三人的情况发生。如袁鸣于 2010 年 7 月 24 日

---

① 以上总结的所有要素其实就属于前文互动模型中提到的，能够实现层级跃迁的重要能量集合形态。

主持的《波士堂·老板带你逛世博》访谈节目中，上场的主要受访嘉宾有三人，他们分别是靳羽西、张旋龙和张跃。而在 2010 年 8 月 7 日袁鸣主持的《波士堂·老板的世博情结》访谈节目中，有王潮歌、樊跃、熊晓鸽和樊建川等四位受访嘉宾共同登场。值得一提的是，在人物访谈互动活动中，互动主体相互间交流的话语轮次具体数量较多，其往复推进频率也往往会随之增快，进而也会使人物访谈电视节目整体推进节奏更趋紧张。

其次，访谈互动活动的具体构建形态也并不确定：既有主持人（们）与受访嘉宾双方间进行的多问一答交替推进式交流，也有主持人（们）（也包括隐性主持人，如前文提到财经类人物访谈电视节目《波士堂》中的三观察员）与受访嘉宾们多方相互之间进行的多问多答交替推进式交流。而且在实际进行交流时，互动主体双方一般所采用的表达策略往往也并不固定，但就总体来而言，主要表现为言说与行为策略的多元化统一，有时在某些人物访谈电视节目中，根据需要往往也可适当辅以一定数量的行为体态语进行沟通。值得一提的是，就目前所收集语料情况综合显示，在国内主流人物访谈类电视节目中，开展高互动度访谈交流时受访嘉宾一般也很少会和主持人争夺话语控制权，往往处于一个相对的弱势受控地位，并且也总是安于被动言说的局面。之所以如此，或是由于在当前国内主流人物访谈电视节目中，主宾双方在普遍情况下往往都尽量恪守礼貌原则，也总是希冀能在和谐圆满的氛围中完成整个互动活动。

但值得一提的是，也有极个别节目是特例。其中一例是奇虎 360 公司的老总周鸿祎曾在财经类人物访谈电视节目《波士堂》2011 年 9 月 25 日和 10 月 2 日两期节目中做客受访时屡次强行插话，并且总是粗暴打断主持人和观察员们的正常提问。据数据统计，在谈及诸如 360 公司的经营模式、如何面对经营压力、产品核心竞争力和今后战略三部曲构想等互动子话题时，其出现数目前后竟达 5 次之多。另外一例出现在 2010 年 7 月 3 日袁鸣主持的《波士堂·三株集团探秘》这期节目中，身为三株集团创始人的吴炳新在接受采访时不仅经常强行打断主持人和观察员们的正常提问，而且还数次离开自身就坐的红沙发，不顾礼数去"调侃"几位观察员；更为离谱的是在受访嘉宾强行主控后续互动子话题展开后，却又采取不合作的态度，经常性游离既定主题，进而致使该次人物访谈节目无法顺利完成录制工作，给现场（场外）观众造成极为恶劣的印象。对于这种影响互动的不良行为，或许也可尝试着将其归为语用失误的研究范畴。

众所周知，语用失误这个概念，1983 年由珍妮·托马斯在《跨文化语用失误》一文中首次提出，她认为其定义应是听话者无法领会和理解话语的含义。我们不难看出，此定义的理论出发基点主要还是立足于接受方。而国内学者何自然则将关注点更多放在表达方身上，他认为"语用失误不是指一般遣词造句中出现的语言运用错误，而是说话不合时宜的失误，或者说话不妥、表达不合习惯等导致交际不能取得预期效果的失误。简单地说，语用失误就是脱离特定的语境，违背目的语（target language）特有的文化价值观念，不顾交际双方的身份、地位、场合等，使语言交际遇到障碍的语言运用中的失误"[1]。

但在本书研究视域中，我们认为访谈互动本应属于双向良性有效互动的智性活动，片面侧重表达方和接受方都有失偏颇。本书研究的互动失误应是：互动主体（涵盖表达和接受双方）在言语交际过程中，有意或者无意犯下的能阻碍或中断正常交际，进而使传播效果打折扣甚至无法实现的一种失误，它基于语用失误，却又超脱于语用失误。这主要是因为现实交际环境往往较为复杂，交际双方对外部信息的接收和处理时刻都在进行动态调整，且囿于每个人自身对世界和事件的具体认知方式和程度会有所偏差，进而也会导致整个交际过程并非总是顺风顺水，动静态复合双语境的制约作用在此时也会表现得更为明显。

就整体而言，多数的互动失误是主体双方在交际时无意中产生的，当然也有少量的失误，完全是由于交际的一方或双方需要实现某种特定交际目的而有意制造出来的。如在这种情况下，表达方则应根据交际的需要，积极预测接受方的心理期待，采取相应的表达谋略。反之，接受方亦应正确理解交际另一方的真正目的，综合考虑表达方传情达意背后的真正含义，必要时也需进行换位思考，并时刻注意表达者的语气和周围环境情势的诸种变化，才有可能看清表达者的真正意图，进而采取应

---

① 何自然：《语用学与英语学》，上海外语教育出版社 1997 年版，第 35—36 页。

对措施，确保交际正常进行或掌握交际主动权。

在具体实践操作时，为使话语能在接受方的语境里产生最佳关联，表达方在生成话语时应努力做到对接受者的认知和解析能力进行预估，进而再决定言说方式，亦即什么内容选择明说，什么内容应该隐含。而在同一场合，随着互动活动的深入推进，接受方也可通过提问等相关方式，来表明其所期待的更强关联度讯息，亦即如陈鹤认为的那样："（在接受方提出问题后），表达方必须作出相应的调整，提供符合接受方要求的关联度。即表达方所提供的信息应具有充分的关联，也就是要提供与接受方所认知语境相关的信息，以便对方理解与推断自己的交际意图；另一方面，在理解话语时，接受方也只会关注处理那些具有充分关联性的话语，从而找出具有最大关联性的语境假设，真正理解话语的隐含意图，从而使交际获得成功。"[1] 也只有经由表达和接受互动主体双方的共同努力，方能使整个动态化运营的访谈互动活动健康有序地进行下去。

再次，就其他传播学方面要素观照，在高互动度访谈交际活动中，人物访谈类电视节目的具体展开过程也往往呈现出更为"立体化"的状态：一是节目录制地点大多数情况下是一个相对较为开阔的环境，主要是节目组自配的大型演播厅，而且演播大厅也可根据访谈互动活动发展需要灵活地进行装扮。如在下文中将要分析的《非常静距离·包青天剧组》那期电视访谈节目中，主持人李静和节目组相关制作人员为了切合题旨情境更好地营造出互动氛围，竟将演播大厅现场改造为审案公堂[2]，并且，再让节目录制现场增添一名"隐性"主持人（即包拯的饰演者金超群），一男一女共同搭档主持该次娱乐专访。二是节目录制现场一般都有相当数量的观众在进行观摩，谈现场氛围一般也更为轻松随性。例如在袁鸣于 2011 年 7 月 3 日主持的《波士堂·科宝博洛尼蔡氏父子俩》那期节目中，受访嘉宾老蔡、小蔡父子俩为比拼现场人气指数，竟然现场跑到观众席中各自发表演说拉起票来。而在 2011 年 11 月 13 日袁鸣主持的《波士堂·漫步者董事长》那期节目中，受访嘉宾漫

---

①　参见陈鹤《关联理论与话语误解的避免》，《吉林省教育学院学报》2009 年第 6 期。

②　现场装扮有肃静、回避牙牌、惊堂木、太师椅等。

步者公司董事长张文东竟然在比较正式的访谈活动中，现场即兴模仿起周立波和马三立的说话口吻，在展示自身才艺的同时，也极大地活跃了现场气氛。不仅局限于此，主持人（们）和受访嘉宾（们）同样也会经常在互动活动中，与现场内外观众进行诸如现场足球赛（《波士堂》节目）和登台演出（《非常静距离》节目）等各种类型的交流活动。而在白云峰 2010 年 6 月 5 日代班主持的《波士堂·商界花木兰之当当网联合总裁俞渝》那期节目中，受访嘉宾俞渝与现场观众更是共同重新演绎了电影《简·爱》中的经典配音桥段。三是人物访谈电视节目的具体编排也会鲜明体现出主持人的个性和节目组特有的风格：不仅有时候在节目中会有选择性地插播一些设计独特且蕴涵丰富的背景资料介绍短片。而且根据需要，这些短片内容可涉及诸如好友幕后爆料和相关背景资料传送等内容，有时候节目组也会编排互动主体双方在访谈活动中现场进行诸如现场电话连线、做游戏、绕口令比赛、现场演唱会和猜谜语等相对更为激烈的高级形态互动活动。

综上所述，多方主导的高维互动是目前国内主流人物访谈类电视节目中高互动度交际活动的重要表现形式之一，且其节目编排更能鲜明地体现出高互动度访谈交际活动不仅意在"使人领会"，更在于"让人感受"的终极目标。

第二节　互动阶段话语分析

接下来，我们对所划分出来的相关阶段展开详细论述。

（一）起始阶段阐析

为了便于展开研究我们认为在高互动度交际活动开展过程中，节目的起始一般指的是当时进行的访谈活动的开场①，通常情况下这个过程主要也是由节目主持人来主导完成的。其主要目的就是介绍相关背景知识（包括事件发展和嘉宾简历相关情况介绍），明确本次访谈的主旨目

---

① 其实严格意义上来说，起始阶段不仅包括开场，而且还应该包括在访谈开展过程中举行的其他诸如做游戏、唱歌和跳舞等各式各样为了活跃气氛、消除观众审美疲劳的活动。但我们在本书的研究中取其狭义意义，主要是基于便捷研究的考虑。诸如此类为了活跃氛围的活动，我们放到访谈活动发展的其他阶段中进行详细研究。

标，或是调动现场氛围，为的是使受访嘉宾能在进场后及时调整自己的心态情绪，尽快配合节目主持人进入良好的访谈"互动交流"的状态。具体呈现方式一般也是口头陈述或是短片资料播放。就整个访谈互动活动发展过程来观照，这个阶段其实还只能算是一个为互动活动后续深入所做的铺垫，而且它总是或多或少与结束阶段存在着某种内在性呼应。

1. 起始类型

在对目前所收集的高互动度访谈节目语料进行分析后，我们认为在高互动度访谈交际活动中，根据具体言说主体类型的不同，一般可分为两类：自言型起始和他言型起始。其中自言型起始一般是指访谈节目主持人自身独自口头表述的开场白，而他言型起始，一般是指别人代为表述的开场白，在本章研究范畴中，主要体现为访谈节目组相关短片资料的剪辑制作，或其他工作人员实地奔赴特定区域所完成的访谈互动前期相关准备工作。例如在 2011 年 1 月 6 日和 1 月 7 日两期《爱传万家说出你的故事》节目视频资料中，主持人陈鲁豫在对受访嘉宾腾格尔开始正式采访前，其节目组工作人员早已专程奔赴腾格尔的内蒙古草原故乡，拜会并采访了其父母及兄弟姐妹，并完成相关背景资料短片的剪辑，最终为整个访谈互动子高潮的到来奠定扎实基础。而且就整个节目具体编排而言，此举也可谓是煞费苦心，工作人员路上风餐露宿辛苦自不待言，家人只言片语的鼓励，最终也使受访嘉宾能够正视爱女夭折这一悲情之事，同时受访嘉宾也让我们真切感受到了柔情的一面。值得一提的是，上述两种类型的起始都需要紧紧契合该次访谈的既定主旨，因为再精彩的起始，归根结底也还是要为最大化达成本次访谈既定期望目标而服务。

2. 起始方式

在高互动度访谈交流活动中，与上述起始类型相匹配，其起始方式一般也可具体细分为自言口语表述型起始方式和他言影像表述型起始方式，单用自言口语表述型起始方式的主持人有如下几位：演艺类人物访谈电视节目中有《文茜与我们的人生故事》的主持人陈文茜和《沈春华 LIFE 秀》的主持人沈春华。而曹可凡主持的《可凡倾听》节目，在起始的时候则主要采用他言影像表述型起始方式。此外，根据财经类人物访谈电视节目中袁鸣主持的《波士堂》，演艺类人物访谈电视节目中李静主持的《非常静距离》、李静和戴军主持的《超级访问》、朱军主持的《艺术人生》、杨澜主持的《杨澜访谈录》和陈鲁豫主持的《爱传万家说出你的故事》大部分视频资料呈现状态来看更多地则是兼及以上两种起始方式。

其实单就本质而言，这两种起始方式的选用也没有严格的限制，它们之间也并不是二元对立关系，其本质目标都是在传递相关背景信息和预热访谈氛围，以便促成后续访谈互动活动的深入发展。

首先，我们先就使用自言口语表述型起始方式的视频资料来进行观照。需要特别说明的是，据语料显示，台湾陈文茜在主持《文茜与我们的人生故事》时，起始阶段的话语表述非常简短，故而在此不做详细分析。接下来，我们仅就台湾著名主持人沈春华的访谈视频资料来开展分析。

在 2011 年 6 月 18 日采访演员吴奇隆的时候，她这样起始：

> 他是台湾第一个男子偶像团体的成员，它是风靡全亚洲的<u>霹雳虎</u>，现在他更是两岸的戏剧一哥，猜到了吗？【主持人手势体态语强调】对了，让我们欢迎<u>吴奇隆</u>。

据视频资料显示，本次人物访谈起始阶段自 9 秒开始到 21 秒结束，仅不到 12 秒的时长，但是主持人在这期间竟然一口气说了 53 个字，平均下来几乎每一秒钟要说 4.42 个字，可见其在具体口语表述过程中，语速推进频率还是较快的。

我们发现，在主持人沈春华的开场白中共有两处重音凸显、一处手势体态语强调和一处设问修辞手法的运用，其起始风格也还较为鲜活灵动。她在具体表述时字正腔圆，目光始终平视摄像机，可谓是中气十足、落落大方，颇具名牌主播之风范。

就其实际效果呈现来看，本次起始不仅较好地抓住了受访嘉宾身为偶像的重要特点，而且还很自然地回顾了其演艺经历生涯——从曾经风靡一时的偶像团体成员到现如今海峡两岸炙手可热的戏剧一哥，进而为后续互动子话题的深入展开奠定了扎实基础。

在 2011 年 9 月 11 日的《沈春华 LIFE 秀·专访两代才子的生命交

响曲》人物访谈电视节目中，她又是这样表述：

> 嗨，大家好！欢迎收看《沈春华 LIFE 秀》【主持人手势体态语强调】，我今天可以说用一种<u>非常兴奋</u>而期待的心情要再来访问这对父子。说到这对父子啊，他们第一次来我们节目是<u>四年前</u>【主持人手势体态语强调】的事情了。四年之后，我觉得他们的人生风景都更加美丽开阔：爸爸成为今年创下了香港苏富比拍卖会上一项新纪录【主持人手势体态语强调】的<u>国际画家</u>，而<u>这个儿子</u>呢也升格当了<u>爸爸</u>了。我想如此一来，他过去跟爸爸之间的<u>冲突跟对立</u>，对他可能又会有<u>新的</u>意义了【主持人手势体态语强调】。各位观众，让我们来欢迎【主持人手势体态语强调】<u>刘墉</u>、<u>刘轩</u>父子！耶！

据统计，此处视频资料的起始时间自 9 秒开始到 44 秒结束，持续时间也仅为 35 秒。但主持人却一口气说了 179 个字，平均下来其语速竟达 5.11 字/秒，比前个视频语速推进频率更快，而且她在整个表述过程中，几乎没有任何明显的停顿。结合上个视频的分析结果来看，主持人说话语速之快，吐字之清晰，也正是其深厚的主持播报风格的直观体现，客观上也佐证了其"台湾地区 2008 年度第 43 届金钟奖最佳综合节目主持人"的称谓是实至名归。她在此处还有 9 处重音凸显和 5 处手势体态语强调，具体表述时她又灵活运用了诸如"嗨""啊""呢"和"耶"等语气助词来作为补足成分，进而避免了本次互动访谈活动开场的单一程式化。

就整体上来看，主持人的起始风格可以简单概括为准确和率性两个关键词，其中准确是指其对两位受访嘉宾自身特质和父子关系内涵的精确把握，率性指的则是其起始风格较为真诚轻松，不仅能够活跃人物访谈现场气氛，而且同时也可以拉近主持人、受访嘉宾和现场内外观众之间的情感交流距离，进而能为后续访谈互动活动的顺利开展夯实基础。

通过对以上两个视频的协同观照，我们完全可以真切感受到沈春华这种既亲和灵动，但却又不失之宽泛浮夸，个性鲜明的起始风格的独具魅力。

节目组他言影像表述型起始方式，更多体现出来的则是对于背景信息的精准传递和访谈互动活动切入视角的独特择取。

其次，我们可再来观照一下兼有这两种起始方式的相关视频资料。

2011 年 3 月 14 日李静在《非常静距离》人物访谈电视节目中曾对著名流行歌手林俊杰做过一期专访。在其间，她的起始则较为鲜明地体现了以上两种方式的有效整合：

> 首先从 0 秒到第 40 秒，【背景墙上播放的是题为"唱片千万销量，亿万歌迷拥护，具有磁性嗓音柔情似水，唱作俱佳的音乐才子，创作歌曲首首经典"的林俊杰主题介绍视频资料，其中着重突出了"千万""亿万"和"磁性"几个关键词，用其强调了受访嘉宾在当今华语流行乐坛的地位和演唱风格。】

> 其次是从 40 秒到 1 分 22 秒，现场两位 DJ（DJ TATTOO 和 MC 小老虎）边玩音乐边唱 RAP 边舞动双手：所有人跟着节奏一起挥手，PUT YOUR HANDS DOWN！DJ TATTOO，MC 小老虎，我先要替现场所有的朋友谢谢你！我要替所有的朋友谢谢你！你这么多年做了这么多的好听的音乐，在我们一直徘徊在你的世界。我们一会儿随着你的歌来到《江南》，一会儿回到《三国》①，当了曹操你的歌，一会儿像火锅，一会儿像醪糟，穿越了一千年，我们与时光来赛跑，时间音乐的精灵：林—俊—杰！

> 从 1 分 22 秒到 2 分 3 秒受访嘉宾现场演绎其代表歌曲《记得》。

从 2 分 3 秒开始到 3 分 38 秒的起始内容是：

> 你好！【现场歌迷观众尖叫】好开心啊，他刚才跟我说感动。你没有麻木啊，每次都这么喊？他感冒了，所以你们就是他的感冒药！我们来恭喜一下林俊杰的最新专辑你来介绍好不好？《她说》，是女孩的她，那我是女人了【现场歌迷观众大笑】。我觉得你很有

---

① 其中《江南》和《三国》等都是受访嘉宾林俊杰自己创作的流行歌曲。

胆，你敢说《她说》，天底下最难搞懂的就是女人的心，女人的话，女人说什么根本就不意味着什么，你敢叫《她说》，【现场歌迷观众叫道：他懂！】他懂吗？【现场歌迷观众叫道：懂！】你敢说你懂女人吗？哈哈哈【主持人李静大笑】，我们旁边就会有很多的男生当垃圾桶，因为他听她说，听着听着，你可能没有看上这男生。但你发现<u>忽然</u>有一天说，哦，总以为还有最好的，其实最好的就在身边啊，他们俩就好上了。

据目前所掌握的资料显示，李静在演艺类人物访谈电视节目《非常静距离》中的起始过程大体上走的都是这么一个标准化流程：节目组关于受访嘉宾资料介绍短片的播放 + DJ TATTOO 和 MC 小老虎的现场 RAP 秀来进一步介绍嘉宾情况 + 主持人现场面对场内（外）观众和受访嘉宾进行插科打诨式的即兴发挥作为起始主体部分。而在本视频资料中，主持人和节目组编导人员还适时加入了受访嘉宾的现场才艺秀。

就访谈视频整体呈现形态来看，李静这种整体复合的起始方式兼具了上述两种起始方式的长处：在完美传递相关背景信息的同时，又能较为得心应手地掌控主动权，进而去体现自己独特的主持风格。再加上在具体起始过程中，其表述风格亦庄亦谐、嬉笑娇嗔自成一派，临场反应又很机智灵敏，与此同时，她又善于对一些时下流行、充满张力的新鲜语言来进行夸张式演绎，使本次访谈电视节目能够进一步呈现出极富紧张刺激的视听新形态。就实际效果呈现而言，这种台上台下整体联动起始方式的作用着重表现在如下几点：在充分调动起现场整个访谈互动氛围的同时，又能极为自然地向场内外观众传递出受访嘉宾的基本资料和其本次前来节目组做客受访的意图所在。此举客观上也为后续互动活动的顺利开展铺平了道路，同时亦能够牢牢吸引住场内外观众的注意力，故而其节目收视率一直稳居高位也在常理之中。

（二）展开阶段阐析

按照一般事件发展的时间顺序，访谈互动活动过了起始阶段，也就迈入展开阶段。值得一提的是，这主要是因为很多典型互动行为往往都集中出现在这个重要阶段，而且在本章中出现的某些互动行为还千姿百态，颇有些"八仙过海，各显神通"的鲜活意趣。

　　在高互动度交际活动实际开展过程中，人物访谈类电视节目中的展开阶段在一般情况下指的既可是主持人（们）与受访嘉宾（们）逐渐进入互动正题，但还未达到互动高潮的那个阶段，也可是已经是高潮过后，但还未到达结束的那个阶段①。其中同样也包括诸如主持人（们）和受访嘉宾（们）在实施既定访谈方案中遇到"紧急堵车"状态，进而顺应题旨情境地临时变通既定访谈方案，以便继续互动交流的情况。

　　1. 展开类型

　　在对目前所收集的高互动度访谈节目语料进行综合分析后，我们认为按照具体展开方式的不同，其展开类型大致上也可以被划分成两类：顺展和逆展。其中顺展也即顺势展开，指的就是正常形态上的展开。在这种情况下，互动交际主体双方一般都能较为顺利地按照既定方案进行互动交流，就算偶尔会发生一定程度的"卡壳"情况，但其后续相关互动子话题的调整也还是在一个正常的量变微调范围内，在实际互动过程中，不会发生话题的本质性更迭是其基本形态，这在高互动度交际活动中也较为常见。就客观作用显现上来看，它一方面可以证明主体双方相互配合得比较好，另一方面或多或少也可证明互动主体双方在具体开展访谈互动活动前，也都协同完成了细致周密的准备工作，其所拟方案也具有较强的可操控性。

　　而逆展，顾名思义指的是逆势展开，所指的内容恰好与前者完全相反，主要指特殊形态的展开。在这种情况下，互动交际主体双方并不是都在很顺利地按照既定方案进行交流。而且随着互动活动的深入，随着具体情境的变化，一些或大或小的干扰因素也会时不时地"侵入"交流活动并实施诸种干扰，进而也可能直接或间接地导致着整个访谈互动活动在具体开展过程中，会时不时出现"暂停"的情况。为确保访谈互动交际活动能够持续、健康和有效地向前推进，其后续相关互动子话题也必须适时进行调整，但这个过程已经不属于正常范围内的量变微调了，互动活动实际发展过程中会明确发生话题的本质性更迭，方才是其显现形态。这在高互动访谈交际性活动开展过程中也时有出现，但这并

---

　　① 在本书研究视域中，我们认为展开阶段按活动时间发展顺序可以进一步拆分为两段。

不完全意味着互动主体双方相互配合得不好，有时也只能或多或少地证明双方虽然在访谈互动前期都做了一些准备工作，但所拟方案还不具有很强的可操控性。其实它更多地还侧重于强调互动主体双方在特殊时刻都需要努力发挥主观能动性，适情应境地灵活变通互动子话题，进而确保整个访谈互动活动能够较为顺利地转移到正常可控的轨道上来，使既定的主旨尽可能最大化实现。

　　2. 展开方式

　　与上述展开类型相适应，按照实际调控主体的不同，我们认为其下辖的展开方式可划分为以下几种：主持人控制式顺展、受访嘉宾控制式顺展、主持人控制式逆展和受访嘉宾控制式逆展四种。但就目前我国人物访谈节目的实际发展情况来看，其形式主要还是以主持人主控、受访嘉宾受控较为常见。这主要是因为在我国人物访谈电视节目中，受访嘉宾一般都恪守传统的做客礼仪，很少会在现场喧宾夺主。

　　结合当前所掌握的高互动度访谈活动语料情况来观照，同时也为了便于进一步展开研究，我们认为本章中应研究的展开方式具体可以划分为如下两种：主持人控制式顺展方式和主持人主控、受访嘉宾配合式逆展方式。前者一般是指主持人主控的、完全正常形态化的展开，亦即互动主体双方能按照预先所拟的谈话方案较为顺利地推动该次访谈互动活动持续深入，进而实现双方共同着力追求的既定主旨。而后者则更侧重于强调主持人的综合掌控和协调组织能力。这是因为在那种特定情形制约下，势必需要主持人能充分发挥出主导作用：既要有高屋建瓴的眼光、充分有效地驾驭好复杂局面，并且还需要充分调动起受访嘉宾（们）的情绪，积极配合主持人的工作安排，进而根据形势的实时变化，再灵活更替适切的互动子话题进行交流，最终确保该次访谈节目的顺利展开。值得一提的是，在高互动度访谈活动中，主持人主控、受访嘉宾配合式逆展在具体呈现形态上，主要表现为言语和行为修辞策略的多元有效复合。

　　以下我们可以先就主持人控制式顺展方式来进一步展开探讨。

　　《爱传万家说出你的故事》的主持人陈鲁豫在 2011 年 5 月 12 日曾

对知名主持人吴小莉①进行了一段专访。据该视频资料显示，自 1 分 53 秒到 11 分 44 秒这段过程是高潮前的展开阶段：

陈：哎，我们这同事当的，真的是很难见一面。

吴：对，每一年可以见一面，就是我们 3 月 31 日台庆的时候。

陈：咱们俩当同事有 15 年，16 年的时间了吧？

吴：1996 年开播到现在 15 年了，15 年，快 15 年了，差 3 个月。

陈：但咱们合作的机会特别少。

吴：真是少，但是我们拍一些 MV 的时候有。

陈：很少。

吴：很少。在香港街头走过。【受访嘉宾大笑】

陈：对对对，好了，我们两个老同事见面，叙旧到此告一段落。来，我们掌声欢迎小莉。小莉是一个典型的凤凰人。就是她有着特别一个<u>大中华</u>的背景。台湾人，当然祖籍是浙江，然后后来在香港生活，但现在是两岸三地到处跑，对吧？现在你心里觉得家在哪儿啊？

吴：我的女儿跟我的先生在哪儿家就在哪儿。

陈：所以现在在香港？

吴：对，他们俩现在在香港。

陈：对吧？在普通老百姓看来，会觉得你挺牛的，你能够采访<u>那么多</u>重要的人物。当然对于一个做新闻的来说，其实每一个被采访者<u>都</u>是挺重要的。而且有一点，我们会觉得采访别人就挺难的。但你现在坐在这是不是觉得被采访也一样的是挺难的？

吴：我是觉得我坐在沙发上跟你聊天，只是有好多的朋友<u>陪着</u>我们而已，对不对？

---

① 吴小莉是香港凤凰卫视资讯台副台长兼新闻主播，主持过多档节目，其主持风格很受东南亚华人收视群体喜欢，她出生于台湾，原籍浙江，毕业于台湾辅仁大学大众传播系。1988 年考入台湾中华电视台 CTS，后在 1993 年受香港卫视邀请加盟开台不久的卫视中文台，于 1996 年香港卫视中文台成功转为凤凰卫视中文台后，顺理成章地荣升为凤凰卫视中文台的高管层。

陈：对，我们一起陪着小莉，没错。【现场观众掌声】嗯，可能对于很多年轻人，特别是年轻的大学生来说会觉得（你）很厉害，做新闻主播可能，他们会觉得挺了不起的：四处跑来跑去会很了不起的，然后做副台长是什么感觉啊？

吴：这个感觉就是说你比较能够掌控一些事，比如以前你觉得这个事很重要，你要跟领导汇报，现在觉得这事很重要，你就决定这件事去做了。

陈：可能会觉得好奇，除了小莉的那个工作的空间，在她主播台以外她的办公室是什么样子？【受访嘉宾办公环境及生活工作经历 VCR 视频资料播放】你偶尔会有那种感觉会觉得时间过得很快？刚刚到香港，你比我去得早，你是 1993 年的时候去的吧？

吴：对，1993 年去的。

陈：已经有 17 年，18 年的时间了。你有时候会不会想时间怎么过这么快？

吴：我想是，很多朋友问我说小孩多大了？我说上小学了，他们说，啊，不会吧？我印象中你刚生完孩子。就是很多事情在当时那一刹那好像很记忆深刻，从此就停留在那里了。

陈：其实最开始的那个决定你并不会想到我多少年后的今天会在香港，我一定会有一个很幸福的家，我一定会有一个老公爱我，我一定会有一个女儿很可爱，我一定会有一份工作让我很有成就感。这是当时不会想到的吧？

吴：不会，而且我爸是非常担心的。我爸是不愿意让我去的，他觉得你在台湾都那么熟悉，又有自己的工作。当时已经开始工作了，工作的也还可以，他觉得这么好的一个环境你要走，你什么时候能嫁人啊？

陈：1993 年你才多大啊？

吴：但问题是对于爸爸来说，你离得这么远【受访嘉宾手势体态语强调】，我没有办法帮你找对象，然后你可能要重新开始建立你的人际关系，等你真的找到对象的时候，是什么时候。他担心我工作太努力然后成为老姑婆吧！就是等于现在所说的，

陈：剩女！

吴：对对对，你都没想象到当时愿意放我走的是我妈，我妈特别鼓励我，她说你走，我看得到，因为当时卫星电视公司台湾是看得到的。她觉得很近，才一个多小时的飞程，所以非常地容易，你走啊，去走走，看一看，反而是我爸不愿意。我爸是按在我的这个所谓终身大事的这个担忧上面，但是妈勇气可强了<u>呢</u>，我妈勇敢得很。

陈：那时候在香港工作还好，一回家的话内心有那种没着没落的感觉吧？

吴：特别寂寞，因为你知道我们家六个小孩，<u>特别热闹</u>的一个环境。到这里就只有一个人，打开收音机，当时朋友介绍我你一定要买一个收音机在家里头，不然你会觉得<u>特别地</u>恐慌。之后我就买了一个，因为电视还要等嘛，所以买了个收音机。但是打开收音机不是英文就是广东话，你完全听不到自己熟悉的普通话。香港很美，香港夜景很美，灯火阑珊，然后你就看到一个灯一个灯灭了，高楼大厦都是灯，一个灯一个灯灭了，你就真的会觉得是人家都"西雅图夜未眠"①，这是香港夜未眠。我曾经熬夜一起看那个，看电影【受访嘉宾手势体态语强调】就整个晚上都看电影，<u>睡不着</u>。我知道失眠是什么，就在那个时候。

陈：那你会跟你爸你妈说吗？还是只报喜不报忧？

吴：不会，报喜不报忧？肯定的啊！打电话去就问他们好不好，妈妈好不好？好啊，我的床来了，特别定做的床，因为房间太小，因为我的个又高【受访嘉宾手势体态语强调】，必须弄一个我大小可以躺下去的位置。

陈：他的父亲很有福，生了六个千金，所以他们家就传说中的七公主，加上她妈。【现场观众掌声，主持人、受访嘉宾大笑】这个反正万事万物，你看问题你从两面去看，好的就会觉得你爸爸很

---

① 《西雅图未眠夜》是美国一部著名的电影，于 1993 年上映，别名《缘分的天空》或《西雅图不眠夜》，由汤姆·汉克斯等一批美国影帝级著名演员倾情出演。影片主要讲述了如下一个感人故事：主人公山姆丧妻之后不愿再娶，而儿子乔纳却很希望能再有一位母亲，于是他想到通过电台为父亲寻找爱人这个办法，进而替父亲寻得真爱。受访嘉宾吴小莉在此是用典的修辞手法。

有福气，被这么多女人围抱着，但是不好的就你爸爸可能内心会觉得我想要个儿子，可能还能继承我的衣钵。

吴：对，其实我妈会这么辛苦生这么多，就是因为我爹太重男轻女，他一直想要一个儿子，结果所以生到我的时候，我们家都是莉字辈【受访嘉宾手势体态语强调】，生到我了后来终于放弃了，本来生五个就算了，所以我叫小莉，大小的小。后来不小心又生了一个我的妹妹只好叫作莉莉。所以对他来说，他终于就觉得六个女儿也顶三个儿子嘛，所以就算了。

陈：你问过你爸吗？你说爸你怎么经过内心的这个挣扎最后就接受命运给你的安排了？

吴：我妈不肯了。【受访嘉宾、主持人大笑，现场观众掌声】

众所周知，在高互动度访谈交际活动中往往会有多个互动子高潮，所以可暂时先将视频资料截取到此处来进行分析。

就整个访谈活动综合来观照，至此为止访谈局面的总控制权基本上都还牢牢掌握在主持人手中，且整个访谈互动活动也按照其既定方案较为顺利地向前推进着。在这10分钟不到的时间段内，主持人和受访嘉宾大致上围绕着如下几个互动子话题进行了访谈互动活动：老同事之间的寒暄、家在哪儿、初到香港工作的内心体验以及家庭生活往事趣闻回顾等。细究之下，这一气呵成的四个互动子话题之间其实有着这样一层内在关联：开始→探寻→深入→再深入。主持人在此也试图通过这些互动子话题的按序推进，逐步深入到受访嘉宾内心隐秘空间进行深入挖掘，进而谋求有效完成本次人物访谈的既定主旨——受访嘉宾吴小莉"大视野背后的小世界"。

纵观其间几个互动子话题的预置，不仅在运营思路上逻辑严谨，而且在具体操作上也较为便捷，且又能保证所谈话题内蕴丰富。在此过程中，主持人既牢牢地抓住了此次人物访谈的要点，同时又或多或少地兼及了受访嘉宾在实际回答过程中不经意间曾透露出来的些许信息。这些为受访嘉宾"量身打造"的互动子话题既有顺应性、又有引导性，所以才能提供一片广阔的互动天地，供受访嘉宾驰骋发挥。

就具体访谈细节观照而言，例如在本次人物访谈前期，主持人曾有过一段感慨："其实最开始的那个决定你并不会想到我多少年后的今天我会在香港，我一定会有一个很幸福的家，我一定会有一个老公爱我，我一定会有一个女儿很可爱，我一定会有一份工作让我很有成就感。"在这段充满强烈主观感情色彩凸显的表述中，主持人较为成功地运用了排比修辞手法，虽看似是陈鲁豫的内心"自我独白"，但这其实更多是在代替受访嘉宾袒露心声：既能较为自然地透露出受访嘉宾目前的状态，也能委婉地点明这就是受访嘉宾目前心中幸福的真谛。值得一提的是，这种话语表述在本次视频语料中所占比例其实还较为庞大。就其实际效果呈现而言，它们在向现场内外观众传递出相关信息的同时，同时也获得了受访嘉宾的真心认同（例如受访嘉宾点头微笑，后续话语无缝接入等），其实也在为能较为圆满地完成受访嘉宾内心世界探寻奠定下扎实基础。

此外，其后主持人的一句："这是当时不会想到的吧？"更是极为自然地展开到了下一个互动子话题的谈论上，进而也为后续人物采访的顺利展开开辟了道路。

在对本语料文本进行解读过程中，我们可以感受到受访嘉宾的回答在很多时候往往显得较为俏皮率性，或许主要基于以下几点原因：一是在回答过程中，她不仅用了许多灵活生动的口语惯用句式，如"她觉得很近，才一个多小时的飞程，所以非常地容易，你走啊，去走走，看一看，反而是我爸不愿意"，"我爸是按在我的这个所谓终身大事的这个担忧上面，但是妈勇气可强了呢，我妈勇敢得很"，等等，而且就整体来看，也在具体回答中仍以短句式为主，中长句式为辅，具体数据统计限于篇幅，故而从略。二是她还综合运用了诸多修辞手法，例如在"我是觉得我坐在沙发上跟你聊天，只是有好多的朋友陪着我们而已，对不对？"这句话中，受访嘉宾就较为委婉地将接受专访暗喻为坐在沙发上聊天，只是有好多的朋友陪着而已。最后更是以反问为结，反而将"包袱"顺势甩回给主持人，其临场机敏性立刻展露得淋漓尽致。而在"香港很美，香港夜景很美，灯火阑珊，然后你就看到一个灯一个灯灭了，高楼大厦都是灯，一个灯一个灯灭了，你就真的会觉得是人家都西雅图夜未眠，这是香港夜未眠"。在这句话中，受访嘉宾不仅先是将国外经典电影《西雅图未眠夜》的片名化用为"西雅图夜未眠"，而且又立马在此基础上仿拟为"香港夜未眠"。虽看似短短五个字，但那种独在异乡为异客的淡淡愁绪已经得到了最真切的诠释。

此外，此阶段末尾主持人那句"加上她妈，姐妹六人是七公主"的调侃之语和受访嘉宾的一句巧妙地回应"我妈不肯了"更是触发了全场的笑点，使现场顿时掌声雷动。

关于此次访谈各个子高潮后的展开部分，我们再另外截取一段视频资料来进行分析。

此过程从 15 分 10 秒开始，结束于 22 分 13 秒：

> 陈：在你成长过程当中，包括你的姐妹成长的过程当中，你爸爸一定是最紧张的那个，家里面六个女孩，可能都长得很漂亮，他会随时担心会被那些不靠谱的男孩抢走？
>
> 吴：会。
>
> 陈：这是你爸一直的心态吗？
>
> 吴：他很幸福的，他是那个女生宿舍的舍监呢。
>
> 陈：对，七个女孩。【受访嘉宾和主持人大笑】加你妈妈七个女生他来管。
>
> 吴：对，没错。我们家有个奇观：当我们都大学了以后，都可以开始交朋友的时候，我爸爸晚上十点钟会在楼下等着，告诉你们说十点钟不回来，我就在楼下等着你们回来以后，安全了我再睡。这是苦肉计，所以每个人，我会发觉十点钟的时候第一部车我姐姐的车来了，送我姐姐回家的车到了。然后没多久我的车到了。然后送我妹妹的车到了。三个车到了以后，我爸就带我们上楼睡觉。
>
> 陈：如果谁不回来他会一直等吗？
>
> 吴：对。
>
> 陈：你爸太牛了，六个女孩他都这么等的啊。
>
> 陈：【转入工作话题】你想进电视台你就要去考？
>
> 吴：对，当时我记得是 500 多个人考试，到后来考了大概<u>六个人</u>进来，最终留下来只有三个人【受访嘉宾手势体态语强调】。我记得我去考试的时候，我妈妈特别带我去哪里化妆呢：新娘礼服店。所以化了一个新娘妆去，你知道新娘妆的结果就是两个腮红

【受访嘉宾手势体态语强调】，然后眼睛的眼影很<u>浓</u>。

陈：而且那个年代化妆肯定是很奇怪的。

吴：对，把一个刚毕业的女孩弄成了已经好像要出嫁了这样子【受访嘉宾手势体态语强调】。所以我都不知道当年为什么这样的妆能够上镜头以后，他们竟然看一看还能够继续留在电视台。我也觉得很讶异。

陈：就是因为别人去化的新娘妆更不好看。

吴：可能。

陈：就是你还算比较好的新娘妆。

吴：有可能吧。

吴：所以我觉得就像你说的，那是我后来才回想起来，我爸跟我说了一句话，<u>很感慨地说</u>，就说未来工作要靠你自己，爸爸没办法帮你太多的忙。虽然他可能，因为他是也问了一些朋友啊，什么样的方法比较好帮忙，但是因为我这个行业也比较特殊。所以我觉得至少我学的是这个，然后语言文字能力也还可以，长的<u>或许</u>也还可以，所以就进入了这个行业。

陈：那时候你的父母是只要你出镜，不管是早晨晚上他们都会准时的在电视机前看你？

吴：对，而且还录下来。

陈：你妈会跟你说吗？说小莉啊，你今天穿的这个衣服我觉得很好看，或者你应该怎么怎么样，你应该怎么怎么样。

吴：我妈是一个，我不能说她有没有水平哦，但是是一个最热心的服装造型师。因为当时我们没有像现在这么<u>全</u>呐，而且当时很<u>资历浅</u>嘛，所以不会有服装造型的师傅帮你忙，也不会有预算去帮你买衣服，都是我们自己去买衣服。我妈就觉得她自己眼光很好啊，"你妈给你买的衣服好看嘛"，都特别像她那个年纪的。【主持人、受访嘉宾大笑，现场观众掌声】

陈：那你也不能不穿对不对？

吴：那时候<u>不懂</u>，不懂，而且<u>小时候</u>啊，可能很多朋友现在没有，常常都看不到我穿短裙了。但是我小时候，刚开始工作的时候，为了显自己很<u>成熟</u>，<u>很大</u>，<u>很有说服力</u>，所以都穿短裙，弄个很高的高跟鞋，就噔噔噔噔在办公室走。

陈：你妈妈是你服装造型方面的设计师。你父亲呢，他负责什么？

吴：负责做我的<u>咨询导师</u>。他翻报纸，帮我找新闻线索。

陈：然后会跟你讲吗？现在国际发生什么大事了，你应该怎么怎么样。台湾有<u>一些</u>什么大的新闻，你应该关注的。

吴：好像没有。这个本事我好像比较强。【主持人、受访嘉宾大笑】对，他后来自己回过头来告诉我一句话，他当时看到我<u>刚入</u><u>行</u>的时候<u>越来越瘦</u>，因为压力太大。自己以为没有压力，<u>太小嘛</u>，但是其实压力很大，每天自己要想新闻在哪里，自己要约到新闻采访的对象，然后到现场去，而且还要<u>做成节目</u>，还要争取能够<u>独家</u>或者是上晚间新闻，这都是当时的荣耀。他就会发觉我每天早上起来就愁眉苦脸的<u>想今天要做什么</u>，看<u>好多好多</u>的报纸，听广播什么的，他特别心疼。他本来就好几次看到我瘦，因为我才刚开始，半年就瘦了那么多，他就差点要跟我说你先别干了，要不咱们出国念完书再回来看看？他差点好几次想跟我说，这是后来告诉我的。

陈：所以父母总是不管你做得多好，他会担心你生活当中有没有吃得好，你有没有睡得好。

吴：嗯，他会觉得他<u>还能够</u>帮你什么。

陈：现在比如说你要是想你爸你妈的时候，打电话跟他们聊一<u>些什么</u>？

吴：他首先第一句话问我的你在哪儿？因为我常常跟他们报我在不同的地方。

陈：我爸也是第一句话问你在哪儿。

吴：对，第二句话就问<u>那里很冷吧</u>？因为南方这几年也冷了，那我在北方的话就<u>更</u>冷，第三句话就是什么时候能回来？我妈倒不会，倒是我问他们多，好不好呀，然后我告诉他们，有个盼头嘛，什么时候我能回来这样子呀。

陈：人老了以后会跟自己的孩子撒娇吗？

吴：我会把他们当孩子，就是说姐姐们搞不定我妈的时候，我就会打电话去骂她，她会听我的。

陈：【主持人插话】为什么搞不定你妈？

吴：因为她就是这几年身体越来越需要一些保养。她不听话的时候，不听医生话的时候，就我打电话去骂她。

陈：她听你的话吗？

吴：她听我的话，姐姐说的啦，她最听我的话。我后来发觉女孩多好办事，几年前他们俩的身体开始有一些问题的时候到医院里头去，我们从来不缺陪护，我们不需要请陪护，我们家女儿轮流陪，陪完了叫她的女婿来陪，没有一个女婿敢不来，所以我们一共有12个人可以陪。【主持人、受访嘉宾大笑】

陈：现在你们家阴阳终于平衡了。

吴：对，而且女婿呢有时候跟爸爸喝酒啊，聊天啊，他也是得到很大的安慰。

陈：那你们家现在第三代多少个孩子啊？

吴：哟，我得数数，我们家还有第四代了呢。

陈：已经四世同堂了？

吴：对，四世同堂了。

陈：你大姐的孩子是吧？

吴：对，因为我们每个人的年龄距离有点远【受访嘉宾手势体态语强调】，所以其实是我二姐的孩子，就是我的外甥女都已经有孩子了，所以我们已经四代了，如果全家人加起来吃饭，大概两三桌吧，三桌。

陈：那你就当那个姨奶奶，姨外婆。

吴：你不知道吗？我已经是辈分很高的了。

陈：我的天呐，你已经是叫什么姨外婆是吗？姨姥姥，太恐怖了。【主持人、受访嘉宾大笑，现场观众掌声】

吴：对。

在此可以发现，这段展开过程较前段在氛围呈现方面上就更为轻松了。细究其原因，或许主要是因为在互动子高潮过后，主持人和受访嘉宾已彼此拉近了情感距离，进而使得后续互动子话题流的推进更为顺利。再者主持人此时灵活运用了诸多拉家常式的口语句式，比如说"×

×对不对?""如果×××,（那么）×××?"等。这些轻松随性句式的有效使用,使得此时访谈互动仿佛变为"两姊妹之间在唠私密说家常",而且据统计,在此期间受访嘉宾共有4次手势体态语强调,主持人和受访嘉宾彼此之间大笑次数也有5次,可见当时访谈互动氛围还较为和谐,自然后续互动子话题的展开也就随之顺畅起来了:主持人和受访嘉宾先是从自己这一代家庭生活趣闻着手,再回顾第一次工作经历,然后再谈到父母对子女的关爱方式,最后再聊到新一代家庭成员构成上。我们在此显然可发现在这期间互动子话题流的发展也有其独具的运行轨迹:有近有远,有升有降,但总体上还是呈现为一种螺旋式,向前递进的状态。值得一提的是,受访嘉宾在这期间还调侃她老爸是"女生宿舍舍监",主持人则机敏调侃自打有了众多女婿后,受访嘉宾的家庭才算是"阴阳平衡"了,现场观众在大笑之余也报以热烈掌声。

此外根据此语料文本,我们也可再次直观地领略到主持人亲和、率真主持风格的独具魅力。同时她也非常懂得在实际主持时,应如何准确拿捏好提问与聆听交替推进的火候。一般情况下,她很少主动去打断受访嘉宾原本连贯的回答,而且在回应时往往也较为简单,有时仅是几个字,甚至也有可能仅是一两个语气词。但所有这些话语,其实都在共同起着一种烘托铺垫作用:所谓人物专访,其实是要尽可能提供一个相对比较广阔的平台,营造起和谐互动氛围,好去让受访嘉宾去畅所欲言,进而确保着该次访谈既定主旨获得成功实现。

此外,关于主持人主控、受访嘉宾配合式逆展方式的探讨,我们可以再从李静主持的《非常静距离》节目中来探寻。例如在2011年12月17日李静曾经对演员毛孩先生进行过一次专访。我们可单独选取多个子高潮后逆势展开的一个典型视频片段来进行具体分析。这个视频起止时间是19分36秒到32分23秒:

> 李:刚才聊了工作,然后聊了这个好朋友,然后现在聊一聊小毛自己的事,别吓人,自己的事。你觉得谁最了解你?
>
> 毛:我的家人吧。
>
> 李:那今天哪,我们就给大家请来了另外一位,也是很有才华,也姓毛。那她跟毛孩是什么关系呢?答案马上揭晓,让我们掌

声有请她出场，有请她出场！有请！【主持人、观众鼓掌】哇哦，拥抱一下！你好！

　　毛姐：大家好，静姐好！

　　李：来，毛孩你来介绍一下。

　　毛：这是我姐姐，著名编导毛毛。

　　毛姐：大家好，我是毛毛！

　　李：毛毛是著名编剧，你的小名呢？

　　毛姐：小名就叫毛毛，然后大名也叫毛毛，英文名也叫毛毛。

【现场观众大笑】

　　李：不愧是编剧，今天特别高兴，毛毛也来到了现场！【主持人手势体态语强调】来，欢迎毛毛姐！两位请坐！

　　李：【背景资料视频 VCR 播放】所以你看到弟弟那种真正的担待是家里发生了很多事【主持人手势体态语强调】，因为听说妈妈有一段精神状态不太好？

　　毛姐：对，就是更年期，更年期引起的抑郁症。实际上这个也是后来因为她有那个状况之后，我们就去，同时在就医的同时【特写镜头给到受访嘉宾毛孩，此时一脸严肃】，我们自己也去查资料，自己去掌握一些相关的知识了解才知道是这个状况。因为一开始人的情绪不好，没有往那儿想。

　　李：就是更年期引发的抑郁症（综合症）就我妈妈以前有个同事就是满大街晚上出去走，都经常走丢了，然后全家人晚上去找人。你们有可能如果你的家人，比如说在 50 岁的时候，60 岁的时候出现这种情况一定不要慌张，一定要看病。那个不是精神病，那个就是引发的一些特别古怪的行为。

　　毛姐：对。首先是正确认识它，然后这个一定要勇敢面对它，很多人是忌讳的。我没更年期，你不许说，你才更年期呢！其实它是一个正常的生理周期，过去了就好！

　　李：那段妈妈什么状态？【主持人少有的同情严肃的表情】

　　毛姐：她除了对自己有一些伤害的倾向，甚至行为之后，她有过自杀的倾向，包括有采取行动有一次，及时地发现。有一次特别严重就是我妈妈在家里突然地就会伤害自己，她就打自己，她就哭，然后无法阻止，毛孩也用同样的方式【特写镜头给到受访嘉宾毛孩，此时一脸严肃】对自己，然后我妈妈停止了。毕竟她心里还有一个<u>理智</u>吧，最后在眼里她看到她的儿子。

李：【插话】你那段什么状态？很难受吧，心里？

毛：【苦笑】那段时间反正就是，对，挺难熬的。肯定每个人都面对这种事情的时候，都会首先手足无措吧，都不知该怎么办。但是我觉得是，人活着就是解决问题。问题来了就去解决它。我觉得就是这样，而且其实像这样的事我平时都不太愿意说。

毛姐：特别不愿意说。然后我说，那我们说出来吧。

李：其实是为了大家好！

毛姐：对对，是让大家更多地了解这个阶段。

李：我觉得像我的世界也不是很大，周围【主持人手势体态语强调】有抑郁症的，然后有更年期综合症的，然后就发生的事情很多。但是很多人都是不敢去，没办法把它当作一个生理的问题去面对，都以为是心理。你知道其实它是整个的雌激素【主持人手势体态语强调】和荷尔蒙失调引发的，它跟你的是不是小心眼什么啊，<u>没关系</u>！

毛姐：对对。

李：但是你们俩特重要，你们怎么帮助妈妈走出来？<u>特别重要</u>！

毛：对，所以说我真的就是通过这个事吧，反正就是<u>想说的就是想告诉观众朋友们</u>，就是作为一个男人来讲，不管是对于你的爱人，还是你的母亲，她一旦有这个情况，你<u>一定要相信</u>！因为一开始这个更年期是很多，特别是很多男人他不相信自己老婆有更年期：<u>你找什么事儿啊你，你装什么装</u>？！

毛姐：对，你找事！

毛：他首先是这样<u>抗拒</u>的心理。但是它真的，<u>那是一种病</u>！

毛姐：然后就是陪伴，你陪伴，陪伴她干什么，一定要听她说话。

李：这个特别重要，电视机前的观众注意，如果你的家人或朋友是抑郁症【主持人手势体态语强调】你千万不要，他跟你说的时候你千万不要说：<u>你不要这么想，这么想是不对的</u>！你看你那都好，你<u>千万</u>别这么说！【主持人手势体态语强调】他说什么你就听。

　　毛姐：对。

　　李：【特写镜头给到受访嘉宾毛孩，此时展露笑容】而且我觉得你做了一个特别对的事情，帮妈妈接《炊事班的故事》，对不对？这就是让她去<u>转移注意力</u>。你当时做这个决定的时候你觉得管用吗？【主持人手势体态语强调】

　　毛：还挺管用的！嗯，那个时候母亲已经在，就郑州拍了一个戏，反应都挺好。然后我就给尚敬导演<u>就是</u>介绍了一下，然后刚好在拍《炊事班的故事3》嘛，拍《炊事班的故事3》的时候，然后就可以啊，好事啊，让妈妈来啊，也留个纪念。因为当时拍《炊事班的故事3》的时候，大家都知道是最后一部了，完了之后就找的编剧君东给写了两集戏，剧本写得还非常好！【当时片花视频佐证】

　　毛姐：她（妈妈）年轻的时候就是演员，为了我们才放弃。然后现在，我妈妈说过：你们小的时候我帮你们实现愿望，然后你们帮我<u>实现了（我的）</u>愿望。

　　李：但是我觉得我希望遇到问题的父母都应该有一对像你们这样的儿女！【主持人、观众鼓掌，背景展示受访嘉宾全家福照片】多温馨的一张照片！而且你看，妈妈看上去是一个挺乐观的人。妈妈也是演员，现在走出来了吧？

　　毛姐：对，她现在也……

　　毛：她现在太好了。

　　李：先鼓鼓掌，现在太好了！【主持人带领大家鼓掌】

　　毛姐：她每年的工作量也很大。马上20号她就又有一部新戏开机。

　　李：真好！

　　毛姐：她现在一直在拍很多戏，也作为主演。

　　李：真的啊？其实我想每个人的父母都会遇到问题，但是我们自己有很多借口：我很忙，我也有我的家庭，或者什么样，忽视了对父母的关心。就像我们小的时候嗷嗷待哺的时候【主持人手势体态语强调】，父母对我们的那种耐心，可是有的时候，我们却不能给予父母这样的耐心。所以虽然妈妈今天不能来现场，但是有一封信托姐姐带过来了，然后要念给毛孩听。没有想到吧？【主持人故作惊讶状】

毛姐：静姐心很细，她比你心细，安排得更周到！【特写镜头给到受访嘉宾毛孩，此时面露惊讶】那我就代劳，感动，还没念就感动了。

毛：别那么煽情好不好？

李：没有，是一封那个，自己念吧，自己念，自己念，来来来！【主持人鼓掌】试一试！你能念多少念到多少，好吗？【主持人大笑】好喜欢看你软弱的一面啊，来，那姐姐念吧！

毛姐：【念信】儿子啊，刚刚挂断了你一早打过来的电话，可断不了的思绪依然在翻滚：妈妈，今天立冬，您一定要多穿件厚衣服，注意保暖，特别是腰！听着你简短的几句话，妈妈掉泪了，妈妈咋也忍不住自己的眼泪顺脸而下。【特写镜头给到受访嘉宾毛孩，此时忍不住掉泪】妈妈做梦也不会想到我就这么个小节气你还不忘提醒妈妈，妈妈幸福极了，而越是这个时候，妈妈就越发地深感愧疚于你！儿子，如果不是20年前妈妈的那场病拖累了你，今天就会和现在不一样！【特写镜头显示受访嘉宾妈妈已经在后台，也是满脸泪痕】可要不是你不离不弃地拼命救治妈妈，也许今天就没有妈妈了。在救治妈妈的那几年里已经记不清【特写镜头给到受访嘉宾毛孩，此时忍不住掉泪】你推掉了多少片约，忍痛割爱地放弃了多少好戏！要知道那个时候因为《炊事班的故事》剧的热播，你才刚刚开始红火，正是片约不断的关键时期。可怜你放弃了你自己的所有，愣是用你那稚嫩的肩膀扛起了妈妈，撑起了这个家！而每当我对你愧疚，拖累你时，你总是淡淡一笑说：妈妈，拍戏的机会失去了还会有，可妈妈失去了就再也不会有了。儿子啊，妈妈已经哭得写不成了。妈妈是十月怀胎给了你一条生命，可你用十年的拯救给了妈妈一条命！【特写镜头给到受访嘉宾毛孩和嘉宾母亲，此时均已忍不住掉泪】妈妈值了，妈妈今生知足了。我亲爱的儿子，妈妈爱你！妈妈更感谢你！写到现在妈妈心里畅快多了。寄给你，就算了，妈妈想等啥时候回去见你了，妈妈亲手交给你！但是有一条，不许当着妈妈的面看，更不许笑话妈妈俗啊，爱你的妈妈！【现场观众鼓掌】

　　李：真棒的一封信！

　　毛姐：这还画了一个笑脸儿呢，就别哭了！

　　毛：干嘛突然那么煽情?! 我从来没有……

　　李：其实我觉得父母有的时候跟孩子很难，当面去说一声感谢！而且两个人坐在面对面地去说一些话也觉得不符合我们中国人的情感。

　　毛姐：对。

　　李：但是写出来我觉得特别好，而且最好的是让我们大家去感受到我们应该怎么做儿女。【主持人手势体态语强调】

　　毛：没有，谢谢静姐，谢谢栏目组！我都不知道你们这么细心，我从来没有在栏目里，能够崩溃了就！【嘉宾忍不住拭泪，现场观众掌声】我因为，不是因为我吧，我一直觉得吧，我真的做得不够，真的做得不够。因为做儿女的，永远给父母做多少都不够，其实有的时候现在也会出现比如说打个电话吧，草草两句，我正忙着呢，怎么着，都会出现这样的情绪。可是我真的觉得，父母嘛，有时间就一定多陪，多付出一些！【特写镜头给到受访嘉宾毛孩和嘉宾母亲，此时均已忍不住掉泪】因为我有很多朋友，在一块聊父母的时候，他们都会跟我说：孩儿啊，真挺羡慕你的，你还有父母！你说我们这把年纪了都没父母了，你说父母给你闹【特写镜头给到嘉宾母亲和主持人，此时均已忍不住掉泪】，还有人给你闹呢。他说真那天没了，你，谁给你闹啊！我听到他们说这些，我真的是觉得挺感动的。真的是，反正就是每个东西做好吧，趁早！真的，静姐，就是真的趁早多做一些！

　　李：我想如果妈妈听了这个话儿会特别特别地高兴，因为很多人都明白这个理儿，但是，很多人也许会有很多理由做不到，在细节上还是忽略了。所以让我们用感恩的心来感谢妈妈！感谢妈妈！【主持人和现场观众鼓掌，镜头特写受访嘉宾妈妈哭着从后台出

来】阿姨，您好！毛孩，快！【母子俩哭着拥抱，全场观众掌声】

此段视频资料显示，本次访谈互动活动到此已过了将近一半时长。在与受访嘉宾顺利聊完工作和朋友的几个互动子话题后，主持人此时还想让整个人物访谈活动更往前深入一步，能更加深入受访嘉宾内心世界一层。所以，她敏锐地选择让受访嘉宾聊聊自己身边的事情，希望借此将原先的互动子话题进行一次调整。

这时候显然已经碰到了前文所述的些许外界干扰因素：受访嘉宾的母亲曾患有长达十年的更年期抑郁症。其实客观而言，能让受访嘉宾提及这样一个高度涉及隐私的话题已很不容易，更何况还要在这样一个公众场合上亲自来说，未免有点强人所难。受访嘉宾在事后也坦承假如不是主持人执意要坚持采用这个意义特殊的互动子话题，假如自己也真的不想配合主持人，假如也还有其他互动子话题可以转移，其实碰到类似的情况，他自己在平时是绝不太愿意谈及这个话题的。

在此阶段中，主持人可谓是整个访谈互动局面的绝对掌控者，而且她此时所做的任何事情，都是为了能够更好地突出本次人物访谈的既定主旨：毛孩——真性情的纯爷们儿。显然，由此触发的关键点即：如何让受访嘉宾能尽可能配合主持人，去完成这个互动子话题的具体运作。

为此，主持人在言语和行为策略复合方面做了如下努力：

就言语策略方面而言，首先是与以往泼辣的主持风格形成鲜明对比，她破天荒地选择了一些较为委婉的句式来进行现场提问。例如："所以你看到弟弟那种真正的担待是家里发生了很多事，因为听说妈妈有一段精神状态不太好？""你那段什么状态？很难受吧，心里？"等等。很显然，这些呈现升调态势的特殊疑问句式更具有些许柔化作用，进而使受访嘉宾在情感和理智层面上也更易于接受主持人的提问。

众所周知，在现代汉语的有些疑问句类型中，一般前面都是陈述句的语序，突然在句尾加上问号，显然这种疑问句在语气表达方面往往比普通疑问句能来得更加强烈，因为它更具惊叹和疑惑的感情色彩。在此，我们发现李静经常用这样的句式来进行提问，其实其关注点并非单纯限于去提问题，而是更多侧重于逐渐实现与毛孩姐弟的共情。换而言之，她也在尝试着尽量客观地谈论这种抑郁症的成因，但又尽量避免因言语失当，间接地刺激到受访嘉宾。

其次是她即时完成相关角色的圆满转换，就像邻家大姐姐一样耐心倾听受访嘉宾的心声，并适时选用一些劝慰性话语对其加以开导。例如"其实是为了大家好！"这句话更是意在鼓励受访嘉宾能将这段郁积已久的感情宣泄出来，为后续互动子话题的深入奠定基础。而"我觉得像我的世界也不是很大，周围有抑郁症的，然后有更年期综合症的，然后就发生的事情很多。但是很多人都是不敢去，没办法把它当作一个生理的问题去面对，都以为是心理。你知道其实它是整个的雌激素和荷尔蒙失调引发的，它跟你的是不是小心眼什么啊，<u>没关系</u>！"这句话则更意在拉近自己与受访嘉宾情感距离的同时，对其进行适时开导。这主要是因为要想获得较好的人物访谈效果，就势必需要主持人能够尽可能最快速、最准确地抓住自身与受访嘉宾（们）之间的情感契合点①。

据统计，其间主持人使用重音的次数达至 12 次，基本上都能很好地辅助受访嘉宾逐渐平复情绪打开心结，进而在节目现场深情表白心声，并呼吁现场内（外）观众趁早感恩父母。

此外值得引起我们注意的是，主持人在话语表述过程中，还经常会出现一些儿化音。关于儿化音，我们知道它其实是一种特殊的语言现象："有一些韵母在某种场合也像发'儿'时一样，在发音的同时增加一个卷舌动作，致使变更原来韵母的音色，成为一个卷舌韵母。"② 它的频繁出现，往往起着表达亲切喜爱之情的作用，不仅能扩大押韵的范围，还能带来语音上的些许柔美感。而且我们知道主持人话语里带有儿化音的部分缘由在于李静是河北人，在其话语表述过程中自然或多或少也会带有些许北方味儿。根据当时现场整体效果呈现来看，儿化音的出现，的确也拉近了主持人与受访嘉宾（们）之间的情感距离，因为毛孩是河南平顶山市人，同样也是北方人，增加了彼此之间的认同感和亲切感，使主宾双方更能像一家人一样开展互动，进而营造起和谐氛围，并取得良好的交际效果。

---

① 这种做法相当于是心理学中的共情法，指的是心理咨询师能够敏锐而准确地领会并理解来访者的言语表达和情感宣泄，并将这种领会和理解及时有效地反馈给来访者，也只有这样心理咨询和治疗方能成功。

② 邢福义：《现代汉语》，高等教育出版社 1991 年版，第 92 页。

　　再就具体行为策略落实方面来看：首先是主持人非常善于安排相关人物的先后出场顺序。她先是安排毛毛出场代替受访嘉宾讲述毛妈妈生病时候的种种状况，然后主持人也顺带讲述了她妈妈以前同事和自己身边人的患病经历，试图来拉近与受访嘉宾之间的情感距离，这种由远及近策略方式的灵活采用，也更能非常鲜明地体现出李静主持技巧的高超。其实也只有经由这样，方才更能营造出特定的互动氛围，进而让受访嘉宾袒露心声，同时也使该次节目尽可能多地富含新鲜信息量，并及时传递给现场内（外）观众。

　　其次是李静还比较善于调动节目录制演播大厅现场的访谈互动氛围：她不仅能够极为自然地运用非语言性体态语，据统计她带动鼓掌次数为4次，用非语言性体态语进行强调的次数是9次，而且其面部表情也较为丰富，常常能根据现场态势时而故作惊讶，时而严肃，时而大笑。更值得一提的是，本次访谈现场一直有着比较柔缓配乐在进行气氛烘托，这种特性也往往是高互动度人物访谈活动所独具的。

　　此间，主持人还特意借助"妈妈的来信"等其他相关道具，试图充分调动起受访嘉宾的访谈互动情绪，而最后节目组编排泪流满面嘉宾母亲的意外出场更是引爆了全场的气氛，同时客观上也使此次人物访谈节目又顺利达到一个互动子高潮。

　　就本次人物访谈效果实际呈现而言，主持人在此处所采用的语言和行为多元复合的策略不仅成功达到了，甚至还部分地超过了预期效果。值得一提的是，所有这些策略的有效运营，也都能极好地彰显出主持人自身极强的现场调控能力，同时在客观上也能充分展现出主持人主控、受访嘉宾配合式逆展方式在高互动度访谈互动活动中的独具魅力。

　　概而述之，主持人控制式顺展和主持人主控、受访嘉宾配合式逆展这两种方式①相互之间有着不可替代互为补充的内在关联。因为前者的采用，能使话题推进更为顺利和可控，后者的使用则能使主旨实现得更为有效和深刻。所有这些展开方式的有效运用，都是为了使所选互动子话题能更紧密地联系该次人物访谈的既定主旨，进而推动整个互动活动

---

　　① 在主持人李静的引导下，也在其姐的旁白劝说下，受访嘉宾毛孩才逐步打开心扉，接受这次具有一定难度的人物访谈。

按序前进，而且这点在高互动度访谈互动活动的具体开展过程中显现得更为明显。

通过以上诸种努力，我们在此对身为高互动度人物访谈互动活动重中之重的展开阶段中的两大基本逻辑架构方式已经有了较为宏观的把握。

但为了继续推进本书研究向纵深发展，我们还可以另辟蹊径地从语言学视角，运用控制变量法思维模式[①]再对一些典型语料进行后续细节研讨。虽说在具体分析时，我们既可以从语词角度，也可以从句类角度，甚至也还可以从篇章等多种角度进行切入。但限于篇幅，也为了能够更鲜明准确地体现出这些语料的本质特点，我们在研究时还将遵循"主攻一点，不及其余"的原则，亦即在其间尤以句类分析为重。

众所周知，句类主要指的是从语气角度对句子所进行的分类，在宏观层面上主要可以分为陈述句、疑问句、祈使句和感叹句这四大类。但进一步深入来观照，这四大类又各自可以再度进行微观划分，例如，陈述句可分为肯定陈述句、否定陈述句和双重否定句等三大类，疑问句则可分为是非问句、特指问句、选择问句、正反问句和反问句等五大类，祈使句可分为表示命令的祈使句、表示请求的祈使句和表示禁止的祈使句等三大类。

在我国语言学界，曾有一批前辈学者更倾向于从语法角度来进行句类研究。而在本书研究视域内，我们在继承其理论精髓的基础上，也希望能进一步结合语料实际，再从修辞学视角中继续开展探索，以期达到言语互动交际规律显现的根本研究目的。我们认为在言语互动交际活动中，主宾双方对于自身所表述语句类型的灵活选择，不仅只是单纯出于某些语法组织架构的需要，而且在某些情况下往往更多地还是有着修辞传情达意层面的考虑。胡裕树就曾有过如下精辟论述："句子可以有种种口气，例如肯定与否定、强调与委婉、活泼与迟疑，等等，都用于思想感情方面种种色彩的表达句子的口气，与修辞有密切关系，跟语法也有

---

① 此处，我们采用这种思维模式的关键点即在于对相关典型语料后续剖析时，将主要从生理性别差异视角着手，分别对男（女）主持人和男（女）嘉宾在整个互动交流过程中所运用的诸种语句进行综合梳理。

联系。"① 简要而言，句类的价值在于：不但为主体双方的言语互动交流提供了理论可行性，而且也为主体双方传情达意提供了某种实践有效性。

接下来，我们可以结合几处典型实例来进一步展开探索。

我们在此间总共选取了如下几段典型语料：一是 2011 年 9 月 23 日《爱传万家说出你的故事》节目主持人陈鲁豫采访知名影星海清的视频，二是 2011 年 8 月 13 日《非常静距离》节目主持人李静采访《新水浒传》孙二娘的扮演者何佳怡和扈三娘的扮演者刘筱筱的视频，三是 2011 年 1 月 30 日《超级访问》节目主持人戴军和李静采访央视著名主持人赵忠祥的视频，四是 2011 年 2 月 7 日《超级访问》主持人戴军和李静采访知名影星郭涛夫妇、聂远夫妇和佟大为夫妇等六人的视频（其中对沈傲君夫妇的采访因其两人未现场出席，故而从略）。值得一提的是，第一者可归属于同性间一对一的专访，第二者可归属为同性间一对多的专访，第三者可归属为异性间多对一的专访，第四者则可归属为异性间多对多的专访。以下分别就其展开阶段中所出现的相关句类信息进行数据统计。

可以先来看在同性间一对一的专访典型语料视频。

自 2 分 34 秒到 38 分 8 秒是第一个视频的展开阶段，我们在此处可对本次人物访谈互动主体双方的句类实际使用情况进行梳理。

数据统计显示，主持人陈鲁豫在这期间总共使用了 82 处疑问句，其详情是：是非问句的使用次数为 53 次，特指问句的使用次数为 23 次，选择问句的使用次数为 3 次，是非问形式的反问句的使用次数为 2 次，正反问句的使用次数为 1 次。

同时她也使用了 39 处陈述句，其详情是：肯定陈述句的使用次数为 36 次，否定陈述句的使用次数为 3 次。

此外，她还使用了 24 处感叹句。

而数据统计显示，受访嘉宾海清在这期间总共使用了 178 处陈述句，其详情是：肯定陈述句使用次数为 162 次，否定陈述句的使用次数为 16 次。

---

① 胡裕树：《现代汉语》，上海教育出版社 1995 年版，第 379 页。

同时她也使用了 5 处疑问句，其详情是：特指问句的使用次数为 3 次，正反问句的使用次数为 2 次。

此外，她还使用了 53 处感叹句。

如将以上这些结果汇总并直观形成图表，则如表 4－1 所示。

表 4－1

主体　　　句类	陈述句	疑问句	祈使句	感叹句
陈鲁豫（女主）	39	82	0	24
海清（女宾）	178	5	0	53

由此可见，此处语料可带给我们如下几点收获：

一是由于主持人所起的主要作用是提问，故而主持人所使用疑问句的次数明显高于受访嘉宾。

二是由于受访嘉宾所起的主要作用是回答，故而受访嘉宾所使用陈述句的次数明显高于主持人。

三是出于主宾双方自身话语个性化表达习惯和表达重点的不同，他们对于四大句类的统筹运用也各自会出现差异，且各大句类之下子句类所占比例亦各不尽相同。

四是在高互动度人物访谈活动中，女性在话语表述时也会或多或少体现出其自身鲜明的性别特征，这点显现在此例中则是女受访嘉宾和女主持人没有运用过祈使句，其主要使用的是陈述、疑问和感叹句，而且她们各自运用感叹句的频率还较高，由此亦可管窥当时访谈互动气氛之热烈。

而在同性间一对多的专访这个典型语料视频中，我们可以发现：

自 4 分 8 秒到 38 分 20 秒是第二个视频的展开阶段，我们在此处可对本次人物访谈互动主体双方的句类实际使用情况进行梳理。

数据统计显示，主持人李静在这期间总共使用了 27 处疑问句，其详情是：是非问句的使用次数为 10 次，特指问句的使用次数为 13 次，选择问句的使用次数为 2 次，是非问形式的反问句的使用次数为 1 次，正反问句的使用次数为 1 次。

同时她也使用了 18 处陈述句，其详情是：肯定陈述句的使用次数为 18 次。

此外，她还使用了 21 处感叹句。

而数据统计显示，受访嘉宾何佳怡在这期间总共使用了 76 处陈述句，其详情是：肯定陈述句使用次数为 68 次，否定陈述句的使用次数为 8 次。

同时她也使用了 6 处疑问句，其详情是：正反问句的使用次数为 6 次。

此外，她还使用了 33 处感叹句。

而数据统计显示，受访嘉宾刘筱筱在这期间总共使用了 47 处陈述句，其详情是：肯定陈述句使用次数为 43 次，否定陈述句的使用次数为 4 次。

同时她也使用了 6 处疑问句，其详情是：特指问句的使用次数为 1 次，正反问句的使用次数为 5 次。

此外，她还使用了 20 处感叹句。

如将以上这些结果汇总并直观形成图表，则如表 4 - 2 所示。

表 4 - 2

句类　　　主体	陈述句	疑问句	祈使句	感叹句
李静（女主）	18	27	0	21
何佳怡（女宾）	76	6	0	33
刘筱筱（女宾）	47	6	0	20

由此可见，此处语料可带给我们如下几点收获：

一是由于主持人所起的主要作用是提问，故而主持人所使用疑问句的次数明显高于受访嘉宾。

二是由于受访嘉宾所起的主要作用是回答，故而受访嘉宾所使用陈述句的次数明显高于主持人。

三是出于主宾双方自身话语个性化表达习惯和表达重点的不同，他们对于四大句类的统筹运用也各自会出现差异，而且各大句类之下子句类所占比例亦各不尽相同。

四是在高互动度人物访谈活动中，女性在话语表述时也会或多或少体现出其自身鲜明的性别特征，这点显现在此例中则是女受访嘉宾们和女主持人没有运用过祈使句，其主要使用的是陈述、疑问和感叹句，而且她们各自运用感叹句的频率还较高，由此亦可管窥当时访谈互动气氛之热烈。

在异性间多对一的专访典型语料视频中，我们可以发现：

自 1 分 53 秒到 39 分 53 秒是第三个视频的展开阶段，我们在此处可以对本次人物访谈互动主体双方的句类实际使用情况进行梳理。

数据统计显示，主持人李静在这期间总共使用了 39 处疑问句，其详情是：是非问句的使用次数为 20 次，特指问句的使用次数为 18 次，选择问句的使用次数为 1 次。

同时她也使用了 22 处陈述句，其详情是：肯定陈述句的使用次数为 18 次，否定陈述句的使用次数为 4 次。

此外，她还使用了 27 处感叹句。

而数据统计显示，主持人戴军在这期间总共使用了 34 处陈述句，其详情是：肯定陈述句使用次数为 31 次，否定陈述句的使用次数为 3 次。

同时他也使用了 17 处疑问句，其详情是：是非问句的使用次数为 14 次，特指问句的使用次数为 2 次，选择问句的使用次数为 1 次。

此外，他还使用了 1 处感叹句和 2 处祈使句。

而数据统计显示，受访嘉宾赵忠祥在这期间总共使用了 143 处陈述句，其详情是：肯定陈述句使用次数为 111 次，否定陈述句的使用次数为 32 次。

同时他也使用了 6 处疑问句，其详情是：是非问句的使用次数为 4 次，特指问句的使用次数为 2 次。

此外，他还使用了 6 处感叹句和 1 处祈使句。

如将以上这些结果汇总并直观形成图表，则如表 4-3 所示。

表 4-3

主体 句类	陈述句	疑问句	祈使句	感叹句
李静（女主）	22	39	0	27
戴军（男主）	34	17	2	1
赵忠祥（男宾）	143	6	1	6

由此可见，此处语料可带给我们如下几点收获：

一是由于主持人所起的主要作用是提问，故而主持人们所使用疑问句的次数明显高于受访嘉宾。

二是由于受访嘉宾所起的主要作用是回答，故而受访嘉宾所使用陈述句的次数明显分别高于主持人们。

三是出于主宾双方自身话语个性化表达习惯和表达重点的不同，他们对于四大句类的统筹运用也各自会出现差异，而且各大句类之下子句类所占比例亦各不尽相同。

四是在高互动度人物访谈活动中，女性在话语表述时也会或多或少体现出其自身鲜明的性别特征，这点显现在此例中则是女主持人没有运用过祈使句，其主要使用的是陈述、疑问和感叹句，而且她运用感叹句的频率还较高，由此亦可管窥当时访谈互动气氛之热烈。而男主持人和男受访嘉宾则主要运用陈述、疑问、祈使和感叹句，但值得一提的是，他们运用感叹句的频率远不及女主持人。与此同时，他们所运用的祈使句也是女主持人所未曾用过的。

而在异性间多对多的专访这个典型语料视频中，我们可以发现：

自3分38秒到1小时24分56秒是第四个视频的展开阶段，在此处我们可对本次人物访谈互动主体双方的句类实际使用情况进行梳理。

数据统计显示，主持人李静在这期间总共使用了99处疑问句，其详情是：是非问句的使用次数为47次，特指问句的使用次数为52次。

同时她也使用了14处陈述句，其详情是：肯定陈述句的使用次数为13次，否定陈述句的使用次数为1次。

此外，她还使用了44处感叹句。

而数据统计显示，主持人戴军在这期间总共使用了22处陈述句，其详情是：肯定陈述句使用次数为19次，否定陈述句的使用次数为3次。

同时他也使用了69处疑问句，其详情是：是非问句的使用次数为45次，特指问句的使用次数为24次。

此外，他还使用了6处感叹句。

而数据统计显示，受访嘉宾郭涛在这期间总共使用了53处陈述句，其详情是：肯定陈述句使用次数为46次，否定陈述句的使用次数为

7 次。

此外，他还使用了处 5 感叹句。

而数据统计显示，受访嘉宾李燃（郭涛夫人）在这期间总共使用了 24 处陈述句，其详情是：肯定陈述句使用次数为 16 次，否定陈述句的使用次数为 8 次。

此外，她还使用了 7 处感叹句。

而数据统计显示，受访嘉宾聂远在这期间总共使用了 42 处陈述句，其详情是：肯定陈述句使用次数为 30 次，否定陈述句的使用次数为 12 次。

同时他也使用了 5 处疑问句，其详情是：是非问句的使用次数为 4 次，特指问句的使用次数为 1 次。

此外，他还使用了 3 处感叹句和 3 处祈使句。

而数据统计显示，受访嘉宾阳光（时为聂远夫人，现已离异）在这期间总共使用了 60 处陈述句，其详情是：肯定陈述句使用次数为 51 次，否定陈述句的使用次数为 9 次。

同时她也使用了 2 处疑问句，其详情是：是非问句的使用次数为 2 次。

此外，她还使用了 35 处感叹句。

而数据统计显示，受访嘉宾佟大为在这期间总共使用了 86 处陈述句，其详情是：肯定陈述句使用次数为 76 次，否定陈述句的使用次数为 10 次。

此外，他还使用了 5 处感叹句。

而数据统计显示，受访嘉宾关悦（佟大为夫人）在这期间总共使用了 42 处陈述句，其详情是：肯定陈述句使用次数为 33 次，否定陈述句的使用次数为 9 次。

同时她也使用了 3 处疑问句，其详情是：是非问句的使用次数为 2 次，特指问句的使用次数为 1 次。

此外，她还使用了 16 处感叹句。

如将以上这些结果汇总并直观形成图表，则如表 4 – 4 所示。

表 4 - 4

主体 / 句类	陈述句	疑问句	祈使句	感叹句
李静（女主）	14	99	0	44
戴军（男主）	22	69	0	6
郭涛（男宾）	53	0	0	5
李燃（女宾）	24	0	0	7
聂远（男宾）	42	5	3	3
阳光（女宾）	60	2	0	35
佟大为（男宾）	86	0	0	5
关悦（女宾）	42	3	0	16

由此可见，此处语料可带给我们如下几点收获：

一是由于主持人所起的主要作用是提问，故而主持人们所使用疑问句的次数明显高于受访嘉宾。

二是由于受访嘉宾所起的主要作用是回答，故而受访嘉宾所使用陈述句的次数明显分别高于主持人们。

三是出于主宾双方自身话语个性化表达习惯和表达重点的不同，他们对于四大句类的统筹运用也各自会出现差异，而且各大句类之下子句类所占比例亦各不尽相同。

四是在高互动度人物访谈活动中，女性在话语表述时也会或多或少体现出其自身鲜明的性别特征，这点显现在此例中则是女主持人和女受访嘉宾们都没有运用过祈使句，其主要使用的是陈述、疑问和感叹句，而且她们运用感叹句的频率还较高，由此亦可管窥当时访谈互动气氛之热烈。而男主持人和男受访嘉宾们则主要运用陈述、疑问、祈使和感叹句，值得一提的是，他们运用感叹句的频率不及女主持人来得高，部分男嘉宾由于表达习惯也并未使用过祈使句。

（三）高潮阶段阐析

按照事件发展的时间顺序，一般访谈互动活动在经过前期展开阶段后，也就正式到了高潮阶段。

在本章研究视域中，高潮依旧具体指的是该次访谈活动已经部分或完全地达到预定的主旨，且在这个过程中互动主体双方（有时候也涵盖现场内外观众）发生真情交融，进而在和谐轻松互动活动氛围中实现了自身情感的有效表达，同时也让现场内外观众获得了较为完美的视听感官享受或精神洗礼。

值得一提的是，此过程的具体持续时间往往也并不确定：可能长也可能较短，且在某些高互动度人物访谈节目整个访谈互动过程中，往往不止一次互动子高潮。

1. 高潮表现形态

在对所收集的高互动度访谈节目语料进行综合分析后，我们认为高潮的具体表现形态可以界定为节目主持人、受访嘉宾和现场内（外）观众之间的大高潮。值得一提的是，在高互动度访谈活动高潮时，往往还会有场外观众踊跃参与到具体活动中来，一般具体表现为在节目录制（直播）现场，主持人会安排受访嘉宾场外亲朋好友进行电话连线，或让场外观众在该访谈节目微博或网站主页上实时提问，有时也会或多或少包括诸如节目主持人、受访嘉宾（们）和现场内观众互动提问或做游戏等高级形态互动行为。而且大高潮里往往也包括在上一章中曾提及的节目主持人与受访嘉宾之间的互动小高潮。

参照上文关于人物访谈互动节目中高潮的定义，对其具体考量要素，我们认为也可以简单概括为两点：一是达到既定访谈主旨的比率，二是是否获得了美的视听享受（亦包含精神洗礼）或有效宣泄了情感。一般来说，大高潮具体持续时间也不定，数量也较多，而且在整个高互动度访谈活动进行过程中往往会有多次互动子高潮出现。同时其所属范围也较大（往往涵盖节目主持人、受访嘉宾和现场内外观众），具体表现形态往往也更为多样。

接下来，我们将通过相关视频资料的解读来进一步探讨。

例如主持人杨澜曾在 2010 年 1 月 9 日那期《杨澜访谈录》电视节目中对喜剧演员黄渤进行过一次人物专访。我们此处具体所截取视频起止时间为 37 分 32 秒到 41 分 1 秒，其间主要讲述的是受访嘉宾未成名前一次"特殊"的演戏经历。

　　黄：这，谁让你来的呀？【受访嘉宾黄渤模仿当时片场副导演

的口气】我说哪个，哪个导演让我来的，这不胡闹吗？这哪行，就走了【主持人大笑】

　　杨：为什么呢？我觉得你演劫匪还有点像啊！

　　黄：他觉得撑不起来，身上那个劲儿不够，你知道伐？然后就在门口就在那儿说了，这角色戏不多，但是挺重要的，你怎么能乱找？这什么东西啊！这是，你就在里面听着，清清楚楚就在那儿听着。

　　杨：那你跟他说，你给我个机会，我可以演给你看啊。

　　黄：没有没有，然后服装老师又进来。进来一看说哪个，哪个是演那个什么的。我看看，哦，这孩子是有点文啊。

　　杨：就说你太文静了。

　　黄：其实就觉着不合适，但是已经马上要拍了也没办法。那个（副）导演一直在外面咕囔着，担心过一会儿挨导演骂啊。实际开始拍了就出问题了，想了一个辙儿，给我套上一件衣服，然后就说这个是挽上来【受访嘉宾姿势体态语强调】还是放下去？这个袖子，让导演定夺一下，这个人物这样好，那样好。其实我估计是先让导演看一眼，这个要是不合适的话，现在换还有半个一个小时的，你再调人还行。你别到开拍了然后说不行了，那导演就发飙了。结果导演也没说什么，挽上来吧，就过去了，就开始了。

　　杨：然后你那场戏是不是演得特别凶悍、可恶？

　　黄：没有，就是慢慢心里边就有那种就是怎么着我这场戏要我演不好我……

　　杨：誓不为人？【主持人笑道】

　　黄：对，就是，你知道吗？就是完全你根本没存在【受访嘉宾姿势体态语强调】，就在这儿当着面侮辱。

　　杨：可我觉得人家也是无心的，当你已经工作进入很紧绷的【主持人姿势体态语强调】一个状态的时候，可能想不到这么多。

　　黄：可能是吧，但是你在旁边听可太刺激了。【主持人大笑】就是这找的是个什么东西啊?! 类似这种，你这找什么东西，这哪能行呢？这不能胡来，这种，好，就开始演。然后上去之前，那个副导演一看我这样，就特别担心，然后过来说你记得过会上去以后别看镜头【受访嘉宾姿势体态语强调】，别笑，那个什么。

杨：就给你嘱托这个【主持人大笑】，对群众演员需要嘱托的。

黄：人家说的也对啊，确实这不能看不能笑。【主持人大笑】好吧，幸好那个戏我拿到那个剧本，提前两天我就拿到了。我正好在那时候进修的时候，琢磨琢磨，没事，在学校里边琢磨琢磨。好，上去了，咔，演第一遍。演完了以后，停，好，过。就旁边我一看，旁边副导演【受访嘉宾姿势体态语强调副导演松了一口气，主持人大笑】，然后，过，然后我说导演等会，我说这个我想要在这样演一遍【受访嘉宾姿势体态语强调】，比如说刚才不这样，要这样再演，他说好，试试。又演了一遍，<u>好好</u>，不错，这个也不错，好，过，我说导演还有一种，【主持人大笑】再这样的，

杨：较上劲儿了。

黄：他说不用了，刚才那两个就很好了。然后后边就一遍过，一遍过，一下完了，整个拍完了一晚上过去了。一回来突然那个副导演过来以后，真棒！刚才你一来我看着就可以【受访嘉宾姿势体态语强调】，真不错！【主持人大笑】哎呀，你虽然也没法说什么，但是心里边也是暗暗的【受访嘉宾姿势体态语强调】出了一口恶气【主持人大笑】。

由本视频资料可以看出，此处用到的互动子话题其实与该次人物访谈的既定主旨"生存之小人物"有着较为紧密的关联，因为所谓"小人物的生存状态"自然也包括受访嘉宾未成名之前，在当群众演员时被人瞧不起的境况。值得一提的是，虽然黄渤在受访当时总是以一种略带自我调侃的语气在进行描述和模仿，但我们亦能真切感受到这些话语背后所传递出来的些许心酸。其实就某种意味上而言，本次人物专访进行至此，在一定程度上也让受访嘉宾在情感层面上获得了一次较为完整的宣泄。

此外就具体表现形态呈现而言，互动主宾在此处相谈甚欢，主持人在访谈互动活动进行过程中大笑的次数竟然达到了9次。而且黄渤在受访时也运用了诸多丰富的体态语，次数也达8次之多，例如其中有两次

他主要是在模仿副导演当时对他的"嘲讽"行径。

接下来我们再来看戴军和李静共同主持的人物专访节目《超级访问》。在2011年1月1日他们曾对演员巍子进行了一场现场专访。例如从35分45秒到37分37秒是场外（受访嘉宾儿子王子义）与主持人之间的现场电话连线时间：

> 李：我们采访到了子义。
>
> 巍：是吗？【受访嘉宾显得很意外】
>
> 李：对，电话采访到了子义。
>
> 戴：因为他很忙，所以呢我们只能通过电话来。
>
> 巍：真忙假忙啊？
>
> 戴：听听他对你说的心里话。
>
> 场外：喂，老爷子好！【特写镜头给受访嘉宾，满脸喜悦】本来是《超级访问》想让我去，今天没去现场的原因呢，其实是这样，我觉得可能老爷子心里也明白。我一直以来是，确实说句实话他对我潜移默化的，不管是强制性的也好，还是不经意的那种东西也好，对我造成了很大的影响。因为他现在的事业是靠他自己一手去打拼出来了，然后他到他这个地步以后，他回想他过去的这些人生经历他的事业的时候，他可以非常自豪地说这一切都是我自己拼出来的。所以我不希望等我到老了以后，悉数我过去人生经历，悉数我的这些事业的一个个点，一个个小小的成就，我不希望每一个点不干净，我不希望有人在这个点的时候说他是靠了谁谁谁到了，得到了这个角色或者是上了这个戏，或者是得到了这个成就。我希望这一切都是靠我自己，这样我能够心安理得一些，最起码到老了不会后悔。平时我跟我们家老爷子就是沟通特别地少，几乎属于没有，也就是他过个生日啊，重大节日啊，给他发个短信。我希望对老爷子说：祝老爷子身体健康，一切都好好的！没了！
>
> 巍：完了。【受访嘉宾鼓掌开怀大笑，现场观众也鼓掌】

此处呈现的是场外受访嘉宾的儿子在该次人物访谈节目中现场电话连线节目演播大厅的完整过程。

　　我们可以从受访嘉宾儿子对于其父亲貌似"波澜不惊"的描述中，更加深刻地了解到受访嘉宾身上那股狂放不羁的气质，也正如王子义认为的那样："我一直以来是，确实说句实话他对我潜移默化的，不管是强制性的也好，还是不经意的那种东西也好，对我造成了很大的影响。"而在本次电话连线的最后，其实受访嘉宾内心中也对儿子完全依靠自身实力打拼事业的行为感到甚为欣慰，于是情不自禁带头鼓掌开怀大笑，进而也带动主持人（们）和现场观众也齐声鼓掌叫好。虽然此处没有过分夸张的言语或动作表现，但诸多此类细节，业已有效传递出那种通过相互较劲来表现的"另类"父子深情。

　　此外，还有主持人、受访嘉宾和场内观众互动或做游戏互动子高潮表现形态的圆满呈现。例如在2011年1月21日《非常静距离》那期节目中，主持人李静曾专访了台湾演员吴奇隆。视频资料片段显示，在主持人的完美操盘下，在受访嘉宾登场不久就立马让整个访谈现场达到了一个互动子高潮。从1分开始到3分53秒所展现的就是这个互动子高潮的全过程：

　　　　李：好漂亮！【场内观众代表上来献花，其他观众起立鼓掌】谢谢！【主持人标志性大笑】刚才粉丝唱了一首歌，我不知道你在后台的反应是什么？

　　　　吴：我跟着唱啊，【现场背景音乐播放受访嘉宾的歌曲《祝你一路顺风》】我也唱。

　　　　李：跟着唱？

　　　　吴：嗯。

　　　　李：对，今天现场都是你的粉丝，对不对？

　　　　场内观众：【齐声】对！

　　　　李：哇，追随了这么多年【主持人标志性大笑】。他们看起来都是80、90后啊，你们从几岁开始喜欢的？【场内观众各自应答】五岁？太早熟了，八岁？六岁？是吧？今天我们要请几位粉丝了，他们要唱吴奇隆的歌，唱曾经小虎队的歌，来，请你们上来！看谁唱得最像好不好？来，有请，谁愿意参与？【主持人鼓掌】准备开始！【台上来了五位歌迷观众】

台上歌迷们：【配乐小虎队歌曲《青苹果乐园》】周末午夜别徘徊，快到苹果乐园来，欢迎流浪的小孩！不要在一旁发呆，一起大声呼喊，向寂寞午夜说 BYE BYE！音乐、星光，样样都浪漫……

吴：烦恼、忧愁都与我无关。

台上歌迷们：这是我们的舞台，散发魅力趁现在。让汗水尽情飘散，我【歌迷忘词】

吴：我怎么了？【主持人标志性大笑，现场观众大笑】

李：我们一起来好不好？一二三！我……【主持人标志性大笑】

吴（台上歌迷们）：告诉 What is your name，接受这邀请函，I love you，走出角落的黑暗，Do not know，给我全部的爱，I need you，安慰我的不安，哦！

李：就我在你这了，叫一声四爷①！

台上歌迷：四爷！【主持人标志性大笑】

吴：得嘞！

李：下一首从谁开始？还是你啊，跑得快一点，预备，开始！

台上歌迷们：【受访嘉宾吴奇隆歌曲《祝你一路顺风》】我知道你。

吴：高了高了，低一点。

台上歌迷们：我知道你有千言你有万语却不肯说出口，你知道我好担心我好难过却不敢说出口，当你背上行囊，卸下那份荣耀，

吴：我只能让眼泪留在心底，面带着微微笑，用力地挥挥手。

台上歌迷们：祝你一路顺风！【主持人标志性大笑】

在此处，我们发现主持人通过安排受访嘉宾和诸多现场粉丝观众开展歌曲接力游戏的形式，直接促成了此次互动子高潮的圆满实现。就其客观效果实际呈现而言，这种新颖方式一方面既可快速而且有效地调动

①　受访嘉宾吴奇隆主演最近热播穿越大剧《步步惊心》，他饰演四爷雍正一角，故而有此称谓。

起现场访谈互动氛围，同时另一方面也可马上拉近受访嘉宾与现场观众之间的情感距离，进而也能再将这份默契在后续访谈互动活动开展过程中一直传承下去。显然，李静在其间的现场掌控状态较为良好，多次用充满张力的语言激发起现场观众的互动热情。例如她曾数次高喊诸如"对，今天现场都是你的粉丝，对不对？"和"我们一起来好不好？一二三！"等语句去尽情展现她高超的"插科打诨"本领，同时也使这种欢乐气氛得到快速弥漫。值得一提的是，据统计这期间她共有 6 次大笑，且这些标志性的大笑又都能很好地感染现场台上（下）的观众和受访嘉宾的情绪，进而使现场整个舞台充满欢乐。

（四）结束阶段阐析

人物访谈活动在经历了最后的互动子高潮之后，也就正式开始进入结束阶段。所谓结束阶段，一般而言指的是整个访谈互动活动的结尾部分，且这个阶段还往往与起始阶段存在一定的内在呼应性。

1. 结束类型

对所收集的高互动度访谈节目语料进行综合分析后，我们认为结束阶段的具体类型也可相应分为两类：总结型结束阶段和展望型结束阶段。就其具体表现形态上而言，前者收拢从紧，而后者则放开趋松。

2. 结束方式

根据主要操盘主体各自不同的类型特质，我们认为结束阶段的具体表现方式也可相应分为两种：主持人主导总结、受访嘉宾配合式和主持人主导展望、受访嘉宾配合式。值得一提的是，这两者又分别包括了上一章中曾提及的主持人单独总结式和主持人单独展望式结束。这种情况在陈鲁豫于 2011 年 1 月 26 日主持的《爱传万家说出你的故事·小沈阳成名记》和杨澜于 2010 年 3 月 27 日主持的《杨澜访谈录·专访杨丽萍：起舞云南》节目中都曾有所鲜明体现，限于篇幅，此处不再赘述。

以下我们可分别结合其各自所属的视频资料来进行深入探究。

首先是主持人主导总结、受访嘉宾配合式。《非常静距离》主持人李静 2011 年 9 月 3 日对受访嘉宾杨澜进行人物专访的。从 35 分 57 秒到 36 分 26 秒主要呈现的是整个访谈互动活动的结束阶段：

李：杨澜接受我们的访问，我也不知道我们俩聊没聊什么特别正经的事。

　　杨：没有，基本上都不正经。

　　李：反正我们挺开心的今天。然后也希望大家能支持这一本书（《一问一世界》）。我想《杨澜访谈录》能成为那么好的节目，而且它可以把很多人的人生和一些成功的秘笈，不说成功了。

　　杨：对。

　　李：什么成功?! 快乐幸福的秘笈或者……

　　杨：人生的一些感受。

　　李：对，人生的感受。不说成功! 来，（让）人生的感受来告诉我们!

　　本次人物访谈的既定主旨是"探寻杨澜的私家生活"。主持人在此阶段中非常巧妙地抓住受访嘉宾新书《一问一世界》推荐的契机，进而完成对《杨澜访谈录》电视节目（受访嘉宾的王牌人物访谈节目）本质特点的总结，然后再将杨澜的私家生活的关键词准确概括为"快乐幸福"。

　　其次我们再来看主持人主导展望、受访嘉宾配合式。例如主持人袁鸣在 2010 年 11 月 20 日对福耀集团董事长曹德旺做过一次专访。该节目自 41 分 58 秒开始到 43 分 17 秒，所讲述的内容是：

　　　　袁：今天跟曹先生交流了之后，我想最后你们会有什么样的祝福送给他呢?

　　　　观察员们：希望以后人家想到你记得你的是既像王永庆这样成功的企业家又是成功的慈善家! 希望爱心永远伴随着他! 今天接触下来，我的这个整体，最后印象有非常大的改观。我觉得曹总是一个天生的，非常天才的企业家，然后我的祝愿是他的食品的这个第二产业在未来能够做得非常成功，而且超过福耀玻璃。

　　　　袁：我们今天观众席上的曹总口中的石头，石宏藏先生你有什么祝福要送给您三十多年的老朋友?

　　　　石：保重身体!

　　　　袁：保重身体!

曹：谢谢！

袁：我们的节目有一个神秘的礼物要送给曹总。

曹：可以打开吗？

袁：当然。送给您的一张漫画【受访嘉宾曹德旺现场打开礼物，见到漫画后忍不住哈哈大笑】，蝙蝠侠，能力越大，责任越大，希望您的河仁基金，希望您的福耀玻璃，希望您未来的福耀食品能够造福更多的中国人！

　　显而易见，主持人袁鸣和三位观察员在此均对受访嘉宾曹德旺表达了美好的祝愿，同时也通过赠送受访嘉宾漫画礼物的机会，顺势表达了希望受访嘉宾今后能造福更多中国人的良好期盼。这主要是因为企业自身能力越大，其身上所担负的社会责任也就越大。这些期盼很显然也都紧紧扣住了本次人物访谈的既定主旨"曹德旺：慈善要与企业成长齐头并进"。

第三节　个案语料话轮结构专题分析

　　在这一节里，我们将会对两篇较为典型的人物访谈互动语料进行专题分析。而且在后续分析过程中，我们还会着重采用以话语分析作为主干框架结构和以语言学诸要素分析为具体微观表现形态"两位一体"的研究新思路来具体展开。值得一提的是，在本节中我们还会采用控制变量思维方法，果断去除起始和结束阶段的细节讨论，仅以展开和高潮阶段为重点主攻方向，力图以此加强分析力度和深度。

　　我们此次选取的典型语料源于以下两处：《波士堂》和《非常静距离》。我们首先来看袁鸣当家主持的《波士堂》电视节目对台湾琉璃工房董事长杨惠珊和执行长张毅夫妇的那期专访，具体时间跨度为2011年6月4日和11日。

　　第一个视频起止时间为2分45秒到34分31秒：

　　（Q1）袁：【前面开场有新民乐乐团古典音乐秀】两位的琉璃，相信很多人都欣赏过，可是这个新民乐乐团的演奏恐怕欣赏过的朋友并不是很多啊。首先我对他们的造型就非常好奇，这是哪个朝代的装饰呢？

（A1）杨：我们自己在内部我们说是盛唐，当然很明显它是经过改良的。

（Q2）袁：我听说哈，这服装的设计师就是我们的杨惠珊小姐①。【现场掌声】特别谢谢两位，除了给我们带来了新民乐的表演之外，还有一件是杨小姐最新的作品《焰火中的禅静》。你给我们做一个解读好吗？

（A2）杨：这件作品其实我是综合了几种技术去把它完成的。我一直在想怎么样可以把吹的一个瓶子【受访嘉宾手势体态语强调】跟脱蜡铸造的花朵，利用这种热塑的方式把它结合在一起。

（Q3）袁：所以它是完整的一次把它铸造出来的？

（A3）杨：我想技术是一回事，最主要是最后它能够让，在经过那么高温火热的状态下，出来之后想要传递的讯息是什么。【受访嘉宾手势体态语强调，现场观众掌声】

袁：真的了不起。

观察员沙莎（麦肯锡全球董事合伙人）：我觉得今天的开场很不一样啊。一般也有很多的老板上来之后很有气势【观察员手势体态语强调】。但是这种气势一般会激发观察员的话以更准确的斗志【观察员手势体态语强调】，然后呢把箭发出去。但是今天来的两位老板的话的确同样是艺术家。他们的作品首先先把我们震撼了。

（Q4）袁：而且你觉得这个气场是不是不太一样？

（A4）沙：对，好像就自己变得很雅【观察员手势体态语强调】。所以这样的话，但是没有关系，我们一定不会让节目变调②的。我们依旧会把一些比较敏锐的这个商业问题来请教两位老师。

（Q5）观察员2（北京大学产业与文化研究所理事长彭中天）：文化产业是内容产业，而内容非常需要关注。那么当今的社会非常浮躁，杨小姐又是从名利场出来的，那么通过你的作品我看到更多

① 大陆以外有些地区女子尽管已经结婚，仍可在某种场合时称为小姐。
② 《波士堂》在财经类人物访谈节目中素以多方犀利尖锐的提问而著称。

的是<u>淡定</u>与<u>从容</u>。我很想知道你是怎么迈过【观察员手势体态语强调】这个门槛的?

张: 门槛, 迈过这个门槛。

袁: 我要稍微解释一下为什么张大哥老是要给杨姐, 要像做翻译一样, 不是您的普通话不够标准【主持人手势体态语强调】, 是因为在创作这件那么大的《千手千眼千悲智》作品的时候。因为过度劳累, 杨小姐的左耳【主持人手势体态语强调】失聪了。

杨: 我左耳失聪了。我左耳听不到, 所以抱歉!

张: 所以她有时候说话的声音她分不清楚方位【主持人手势体态语强调】, 手机响的时候她到处找, 因为她听不到那个声音是从哪来的。

杨: 已经没有方向感了, 因为太累了, 医生是这么说的。【现场观众掌声】

张: 怎么过这个门槛。

(A5) 杨: 因为是演员出身【受访嘉宾手势体态语强调】。演员的工作是<u>非常</u>辛苦的, <u>绝对不是</u>外面看的就是光鲜亮丽的一面。光是要呈现出光鲜亮丽那一面都好辛苦, 对不对?【受访嘉宾大笑, 全场掌声】更不要说光鲜亮丽的背后【受访嘉宾手势体态语强调】它是大量的精神跟体力的消耗, 精神的是你要进入那个角色, 你要真的进到她, 那个是<u>很苦的</u>, 很苦的。如果你很不幸你的角色是经常要哭, 经常要很伤心, <u>真是很苦</u>! 因为你真的就是她, 她遭遇的所有的事情你要感同身受, 肢体上的辛苦就是【受访嘉宾手势体态语强调】我们<u>经常</u>是冬天拍夏天戏, 夏天拍冬天戏, 因为等到它上映的时候刚好是当季, 所以呢我们经常是夏天穿个大棉袄, 冬天是穿着薄如蝉翼的衣服在六度的气候, 我要走到<u>海里</u>去, 整个人要埋进去, 然后拍一个所谓的水母精来到人世【受访嘉宾大笑】

袁: 而且导演可能还会让你 N 机好几遍。

杨: 是的, 而且我不会游泳。那至于说怎么进入这个雕塑的门槛, 这个一百多部戏的这些人生的经历给了我很好的一个学习。当我坐在这边, 如果我现在是在演出这个角色的话【受访嘉宾手势体态语强调】, 我必须知道您在这边, 您三位在那儿, 我旁边有谁,我的摄影镜头在什么位置，我的前方这边有多少观众【受访嘉宾手势体态语强调】，然后他们的表情跟他们的反应，我全部要融进去！我要全部要感觉到。

彭：戏剧是小舞台，人生是大舞台，杨小姐现在用了25年时间把自己培养成了主人公，太不容易了！【全场掌声】

杨：谢谢！

（Q6）观察员3（奇正沐古国际咨询机构董事长孔繁任）：我提个小问题吧，刚才张先生看杨小姐的时候的表情，就跟您刚才看乐队的表情一样【观察员手势体态语强调】，好像看一个小孩，宠着你。然后你要花18年的时间她就要去做那么大的一个炉子，所以我想说你们的内心究竟是在做文化还是在做产业？我这次在意大利，在佛罗伦萨我看到一个人做一张桌子，非常漂亮【观察员手势体态语强调】！我说你这张桌子做完得多长时间？他说四十五年！【观察员手势体态语强调】45年我说你都死了，你还做它干吗？他说我没想过，所以说您做18年做一个作品，您究竟是文化还是做产业？

（A6）杨：套一句佛教的说法：不二！【受访嘉宾手势体态语强调】，不∥二！没有分别心，我并不是为了要文化而去产业，或者我为了要产业而去文化，我觉得这两个是一体的。当我们自认为我们是传播业，【受访嘉宾手势体态语强调】我们想去传递我们心目中中国的美好！就像我不会区分说我现在做的是艺术品，这个是商品。

张：琉璃工房有一个大的前提就是，我觉得我希望把，比如说惠珊她想做的事情，我用我的规划【受访嘉宾手势体态语强调】，甚至我的努力，能不能找到一个出路？您刚刚说的那位意大利的艺术家，他死了没有关系的，他的精神状态在。18年杨惠珊没有做成，但是她一直在做的时候我觉得她就成立！【全场掌声】

袁：太了不起了，说的我们也都想去粉身碎骨一把了，是不是？好，我们一起来看看这个过程要付出多少的艰辛！【《创作中的杨惠珊》VCR视频资料播放】

（Q7）沙：我觉得整个的创作过程其实真的是一种修炼！特别

你开始尝试的时候有没有受过伤？

（A7）杨：难免有的。受伤的过程经常是不知道的，因为温度太高，琉璃太锐利，所以划过去的时候你经常没有感觉，一直到可能湿嗒嗒地离开才知道。

（Q8）沙：鲜血淋漓的时候，经常是这样？

（A8）杨：经常是这样，还好，因为久了你总是从里面知道你会要小心什么，要避开什么。

（Q9）孔：我看刚才那个过程。我觉得您特别像一个外科医生，然后拿手术刀，拿什么，就动作都特别的快【观察员手势体态语强调】。然后我有一个担心，我觉得以您现在的年龄您还能做几年呢？

（A9）杨：我觉得我会做到有一天‖起不来吧。【全场掌声】

（Q10）孔：我看过很多的工艺，比如说铸剑，然后我们做青瓷的，做紫砂茶壶的，就是说那些大师【受访嘉宾手势体态语强调】，他只要上了年纪以后，其实都是年轻人做的，大师已经眼睛，体力（不行了），对，眼睛看不清了，手都颤抖了。那如果你亲力亲为去做这些艺术品您能坚持到您做不动吗？

（A10）杨：我觉得至少到目前为止，我的体力比他们（年轻人）还好。你不会相信的！

袁：我可以补充一个细节，对，刚才我跟两位握手，张大哥的手是非常温和的，甚至有些细腻【主持人手势体态语强调】。但是杨姐的手，非常得孔武有力！我感觉我要被捏碎了。

杨：我要跟您得握一下手吗？【受访嘉宾大笑，全场掌声】

孔：别使劲儿啊！

袁：掰一个手腕，什么感觉？

孔：哎哟，很有手劲！

袁：真的力气很大，所以完全不用担心她的（体力）。

孔：这是艺术家的手哦，很有劲，很有劲！

（Q11）袁：有一个好奇啊，一般我们企业家去创业啊，我们至少要有一点点积累对不对？我听说您当年脱蜡铸造法在您的心里就是买回很多小蜡烛，把那个蜡芯拔掉，然后把它们熔化？

（A11）杨：对，

袁：然后买来的炉子，几百万付出去之后再回去找人家说，唉，对不起，开关在哪里?!

杨：是!

袁：就这样您也敢创业?!

杨：这才好玩啊!【全场掌声】

（Q12）袁：你们当时是玩票对不对?

（A12）杨：是很认真地好玩!【受访嘉宾手势体态语强调】

张：其实包括现在的詹宏志先生，他就说张毅你们两个是演员，是导演。你们未来，你们的这个所谓事业的这个品牌，这个信用会是你们将来的最大的障碍。另外一个朋友，很有名的编剧家他跟我谈到，他说水晶玻璃这个行业，他说法国人做两百年，他说你当人家是白痴啊？你这么突然间进到这个行业里面你能怎么样？我常常跟朋友说我觉得我的把握【受访嘉宾手势体态语强调】是：第一，我评估的这个路线是不是对的？我知道杨惠珊是只要那个路线是对的，我觉得她不跑完她是不会停下来，她的说法很简单，她说我5年不是，我10年是不是，我20年是不是？今天我们25年，几个大学都毕业了!我想那个问题，她逐渐我们用我们的时间去换取她的积累。

【欠债七千五百万的日子视频短片播放】

袁：作为一个商业节目，我还是必须问哈，除了把自己的家当全赔进去以外，你们还欠债七千五百万，换了别人早垮了。

（Q13）沙：那时候难道没有基金过来想要投你们吗？【观察员手势体态语强调】

（A13）张：很少人能够接受所谓18年，18年还是个问号，后面括弧【受访嘉宾手势体态语强调】。有人很豪气干云一进来说张先生你需要五千万美金够不够？我逐渐学习到在背后最关键的事情是有多少我可以主导？琉璃工房在三年前我们的确用股份跟另外一个做投影机的公司做了交换，在那个交换的过程我们当然很游移，可是在那个游移的过程中我的心目中最后的底线仍然是在最坏的情况下大家如果价值观念不同，我能够保障什么？如果没有那个底线，我觉得再多的钱对我没有意义【受访嘉宾手势体态语强调】。

彭：我觉得你们非常庆幸。第一，你们从事的是文化产业，第二，赶上了这个大时代，因为我感觉【观察员手势体态语强调】你们两个是文化人，你们的感性的成分居多，理性的成分相对欠缺。

孔：我不认为是，他们俩是感性所导致的。我觉得他们两个非常清楚，没有改变，还是一个是导演，一个是明星。所以无所谓产业不产业【观察员手势体态语强调】，我觉得只要琉璃工房的存在，这个张先生能够帮助这个杨小姐实现她一个艺术家的梦想，这就是他们的全部。

沙：我还是有疑惑的啊。孔老师您讲的我都理解。

孔：咱们还没问问题，咱们开始吵起来了？

沙：对对对，没关系没关系，交流也是必要的嘛！【全场掌声】我们也有很多的，所谓现代的艺术家，然后他的画作的话也能被炒到上千万美金对吧？【观察员手势体态语强调】所以我就觉得在他们的幕后的话，其实是缺乏这样的一个文化推手的，因为你不可能去靠一些小的礼品去撑活它这样的一个18年的梦想，这个是需要把它作为一个展品去典藏，然后他的收藏价值在逐年地推升。【观察员手势体态语强调】

孔：二位，我们换一下角色啊。你们当一下观察员，咱们先把他争个明白。我不太同意，我觉得其实我们的欲望可以有很多，我们的想法可以有很多，但是我们动机的根他只有一个，您请记住他们俩一人说一句话【观察员手势体态语强调】，张导说了一句话说在任何时候我的底线就是我要主导这件事情，一旦失去了对这件事情的主导，给您再多的钱您坚决不干，对吗？然后杨小姐说了一句话：好玩！这是一句多么奢侈的话啊，我觉得对任何创业者【观察员手势体态语强调】没有借鉴意义，好玩，什么样的人可以好玩？艺术家可以拿自己的生命去玩对吗？

沙：那我最后再说一句啊，然后把话筒就交给他们。我觉得这个时代其实缺乏的，或者说我们立志希望，至少我希望我的小孩能够拥有【观察员手势体态语强调】的是激情和这种好玩转化之来的一种坚持。但是这个东西呢，我现在要挑战两位的是说有一个导演然后他制定了一个明确的方向，像您说的，有一位明星，他的确对他的艺术形式有所突破，但是他后面的历程还很长，但是你要给他土壤和空气【观察员手势体态语强调】。这个土壤和空气的话，其实是说除了博物馆典藏之外，要给他真正的价值。这个价值的话，会给他一个长期的自有的一个推动力。好，话筒转回去！

（Q14）袁：我来总结一下！不管你们玩什么，你们怎么把它继续玩下去？

（A14）杨：针对这个好玩啊，其实它是刚刚我说的，是很认真地好玩，其实不好玩对不对？整个过程蛮辛苦的。好玩只是一个说法，我们两个骨子里都有这样的性格，就是他做了这个我就一定不做，他穿了这个我就一定不穿。所以呢我们在当初开始的时候，其实张毅非常喜欢陶瓷。可是我们觉得陶瓷已经有大量的人做过【受访嘉宾手势体态语强调】，可是琉璃它完全是个处女地，我觉得这个好玩，所有的资料里面，我们发现里面没有中国人，更不要说什么文化产业这样。

（Q15）袁：您就没想过既然中国人都不知道琉璃是什么，您这东西卖给谁啊？

（A15）杨：很好的问题。【受访嘉宾手势体态语强调】

张：这就是说，你看见他们没穿鞋，你是觉得他们不穿鞋还是我可以把鞋卖给他们？

（Q16）袁：您当时是觉得市场很广阔，对吗？

（A16）张：我其实没有那么一厢情愿，我觉得我是在一个非常商业的家庭里长大的。我大概两三岁，我跟着我的父亲，我父亲是十七岁在天津的伊藤忠株式会社。其实我父亲希望我去做商人，因为他说有钱吃饭是最重要的，我两三岁，他真的他上酒家，台湾叫酒家，跟日本人应酬，我得跟他一块儿去。一大桌人，我坐在后边拿个小板凳，我吃什么我就跟我爸说我想吃那个红红的，他就会夹了。吃饭是很简单，一出门他就问我说，张毅，刚刚那个松本先生他跟我说那个什么你觉得怎么样呢？如果我没有听见或者我没有意见，他就会白我一眼，所以……

袁：您这饭吃得可真不容易啊。

张：我大概也就从小这么上来。

（Q17）袁：这种启蒙在您身上表现出的是您对<u>商业非常敏感</u>？还是说从此之后你会<u>非常痛恨</u>一切有铜臭味的东西？

（A17）张：我不把它看成<u>商业</u>这样的事情，我觉得在商业的行为里面，最后的是一个<u>沟通</u>的问题。你知道人家想什么你就知道他需要什么，你知道他需要什么【受访嘉宾手势体态语强调】，只要所谓的<u>取之正道</u>，你就不用担心你会做了一件事情人家都说好烂。好的经营状态是一个<u>人情世故</u>的经营！【全场掌声】

（Q18）孔：我觉得我们谈了很多的文化。好，既然我们谈商业，我想我们谈得直接一点。我可以问张先生你们一年的销售额是多少吗？刚才我问王总监，王总监不说。

（A18）张：【大笑】我作为一个上柜公司的执行长，我也说我们的报表都在那个报表（官网）上，您可以上那个电脑去查，那是个官方的数字。那我对我的期待，我觉得现阶段都不是我的目标，<u>我的期待</u>是我觉得那一件作品【受访嘉宾手势体态语强调】代表我们相沟通的事情。说中国都太小，我觉得我要跟<u>世界</u>沟通。很多人说……

孔：【插话】我们跟世界沟通一下？这是我刚刚从奥地利拍回来的照片【观察员指点照片】，这是在施华洛世奇的博物馆，这是用光线再现的。我看了一下它一年的销售额<u>差不多</u>是三十多个亿，大概差不多是<u>两万六千多</u>名员工。我觉得它跟您很像，然后您是琉璃的文化，它是水晶的文化，但是它做得最杰出的是把人造水晶卖得比真的水晶<u>还贵</u>，然后人家文化也做了，生意也做了【观察员手势体态语强调】。

张：其实我们可以给一个简单的数字，我们希望在2015年左右我们整个的收入应该可以在12亿到15亿人民币以上，但是我们现在离这个目标还很远。（说到）施华洛世奇【受访嘉宾手势体态语强调】，<u>我就见过他</u>（的负责人），他到淡水厂来看我们的<u>小小</u>的一个陈列室。他带来他<u>两个资深</u>的设计师，我这么在跟娜塔莎聊的时候，我一回头看，他俩人一直在，他把所有的"说明文"① 写下来。我不知道您是否了解我的意思【受访嘉宾手势体态语强调】，在我们开始的时候，我认为那个材质叫琉璃的雕塑，不管它的造型是什么，它有它独特的表现跟意义。而施华洛世奇，它在最早的时候，早期的过程您知道它没有主题的【受访嘉宾手势体态语强调】，它就是一个小的拖鞋，小的一个钢琴，小的一个老鼠，小的一个鹰。它没有所谓我们叫故事。

（Q19）沙：我不忍心先问这个问题啊，但是我一定要问。我七八年前的时候曾经就是疯狂地喜欢琉璃工房，我的朋友结婚生小孩，然后有乔迁之喜【观察员手势体态语强调】，我肯定会选一个琉璃工房的作品或者是它的器具，然后送过去，我觉得很雅。但是近一两年的话，我就没有再去买琉璃工房的作品了，我就觉得好像我需要一点点新鲜感。那我就很担心，你走的是一个比较高端的，文雅的路线会不会被这个慢慢地【观察员手势体态语强调】过了高峰期之后，会被疏离，会被边缘化？

（A19）张：在琉璃工房第一次展览，那个时候我们决定把我们做好的一小部分【受访嘉宾手势体态语强调】作品对外能够销售。在那个晚上我们先提了一个到现在为止大家都还很抱怨的事情叫限量，琉璃工房所有的作品都限量，不管多大多小，它都限量。限量的原因是什么？我觉得我们不考虑叫作二层市场、拍卖市场这些问题。因为很多人说这个招很好，当有一件作品在市场上卖得很好的时候，我会不会天天在做那件作品？

（Q20）袁：你怎么应对刚才莎莎说的她可能这些年她会不怎么去买琉璃工房的作品？是创新不够，还是因为竞争多了？

（A20）张：我觉得，您说到一个很大的重点。1995 年我们在上海办展览杨惠珊做了一个事情叫示范脱蜡铸造【受访嘉宾手势体态语强调】。

杨：公开所有的技术。

张：把所有的脱蜡铸造每一个技术、材料一五一十地展示。您

---

① 此处受访嘉宾意指琉璃制作的详细工序流程。

如果问我为什么（这么做），我想我们关起门来说【受访嘉宾手势体态语强调】我知道会面临未来的问题，

袁：因为您把自己的核心竞争力全告诉别人。

张：我觉得这是一个<u>亲者痛、仇者快</u>的事情【受访嘉宾手势体态语强调】，所以我想这个是琉璃工房的某一个<u>焦虑</u>。我们开玩笑前一阵子有一个网站，我们说琉璃工房也应该上网，才发现我们一上那个网，发现上面有<u>23</u>个同名同姓假冒的琉璃工房。我们<u>一点</u>都不知道，他用的图片、提袋、照片、作品跟我们<u>一模一样</u>。

袁：他们想不商业但是他们遇到的确是商业难题。

彭：他们是在艺术和产业之间<u>有纠结</u>。在设计的架构上，艺术品是最高层次【观察员手势体态语强调】，第二是限量复制品，第三是艺术商品，而商品是可以走进千家万户的。我们国家每年出口图书消耗的纸浆量<u>不到</u>一次性纸杯的十分之一，这对一个传统文化大国是一个讽刺。所以我觉得你们俩有责任要把中国传统的艺术（发扬光大）。

（Q21）袁：你给他们的意见是？

（A21）彭：走向世界！像你们俩夫妻一个懂得去掌管产业【观察员手势体态语强调】，一个懂得去艺术创作，这种搭配是<u>非常难得</u>的。如果想把这个事业做大，一定要<u>去家族化</u>，要引进外来的力量。

袁：我们今天现场（观众中）有很多朋友。有我们文汇报的老记者唐斯复老师。

唐：我跟他们相识在1993年，在一个<u>很偶然的场合</u>见到他们，因为大家都说他们永远没分开过，或者说呢1998年张毅生病的时候，他们分开过很短的时间，我说那一段时间<u>也没分开</u>。虽然杨惠珊从台湾飞到了上海，张毅还留在台北【观众手势体态语强调】。我是到飞机场去接的她。因为过去，她永远是不大说话的，<u>永远是</u>倚着张毅，张毅在那里<u>滔滔不绝</u>地讲话，所以那一回对她是一个很大的考验。我发现她呀一路上在车上背，在背那个讲话稿【受访嘉宾杨惠珊很难为情地笑】，就是张毅病床的枕边上，张毅就在那口授，她就在那记。她那天讲话的时候，嘴唇有点发料，她说姐姐我

有一点紧张。我说没事，我说没关系【观众手势体态语强调】，我在这儿，不要紧的。所以呢很顺利就把那次访谈节目说下来了。

（Q22）袁：那其实不是说的，是背的？

（A22）唐：对的。

袁：背的都是张毅的话。

唐：因为她是演员，她能够把剧作家的话完全变成自己的话。【现场观众大笑】

（Q23）袁：谢谢唐老师！太生动的描述了。雯琦，我知道你也是，其实也是做艺术的。而且也是特别爱收藏琉璃对吗？

（A23）雯：你看我今天就带了一个澄明之悟这个小挂坠，她是一个透明的牡丹花。【观众手势体态语强调】我今天穿的这件衣服也是牡丹花，是要配这个项坠。你看张大哥跟杨姐写的。虽是很小的一件，但它对我的影响太大了。<u>花开，歇息，不执着，安静，放下，一朵牡丹</u>，就那么简单！我就放下了，我就安静了，我就充满了能量了，我可以再上路去工作了，这是我要说的，感谢！【全场掌声】

袁：在您的身边还有一位来自台湾的朋友，相信很多朋友可能会看过这本书叫《我们台湾这些年》（他是廖信忠）。

（Q24）廖：我有一个问题想要问两位老师，琉璃工房公司它的正式名称是琉璃工房志业公司。那<u>志业</u>两个字其实代表的是【观众手势体态语强调】创办人的一些理想抱负。可是对于一间公司来说，许多员工他们可能只是要打工赚钱。两位老师怎么让员工也能感受到说，哎，我今天做的是一种志业？

（A24）张：前一阵子中国区总经理给我一个讯息说很多琉璃工房行销的伙伴<u>要辞职</u>【受访嘉宾手势体态语强调】。辞职的原因说琉璃工房<u>除了</u>管理之外，还要<u>定期</u>地读书，他说太累了。我常常觉得<u>这个学习</u>，不是嘴上说的，我觉得真的要去读书！因为学校没有教过我们怎么面对生命里面的很多<u>危机</u>，比如说生老病死的这些悲痛。我觉得看书，我们常常说<u>宁滥毋缺</u>，尤其我听到80和90新的一代离婚率<u>越来越高</u>，那么彼此家庭的和睦相处的问题越来越大。我觉得你<u>不光</u>是拿那份薪水的问题，我希望你回去<u>开心</u>。我们说残忍一点，假如生命经常不安的时候，我希望你回去安心【受访嘉宾手势体态语强调】。我最后快六十岁，我慢慢地相信他们说的无我，就是把你自己放下，你只要扛着那个我，好累，很多的不开心，不快乐就跟着来，能不能放下？我想我都说我不一定能够【受访嘉宾手势体态语强调】随时做得到，可是我觉得我自己学习，也希望琉璃工房大家一起学习。【全场掌声】

接下来是 2011 年 6 月 11 日杨惠珊和张毅夫妇接受《波士堂》主持人袁鸣专访的视频，其长度也长达 34 分 19 秒。限于篇幅我们仅选其中一段名为"杨惠珊、张毅心中的完美女性"主持人、受访嘉宾和观察员之间互动小游戏视频加以察看，其具体起止时间为 30 分 21 秒到 33 分 5 秒：

袁：最后一个题目我想出给你们，当然也要请我们的【主持人手势体态语强调】张毅先生和杨惠珊小姐一起来参与。在我们大屏幕上会有七位女性。【大屏幕展示】张爱玲，才女，了不起。出名要趁早。佛里达·卡洛，墨西哥的一个画家。伊莎多拉·邓肯是现代舞之母。乔治亚·欧姬芙也是一位美国的画家。玛丽·居里夫人，科学家。多丽丝·莱辛，诺贝尔文学奖获得者。还有最后一位是特蕾莎修女。在两位心目中最完美的女性应该是什么样子的？三位观察员先来看一看你们的答案是什么呢？孔老师，您的答案是伊莎多拉·邓肯？

孔：我觉得他们从精神气质上有一点类似，很坚持！然后非常追求完美。

袁：彭老师选的是佛里达。

彭：我觉得他们正在做一件超越生命，大爱无疆的事情。

袁：莎莎选的是？

沙：居里夫人的话，她是一个品质非常高尚的人，一生都在修炼的人。

袁：谢谢！好，那我们就请两位来公布一下答案好不好？您觉得最完美的女性是谁？特蕾莎修女？【现场观众掌声】为什么是她？

杨：因为我觉得她<u>放下的最多</u>，我觉得如果是我，我都恐怕做不到。我觉得她很了不起！【全场掌声】

张：我们经常会用特蕾莎修女鼓励我们自己。因为我们<u>的确</u>【受访嘉宾手势体态语强调】有时候是很游移的。我想这 25 年来，我们<u>说得很多</u>，因为很多的问题都<u>反复地被问</u>，当我们觉得有一点怎么，我觉得我们会咽下去。因为我们常常用的话就是说，特蕾莎修女她其实一辈子她没有什么了不起的词汇，她的一个<u>重点</u>就是上帝永远爱你！她这个话<u>说一生</u>，从她开始出家一直说到她死，那个是什么样的勇气？！那我们是需要学习的！【全场掌声】

在此处，所展现的主要内容是：主持人、受访嘉宾和三位观察员之间通过猜测谁是两位嘉宾心目中最完美的女性这种活动形式，来共同完成一次较有意味的互动活动；不仅是这种出题考观察员的形式很新颖，而且也在于演播大厅现场一直有着较为轻柔舒缓背景配乐持续烘托着访谈互动氛围，更在于通过这种形式能进一步引导本次访谈互动活动达到最后一处互动子高潮，与此同时现场内（外）观众在受访嘉宾对于心目中最完美女性的深情解读下，也完成了一次灵魂的净化。同时嘉宾的深情告白也紧紧扣住了本次访谈的既定主旨"为人做事：琉璃工房"，最终获得全场经久不息的掌声。

我们再回过头来看上一个视频。

本次访谈的既定主旨已承前省略。就微观形态上语言学诸要素分析和话语轮次推进结构主框架搭建综合来观照，同时结合统计分析，我们知道其中共辖有 24 处问答相邻对。其涵盖范围广泛，主要涉及主持人、受访嘉宾（们）、观察员（们）以及现场观众等。具体详情为：第一、二、三、十一、十二、十四、十五、十六、十七、二十问答相邻对主要涉及主持人与受访嘉宾（们），其实际占有比率约是 41.7%，第四、二十一问答相邻对涉及的是主持人和观察员（们），实际占有比率约为 8.3%，第五、六、七、八、九、十、十三、十八、十九问答相邻对涉及的是观察员（们）和受访嘉宾（们），实际占有比率约为 37.5%，第二十二、二十三涉及的是主持人与现场观众，实际占有比率约为

8.3%，第二十四问答相邻对则涉及的是现场观众与受访嘉宾（们），其实际占有比率约为 4.2%。就总体而言，显然涉及主持人与受访嘉宾（们）、观察员（们）和受访嘉宾（们）的问答相邻对相对多一些，实际共占 79.2%。

　　为了能更直观地看出这些问答相邻对在所选语料文本中的详细分布状态，我们可以将其形成具体图表，如表4－5和图4－1所示。

表4－5

问答相邻对 涉及对象	具体问答相邻对数目	在总数中所占比例（%）
主持人与受访嘉宾	10	41.7
主持人与观察员	2	8.3
观察员与受访嘉宾	9	37.5
主持人与现场观众	2	8.3
现场观众与受访嘉宾	1	4.2

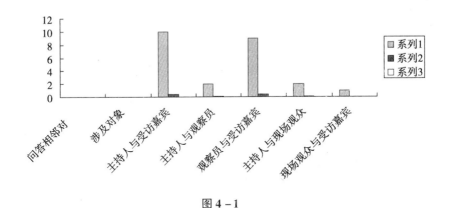

图4－1

　　就整个图表直观而言，我们发现该柱状图业已非常鲜明地体现出财经类人物访谈电视节目《波士堂》一贯的定位："协同采访，多元互动"。其中"协同采访"主要指的是主持人与受访嘉宾（们）和观察员（们）与受访嘉宾（们）这两类，"多元互动"则着重指的是主持人与观察员（们）、主持人与现场观众和现场观众与受访嘉宾（们）这三类。

　　由上文可知，此语料文本共有 24 处问答相邻对，且相关互动主体（主要指的是主持人、观察员们和受访嘉宾）又借助这 24 处相对较为独立问答相邻对的具体落实，进而推进本次人物访谈互动活动顺利展开，并在其间完成对于既定总主旨的最大化追求。

　　就该语料文本实情综合观照而言，主持人、观察员（们）和受访嘉宾（们）主要围绕着如下一些互动子话题按序进行了言语互动交流：（1）新民乐乐团造型，（2）作品《焰火中的禅静》的制作技术，（3）作品《焰火中的禅静》是否完整一次成型，（4）两位受访嘉宾的气场和独特魅力，（5）如何淡定从容地做作品，（6）究竟是在做文化还是做产业，（7）创作时有没有受过伤，（8）是否经常会受伤，（9）还能再做几年，（10）是否一直会亲力亲为直至做不动，（11）脱蜡铸造法的由来，（12）当年创业是否仅是玩玩而已，（13）当年是否有基金定投前来解困，（14）如何继续玩下去，（15）当时就决定将琉璃卖给不懂行的中国人，（16）当年是否坚信市场很广阔，（17）受访嘉宾商业的从小启蒙，（18）琉璃工房与国外著名水晶加工公司施华洛世奇的对比，（19）琉璃工房现有的文雅路线是否会被边缘化，（20）艺术与产业之间的矛盾，（21）观察员的建议，（22）受访嘉宾杨惠珊小姐逸闻趣事回顾，（23）现场观众对于澄明之悟琉璃小挂坠含义的深入解读，（24）如何让员工认为他们是在志业等。亦如前所述，这 24 个互动子话题又分别与主持人、受访嘉宾（们）、观察员（们）和现场观众这四者之间有着密切的内在关联。

　　就其整体效果呈现而言，虽然一些观察员在实际互动交流时话轮来回往复推进的频率有略快之感，但是由于两位受访嘉宾的谈话风格一直都较为谦和儒雅，而且人物访谈归根结底还是要以受访嘉宾为主，故而我们认为此次人物访谈互动活动的整体推进节奏还处在一个可接受范围内，但同时我们也不得不承认本次访谈互动活动中相关互动子话题的转换速率还是较快的。据统计，在这个长达 31 分多钟的视频语料文本中，总共出现了 24 个互动子话题，平均下来每一分钟就要将近进行 0.77 个互动子话题。

　　而就其重音凸显情况来综合观照，在此次人物访谈互动活动推进过程中，受访嘉宾杨惠珊的重音强调有 15 处，受访嘉宾张毅的重音强调则有 64 处，是他妻子重音呈现的 4 倍多。同时结合本视频资料来观照，也的确可适度佐证如下结论：受访嘉宾张毅在活动中后期的确是一力承担了回答各类提问的责任，而且其话语表述情绪相较之杨惠珊更为慷慨激昂。此外值得一提的是，我们还可以发现两位嘉宾在具体回答过程中，综合运用身体体态语的情况又分别为：杨惠珊有 15 处，张毅则有 18 次。这样一来，就两位受访嘉宾各自话语表达风格相比较而言，在本次访谈互动活动中，杨惠珊对重音运用的偏好等同于用身体体态语辅佐交际，而张毅相比之下则更偏好于运用重音来加强交际，尽管他也有多次用身体语言进行内容强调的个例存在。

至此，我们也就完全可以放开手脚，再深入一步开展后续探讨了。

例如主持人袁鸣在具体访谈提问过程中，其运用单刀直入语言表达策略的有如下几处：在第一问答相邻对中的"这是哪个朝代的装饰呢？"第二问答相邻对中的"你给我们做一个解读好吗？"第十四问答相邻对中的"你们怎么把它继续玩下去？"第十五问答相邻对中的"您这东西卖给谁啊？"第二十一问答相邻对中的"你给他们的意见是？"

运用较为委婉语言表达策略的则有：在第三问答相邻对中的"所以它是完整的一次把它铸造出来的？"第四问答相邻对中的"而且你觉得这个气场是不是不太一样？"第十一问答相邻对中的"我听说您当年脱蜡铸造法在您的心里就是买回很多小蜡烛，把那个蜡芯拔掉，然后把它们熔化？"第十二问答相邻对中的"你们当时是玩票对不对？"第十六问答相邻对中的"您当时是觉得市场很广阔，对吗？"第十七问答相邻对中的"这种启蒙在您身上表现出的是您对商业非常敏感？还是说从此之后你会非常痛恨一切有铜臭味的东西？"第二十问答相邻对中的"你怎么应对刚才莎莎说的她可能这些年她会不怎么去买琉璃工房的作品？是创新不够，还是因为竞争多了？"第二十二问答相邻对中的"那其实不是说的，是背的？"又如第二十三问答相邻对中的"而且也是特别爱收藏琉璃对吗？"

如对以上数据用柱形图进行统计，则可直观表现为表 4 - 6 和图 4 - 2。

表4－6

问答相邻对 语言表达策略	具体问答相邻对数目	在总数中所占比例（%）
单刀直入	5	35.71
较为委婉	9	64.29

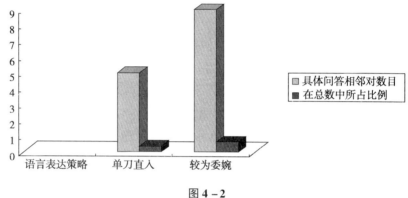

图4－2

　　由此显而易见，主持人袁鸣在本次人物访谈互动活动中所表现出来的提问风格在总体上仍显得较为知性温婉，主要侧重于较为委婉言语表达策略的灵活运用。

　　而众多观察员在具体访谈提问①过程中，运用单刀直入语言表达策略的有以下几处：第五问答相邻对中的"你是怎么迈过这个门槛的?"第六问答相邻对中的"您究竟是文化还是做产业?"第七问答相邻对中的"你开始尝试的时候有没有受过伤?"第十三问答相邻对中的"那时候难道没有基金过来想要投你们吗?"亦如第十八问答相邻对中的"我可以问张先生你们一年的销售额是多少吗?"等等。

　　运用较为委婉语言表达策略的则有：第八问答相邻对中的"鲜血淋漓的时候，经常是这样?"第九问答相邻对中的"然后我有一个<u>担心</u>，

---

　　①　虽然观察员各自之间也有回答情形的存在，但就其根本职责而言，还是以辅佐主持人提问为主。故而在此项数据统计中，也借鉴控制变量法思维，着重以提问为主，暂时忽略他们彼此之间的言语交流。但在下一项句子长度数据的统计中则会兼顾他们彼此之间的话语交流。

我觉得以您现在的年龄您<u>还能</u>做几年呢?"第十问答相邻对中的"那如果你亲力亲为去做这些艺术品您能坚持到您做不动吗?"又如第十九问答相邻对中的"那我就很担心,你走的是一个比较高端的,文雅的路线会不会被这个慢慢地过了高峰期之后,被疏离,被边缘化?"

如对以上数据用柱形图进行统计,则可直观表现为表4-7和图4-3。

表4-7

问答相邻对 语言表达策略	具体问答相邻对数目	在总数中所占比例(%)
单刀直入	5	55.56
较为委婉	4	44.44

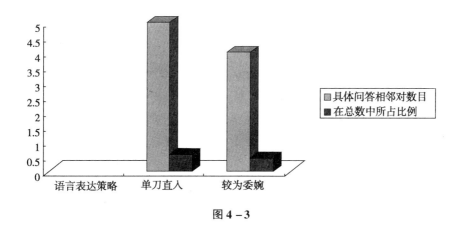

图4-3

由此显然可见,三位观察员在本次人物访谈互动活动中,所表现出来的提问风格总体上较为均衡,其中单刀直入和较为委婉言语表达策略的运用几乎各占一半①。

此外现场观众在具体访谈提问过程中,没有运用过单刀直入语言表达策略。

现场观众运用较为委婉语言表达策略的则有一处:第二十四问答相

---

① 这里女性观察员的提问风格较为温婉,而男性观察员有时则会比较激烈。

邻对中的"两位老师怎么让员工也能感受到说,哎,我今天做的是一种志业?"限于篇幅,此统计图从略。

再深入一层来观照,我们发现两位受访嘉宾在具体回答过程中也综合运用了多种言语策略,总体来看其回答风格呈现出刚柔并济的特点:既有不少正面回应,也有些许侧面巧避。

其中正面回应的策略有如下几处:杨惠珊在第一问答相邻对中对于新民乐乐团装饰解读时的"直陈",杨惠珊第二问答相邻对中对于最新作品《焰火中的禅静》所采用技术解读时的"直陈",杨惠珊在第五问答相邻对中对于如何跨过创作门槛解读时的"直陈",杨惠珊在第七问答相邻对中对于在创作时有没有受过伤问题回应时的"直陈",杨惠珊在第八问答相邻对中对于在创作时是否经常受伤问题回应时的"直陈",杨惠珊在第十一问答相邻对中对于在脱蜡铸造法工艺解析时的"直陈",杨惠珊在第十二问答相邻对中对于在创作时是否是在玩票问题回应时的"直陈",张毅在第十三问答相邻对中对于在创作时是否曾有基金定投前来相助问题回应时的"直陈",杨惠珊在第十四问答相邻对中对于怎么把琉璃工房继续玩下去问题回应时的"直陈",张毅在第十七问答相邻对中对于从小商业启蒙所受影响问题回应时的"直陈",张毅在第十八问答相邻对中对于一年的销售额和琉璃工房与施华洛世奇比较问题回应时的"直陈",张毅在第二十问答相邻对中对于坚持艺术至上还是坚持产业至上问题回应时的"直陈",张毅在第二十四问答相邻对中对于如何让员工认为他们是在志业问题回应时的"直陈"。

侧面巧避的又具体表现在以下几处:杨惠珊在第三问答相邻对中对于作品是否一次成型问题回应时的"曲答",杨惠珊在第六问答相邻对中对于是在做文化还是在做产业问题回应时的"曲答",张毅在第六问答相邻对中对于是在做文化还是在做产业问题回应时的"曲答",杨惠珊在第九问答相邻对中对于还能坚持创作多少年问题回应时的"曲答",杨惠珊在第十问答相邻对中对于是否要亲力亲为坚持到做不动问题回应时的"曲答",张毅在第十二问答相邻对中对于在创作时是否是在玩票问题回应时的"曲答",张毅在第十五问答相邻对中对于将作品卖给谁问题回应时的"曲答",张毅在第十六问答相邻对中对于在创业时是否觉得市场前景广阔问题回应时的"曲答"，张毅在第十九问答相邻对中对于琉璃工房是否会被边缘化问题回应时的"曲答"。

　　假使对以上数据用柱形图进行统计，受访嘉宾杨惠珊在访谈互动活动具体回答过程中，语言表达策略运营情况的统计图表如表4－8、图4－4所示。

表4－8

问答相邻对 语言表达策略	具体问答相邻对数目	在总数中所占比例（%）
正面回应	8	66.67
侧面巧避	4	33.33

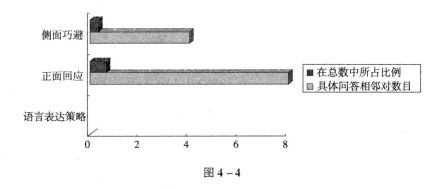

图4－4

　　由此可见，在此次人物访谈互动活动中，受访嘉宾杨惠珊在具体回答提问过程中，主要是采用了正面回应言语表达策略，同时也辅以少量侧面巧避言语表达策略。

　　此外，受访嘉宾杨惠珊在本次人物访谈互动活动中，还曾使用过一个行为策略：与观察员握手。详情参见第十问答相邻对，其中杨惠珊说："我觉得<u>至少到目前为止</u>，我的体力比他们（年轻人）还好。你不会相信的！我要跟您握一下手吗?"观察员说："这是艺术家的手哦，很有劲，<u>很有劲</u>!"这其实也是在从侧面表明受访嘉宾现在还精力充沛，完全可以胜任琉璃工坊相关产品制作的重担。

　　如对受访嘉宾张毅在访谈互动活动具体回答过程中语言表达策略的

情况进行统计，如表4-9和图4-5所示：

表4-9

问答相邻对 语言表达策略	具体问答相邻对数目	在总数中所占比例（%）
正面回应	5	50
侧面巧避	5	50

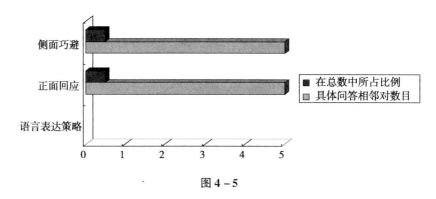

图4-5

由此显然可见，在此次人物访谈互动活动中，受访嘉宾张毅在具体回答提问过程中所采用正面回应言语表达策略在数目上恰巧刚与侧面巧避言语表达策略持平。

此外假如使用语言学研究方法来进行语料文本观照，我们也可对主持人袁鸣具体言说过程中所使用句子的长度专门进行数据统计，详参表4-10。

表4-10

句子长度 相关数目	具体数目	所占比例（%）
5字句	2	4.65
6字句	1	2.33
7字句	1	2.33
8字句	3	6.95
9字句	1	2.33

句子长度 相关数目	具体数目	所占比例（%）
10 字句	2	4.65
11 字句	2	4.65
13 字句	3	6.95
15 字句	2	4.65
16 字句	3	6.95
17 字句	1	2.33
18 字句	2	4.65
19 字句	1	2.33
21 字句	2	4.65
22 字句	3	6.95
23 字句	1	2.33
25 字句	1	2.33
27 字句	1	2.33
29 字句	1	2.33
31 字句	3	6.95
35 字句	1	2.33
39 字句	1	2.33
40 字句	1	2.33
41 字句	1	2.33
43 字句	1	2.33
46 字句	1	2.33
62 字句	1	2.33

　　如转换成折线图，即如图 4-6。

　　我们在此也可发现：主持人袁鸣在本次人物访谈互动活动中，选用语句字数范围主要集中在 6—46 字，且其具体出现数目自 1 到 3 个不等。加之其间长句中以逗号数目为主要区分度，进而导致所夹杂的短句数目颇多，由此可见，她更喜欢采用中长句和散句来进行本次访谈互动交流。值得一提的是，她几乎很少使用很多具有较强主观感情色彩的积

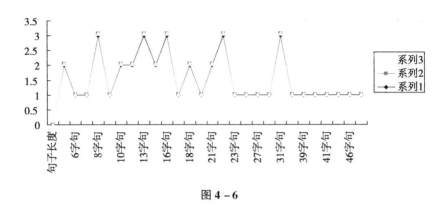

图 4 - 6

极修辞手法，其具体遣词造句的口语化也倾向较浓。此外就整个视频语料显示情况来观照，主持人在提问具体过程中，主要使用的疑问句类型为是非、选择和特指问句三类，其统计表从略。

而在对于观察员沙莎的言说过程进行解读时，我们也可以对其所使用句子的长度进行专门数据统计，详参见表 4 - 11。

表 4 - 11

句子长度 相关数目	具体数目	所占比例（%）
9 字句	1	3.85
10 字句	2	7.69
13 字句	2	7.69
14 字句	1	3.85
16 字句	1	3.85
17 字句	3	11.48
18 字句	1	3.85
19 字句	2	7.69
20 字句	1	3.85
24 字句	1	3.85
26 字句	1	3.85
28 字句	1	3.85
30 字句	1	3.85

续表

句子长度 相关数目	具体数目	所占比例（%）
31 字句	1	3.85
35 字句	1	3.85
38 字句	1	3.85
47 字句	1	3.85
52 字句	1	3.85
68 字句	1	3.85
81 字句	1	3.85
88 字句	1	3.85

　　假使转换成折线图，即如图 4 - 7 所示。

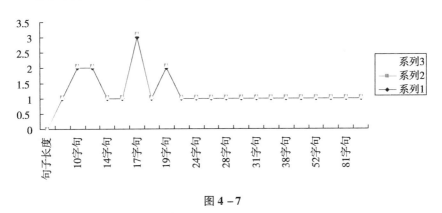

图 4 - 7

　　在此，我们也可很直观发现：观察员沙莎在本次访谈互动活动中，话语表述所选用语句字数范围主要集中在 10—81 字，且具体出现数目自 1 到 3 个不等。加之其间长句中以逗号数目为主要区分度，进而导致所夹杂的短句数目也颇多，可见其喜欢采用中短句和散句来进行本次访谈互动交流。值得一提的是，她也几乎很少使用很多具有较强主观感情色彩的积极修辞手法，其遣词造句的口语化倾向也较浓。此外据整个视频语料显示，她在交流过程中也还有多处手势体态语强调。

　　而在对观察员彭中天的言说过程进行解读时，我们也可对其所使用句子的长度进行数据统计（见表 4 - 12）。

表 4 – 12

句子长度 相关数目	具体数目	所占比例（%）
4 字句	1	7.69
9 字句	1	7.69
14 字句	1	7.69
16 字句	1	7.69
18 字句	1	7.69
24 字句	1	7.69
25 字句	1	7.69
34 字句	1	7.69
40 字句	1	7.69
43 字句	3	23.1
54 字句	1	7.69

假使将表 4 – 12 转换成折线图，即如图 4 – 8。

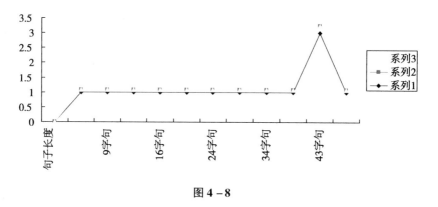

图 4 – 8

在此，我们也可很直观发现：观察员彭中天在本次访谈互动活动中，所选用语句字数范围主要集中在 4—43 字，且具体出现数目为 1 和 3 个。加之其间长句中以逗号数目为主要区分度，进而导致所夹杂的短句数目也颇多，可见其更喜欢采用中长句和散句来进行本次访谈互动交流。他也几乎很少使用很多具有较强主观感情色彩的积极修辞手法，虽说其遣词造句的口语化倾向也较浓，但亦体现出一定的学者书卷气。此外据视频语料整体显示，他在交流过程中也还有多处手势体态语强调。

在对观察员孔繁任的言说过程进行解读时，我们也可以对其所使用句子的长度进行数据统计（见表4-13）。

表4-13

句子长度 相关数目	具体数目	所占比例（%）
5 字句	1	3.03
6 字句	2	6.06
9 字句	2	6.06
10 字句	1	3.03
12 字句	3	9.09
14 字句	2	6.06
15 字句	3	9.09
16 字句	1	3.03
17 字句	2	6.06
19 字句	1	3.03
25 字句	2	6.06
27 字句	2	6.06
30 字句	2	6.06
35 字句	2	6.06
37 字句	1	3.03
47 字句	2	6.06
55 字句	1	3.03
62 字句	1	3.03
75 字句	1	3.03
109 字句	1	3.03

假使将表4-13转换成折线图，即如图4-9所示。

在此，我们也可直观发现：观察员孔繁任在本次访谈互动活动中，所选用语句字数范围主要集中在6—109字，且具体出现数目自1到3个不等。再加之其间长句中以逗号数目为主要区分度，进而导致所夹杂的短句数目颇多，可见其更喜欢采用中长句和散句来进行本次访谈互动

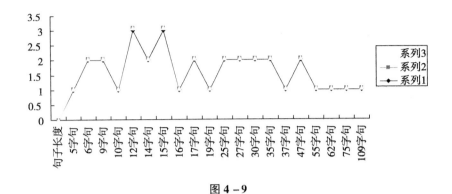

图 4 - 9

交流。他也几乎很少使用很多具有较强主观感情色彩的积极修辞手法，其遣词造句的口语化倾向也较浓。此外据视频语料显示，他在交流过程中也还有多处手势体态语强调。

在对受访嘉宾杨惠珊的言说过程进行解读时，我们也可以对其所使用句子的长度进行数据统计，如表 4 - 14 所示：

表 4 - 14

句子长度　　相关数目	具体数目	所占比例（％）
1 字句	2	5.13
2 字句	2	5.13
4 字句	1	2.56
5 字句	2	5.13
7 字句	4	10.28
8 字句	2	5.13
9 字句	2	5.13
10 字句	1	2.56
14 字句	1	2.56
16 字句	1	2.56
20 字句	3	7.69
22 字句	2	5.13
25 字句	3	7.69
28 字句	1	2.56
31 字句	2	5.13
41 字句	2	5.13

续表

句子长度 相关数目	具体数目	所占比例（%）
46 字句	2	5.13
52 字句	2	5.13
66 字句	1	2.56
69 字句	1	2.56
82 字句	1	2.56
125 字句	1	2.56

　　如将此统计表转换成折线图，如图 4-10 所示：

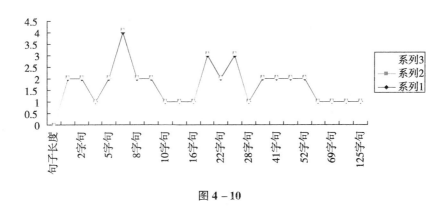

图 4-10

　　在此，我们可直观发现：受访嘉宾杨惠珊在本次访谈互动活动中所选用语句字数范围主要集中在 1—125 字，且具体出现数目自 1 到 4 个不等。再加之，其间长句中以逗号数目为主要区分度，进而导致夹杂的短句数目也颇多，可见其更喜欢采用中短句和散句来进行本次访谈互动交流。值得一提的是，她几乎很少使用很多具有较强主观感情色彩的积极修辞手法，但也并非完全没有，例如她在第六问答相邻对中还曾引用了佛经中“不二”的说法来进一步阐述自己执着于琉璃创作的缘由。虽说其遣词造句的口语化倾向也较浓，但仔细品味之下也别有一股书卷气弥漫在其间。此外据视频语料整体显示，她在交流过程中还有多处手势体态语强调。

　　在对受访嘉宾张毅的言说过程进行解读时，我们也可以对其所使用句子的长度进行数据统计，如表 4 – 15 所示。

表 4 – 15

句子长度 相关数目	具体数目	所占比例（%）
7 字句	1	1.79
8 字句	1	1.79
13 字句	1	1.79
16 字句	2	3.57
19 字句	2	3.57
21 字句	2	3.57
22 字句	2	3.57
24 字句	4	7.14
25 字句	2	3.57
27 字句	4	7.14
29 字句	2	3.57
30 字句	2	3.57
31 字句	2	3.57
32 字句	1	1.79
34 字句	3	5.36
35 字句	3	5.36
37 字句	1	1.79
39 字句	2	3.57
40 字句	1	1.79
43 字句	2	3.57
47 字句	3	5.36
50 字句	2	3.57
52 字句	3	5.36
54 字句	3	5.36
57 字句	1	1.79

续表

句子长度　　　　　相关数目	具体数目	所占比例（%）
59 字句	1	1.79
63 字句	1	1.79
67 字句	1	1.79
94 字句	1	1.79

　　如将此统计表转换成折线图即如图 4－11 所示：

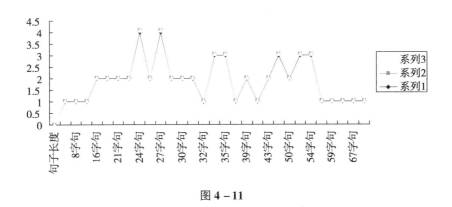

图 4－11

　　在此，我们也可直观发现：受访嘉宾张毅在本次访谈互动活动中所选用语句字数范围主要集中在 7—67 字，且具体出现数目自 1 到 4 个不等。再加之，其间长句中以逗号数目为主要区分度，进而导致所夹杂的短句数目颇多，可见其更喜欢采用中长句和散句来进行本次访谈互动交流。值得一提的是，他几乎很少使用很多具有较强主观感情色彩的积极修辞手法，但也并非完全没有，例如他在第十五问答相邻对中就曾用了一处比喻修辞手法："这就是说，你看见他们没穿鞋，你是觉得他们不穿鞋，还是我可以把鞋卖给他们？"受访嘉宾在此通过这个暗喻极为巧妙地回答了主持人的提问，此处"不穿鞋"暗指"不懂琉璃为何物的中国人"。虽说其遣词造句的口语化倾向也较浓，但仔细品味之余也别有一股书卷气弥漫在其间，如在第二十四问答相邻对中回答现场观众提问时，张毅就曾有过这样的一段表述："我觉得你不光是拿那份薪水的问题，我希望你回去开心。我们说残忍一点，假如生命经常不安的时候，我希望你回去安心。我最后快60岁，我慢慢地相信他们说的无我，就是把你自己放下，你只要扛着那个我，好累，很多的不开心，不快乐就跟着来，能不能放下？"这种较为柔缓语气给人最直观的感觉即是，一位和蔼可亲、境界超然的长者在孜孜不倦地点拨后辈，进而使其能充分领悟到其中蕴含的深刻道理，因为推己及人式的教诲往往能辞微而旨大。此外据视频语料整体显示，他在交流过程中也用了多处手势体态语进行强调。

值得一提的是，在该次人物访谈互动活动开展之前，《波士堂》节目组也别出心裁地用新民乐歌舞来开场，令人陶醉在中国古典艺术美的同时，又为后续互动活动的顺利推进做好了铺垫，因为"琉璃工坊"正是在为现代中国人营造一个别具魅力的精神家园。

此外，我们再来看2011年4月11日《非常静距离》主持人李静在演播大厅现场采访《包青天》剧组金超群、何家劲和范鸿轩的视频资料。我们所截取片段实际起止时间为1分3秒到15分25秒：

> 李：让我们来欢迎包大人！包大人您好！【主持人拱手作揖】
>
> 金：你好！【受访嘉宾也笑着拱手作揖】
>
> 李：小女子有礼了！【主持人又弯腰欠身施礼】
>
> 金：不行，不行，现在没上古装千万别让我上公堂！【受访嘉宾手势体态语强调】
>
> 李：您看！身后有身影！
>
> 金：哟！蛮熟悉的，
>
> （Q1）李：尤其这个位置对不对？【访谈区为公堂造型】
>
> （A1）金：对对对。
>
> （Q2）李：听说今天包大人呢，带了您这个很多的狐朋狗友来到了现场，在哪儿呢？【现场观众大笑】
>
> （A2）金：非要修正一下主持人的对白！【主持人标志性大笑】金超群可以交一堆狐朋狗友，包大人不会有一个狐朋狗友！【受访嘉宾手势体态语强调】对！【现场观众鼓掌大笑，主持人和嘉宾大笑】

李：而且这一场很厉害，是我们这个老《包青天》剧组的<u>原班人马</u>【主持人手势体态语强调】！可见<u>大哥之江湖地位</u>，真的是不一样！

金：因为你说一般观众朋友们对于《包青天》这个故事【受访嘉宾手势体态语强调】在电视剧上面来表现，<u>大家会记得一些东西</u>。记得像<u>黑脸</u>的金超群，记得像<u>白脸的</u>范鸿轩，记得像<u>帅到不行</u>的何家劲！【主持人大笑，台下就坐的何家劲挥拳抗议，观众鼓掌】

李：今天非常高兴，<u>终于</u>见到偶像了！来，我们请金大哥就坐！

金：请我坐吧！

李：来来来！【全场掌声】

【背景资料视频播放】

（Q3）李：我要<u>好好看看</u>这张海报！【主持人起身看背后的大屏幕】刚才在后台跟您打了一个招呼，人家说我特高兴。因为小的时候就看您的戏，我特别想说，我<u>青春期</u>的时候看的这部戏啊！【现场观众大笑，老版剧照播放】大家看到这张照片猜猜是多少年前的？

（A3）现场观众：1993 年！

（Q4）李：1993 年距离今年<u>多少年</u>？

（A4）现场观众：17 年！

（Q5）李：所以我觉得岁月<u>总是</u>不在男人身上留下痕迹，还是他们就没什么痕迹一直？对！

（A5）金：岁月也没在<u>您脸上</u>留下痕迹！【受访嘉宾手势体态语强调】

李：不是，我是觉得反正您画<u>那么黑</u>，【主持人手势体态语强调】基本就看不出年龄来了。

金：这就是占便宜的地方。

（Q6）李：嗯，<u>其他人老了吗</u>？

（A6）金：其他的几位啊，【主持人接话时嘉宾其实还未讲完】

李：因为他们一会儿要上来，所以我特别好奇！

（Q7）金：所以我<u>得说</u>实话，还是说假话？

（A7、Q8）李：您随便说！反正就像什么展昭呀，公孙策呀他们老了吗？

（A8）金：他们哪，<u>他们心态</u>没有老！人<u>也</u>没有老！<u>演技</u>越来越老了！【现场观众大笑】

（Q9）李：那就老道了，夸人啊！【主持人和嘉宾大笑，观众鼓掌】是不是有人在下面监视着，<u>所以说的</u>？

（A9）金：我们是约好了【受访嘉宾手势体态语强调】，我说<u>一句</u>错的，上来他们修理我！

（Q10）李：对！相信大家跟我一样，我们对包公为什么<u>这么黑</u>始终怀有这个<u>特别强烈</u>的好奇，【主持人手势体态语强调】您是<u>只负责把脸涂黑</u>还是都涂哪儿？<u>当时</u>，当时！【主持人和嘉宾大笑，观众鼓掌】

（A10）金：有些时候，我们发现，包括现在有很多演员，上妆只上到这里。【受访嘉宾示范】

（Q11）李：他上到这儿显脸小？【主持人手势体态语强调】

（A11）金：不，他只到这边，<u>后面就</u>不管它了！偷懒！你只拍我脸嘛！【受访嘉宾手势体态语强调】我上到这儿就行了！<u>但是</u>稍微敬业一点的演员不是这样，<u>譬如我</u>！我上妆的时候，我耳朵眼里都上【受访嘉宾手势体态语强调，现场观众大笑】因为即使机器只<u>从侧面拍我</u>，<u>还是</u>拍到我耳朵里也是黑的，我的<u>手都</u>上！我上到这里！【受访嘉宾手势体态语强调】这边有衣袖，会露出的部分<u>我上</u>！<u>肚脐眼没上</u>！【现场观众大笑】可是<u>手心</u>不上！<u>手心是白</u>的！你看到所有我们在这个种族里黑人的同胞们，手心是白的！【受访嘉宾手势体态语强调】我们是这样研究的！

李：没错！对！您说得对！还有这个指甲这儿，

金：对，这儿要擦掉！要把黑的油擦掉！脖子<u>一直打到护领</u>都遮到！打到这里！【受访嘉宾手势体态语强调】所以我不能穿<u>高领</u><u>的衣服</u>！

（Q12）李：您那时候脖子应该也挺长的？瘦嘛！【主持人手势体态语强调】

（A12）金：那时候脖子比现在<u>细很多</u>！

（Q13）李：体重是，现在体重是多少？【主持人手势体态语强调】当年版！

（A13）金：我这样讲吧！我那版要拍的时候，我是<u>86</u>公斤，我是比较壮的人，86公斤！

李：太轻了，才一百多。

金：我拍完之后<u>100</u>公斤。【受访嘉宾手势体态语强调】

李：我们这边叫二十八斤。

金：28斤，一路拍下来一路<u>长</u>上去！

（Q14）李：您是为了这个角色去长的吗？还是？

（A14）金：我是为了<u>活下去</u>！

（Q15）李：太累了是不是？【现场观众大笑】所以一直要吃东西！拿点纸巾来！

（A15）金：这是<u>有原因</u>的！你要用还是我要用？

李：你要用！我怕您那个，哦，太好了！

金：不用，这是，介绍一下吧！【受访嘉宾掏出自备的毛巾】这是<u>我太太</u>帮我准备的。

李：搓澡巾这是！【主持人大笑，观众鼓掌】我们都用这个搓澡！

金：搓澡的嘛，对不对？是<u>最好</u>的<u>擦汗</u>工具！尤其对<u>一个光头</u>来说！上面可没牌子，不给你打广告！

李：这个<u>真</u>的挺好的！但我们是搓澡巾！【主持人手势体态语强调】

金：你要拿出这个<u>就</u>难看了！【主持人和嘉宾大笑，观众鼓掌】

（Q16）李：我拿出这去死皮！然后那个整个的化妆要<u>多长时间</u>呢？每一天。

（A16）金：我化妆是<u>渐进</u>的，一开始因为这角色不熟悉。【受访嘉宾手势体态语强调】这个妆比较慢，那么因为<u>变成黑脸</u>嘛，黑脸大家就想，你一定拿油彩来画就行了。可是黑油彩上了妆之后，它在镜头前面像是<u>锅灰</u>的颜色！【受访嘉宾手势体态语强调】

很脏!

李：因为他没有那个亮的感觉。

金：对对对。

李：不是肤色的感觉。

金：所以我，因为我自己喜欢研究这个东西。所以我就在<u>选择</u><u>化妆品的时候</u>【受访嘉宾手势体态语强调】，我选择深色的<u>咖啡</u><u>色</u>，深色的彩条！我是自己打底的，我用揉脸的方法，<u>我并不是拿</u><u>粉笔画</u>！我都在手上，这样搓开，然后这边都黑了，<u>拍上去</u>！一次拍一层，再抹再拍，再抹再拍！<u>七层之后</u>，我的咖啡色像黑色！

（Q17）李：那得摁多长时间啊？

（A17）金：所以一开始化个妆一两个小时。这才把<u>底</u>画完，才请化妆师帮我画！【受访嘉宾手势体态语强调】因为古装戏最重要的眉跟眼嘛！

（Q18）李：还有粘那个小月亮呢？您跟我讲讲，小月亮是拿什么弄的？

（A18）金：那个最简单了。它是用<u>海绵</u>、<u>胶</u>，白胶，合在一起做，<u>慢慢</u>做出来的！【受访嘉宾手势体态语强调】然后刀切，慢慢做出来的。一次要做出一大堆，用一用就坏了嘛。

（Q19）李：您还用以前那个吗？

（A19）金：那个用不<u>了那么久</u>了。人自然是以前那个了。【主持人大笑，观众鼓掌】那个用久了总得换嘛！我光这个包公的官服就换了七套，<u>穿坏了七套</u>！

（Q20）李：穿坏？妈呀！

（A20）金：对对，我们花了不到一年的时间录了<u>236</u>集，【受访嘉宾手势体态语强调】平均<u>一天多一点</u>要录一集！很快！

（Q21）李：那剧本呢？

（A21）金：热的，现场给我们。我们那时候用了<u>三四十个编剧</u>！【受访嘉宾手势体态语强调】

（Q22）李：就在那儿写？

（A22）金：是用<u>复印纸</u>一张张出来的。这一场出来的过来，没有整本剧本的，所以……

李：不是你们拿得都跟烙饼似的！都热乎乎地就开拍了！

金：对，都热的嘛！【现场观众大笑】

（Q23）李：这个新的包公，我听说您也参与了很多的想法？就像导演的想法，编剧的想法。

（A23）金：基本上编剧，不能说编剧必须听我的。对不起哦！我大腕儿朋友们都觉得编剧该听大腕儿的，不是！但是基本上我对于编剧上我是有要求的！

李：对嘛，所以新版的这个《包青天之七侠五义》我们认为它的看点一定是有很多不一样的。否则我就看老版的好了。

金：对！因为第一个你要知道这些人还是维持。

李：这是亮点！

金：对，拍了800多部《倚天屠龙记》，拍了800多部《神雕侠侣》都用原来的演员吗?!一部都没有！没办法再用了！《包青天之七侠五义》还是用了三个人！

李：而且这三个人还能够坐在一起，以前有的很多人就不来往了，【主持人手势体态语强调】我觉得这个是很难得的！

金：因为我们三个人感情很深！

李：对！

金：感情很深的原因很简单啊！

（Q24）李：是什么？

（A24）金：他们谁也抢不了谁！【受访嘉宾手势体态语强调，现场观众大笑】

李：何家劲永远演不了包公、公孙策。

金：他好想演包公！【主持人标志性大笑】

李：公孙策也演不了展昭。

金：对！我现在身材也演不了公孙策！对，最麻烦的！

李：所以这一次这个原班人马，三大巨头聚首，我觉得还是金老师的功劳。为什么呢，能把大家攒在一起，今天我们也特别特别有幸请到了另外两位兄弟！让我们来有请展昭，还有公孙策！来，有请两位！【主持人手势体态语强调，全场掌声】

（Q25）李：您好！好，欢迎何家劲和范鸿轩，欢迎两位！【全场掌声】我应该怎么叫他们呀？

（A25）金：何小弟，范小弟！哈哈。

何：小何，范范！【主持人标志性大笑】

李：何大哥，范大哥！【主持人拱手】比较尊称了！

何：来，静姐，你好！

范：静姐，你好！学生这厢有礼了！

（Q26）李：小女子有礼了！【主持人欠身施礼】【主持人和嘉宾大笑，观众鼓掌】好想演啊，咱们再回到 17 年前。就是谁能记得当时你们见到何家劲的印象？您还记得吗？当时！

（A26）范：我记得啊，我就是看来了一个小帅哥！可是呢说话，老实话一句我都听不懂！

何：不会吧?!

李：所以那时候你们快说何家劲那个广东话和那个普通话，他说话你们听得懂吗？

何：当然听的懂啦！【受访嘉宾手势体态语强调，全场大笑和掌声】

李：他是一个好像很精力充沛型的人啊！【主持人手势体态语强调】

金：对，过度充沛！

（Q27）李：对我们叫 Natural high 那种！金大哥对他的印象是什么？来了这么一个人！

（A27）金：好大胆的香港仔！想到我们这儿来打天下！我先掂掂你的斤两有多少！【受访嘉宾何家劲故作害怕状，主持人标志性大笑】第一次两个人对戏，往那儿一站，满口广东话！我用纯正的普通话跟他对戏【现场观众大笑】，他不知道我说什么，听不懂普通话！【受访嘉宾手势体态语强调】我不知道他说什么，两个人就把戏演完了。【现场观众大笑】

何：还演得挺好的，那个时候！

金：问题就在这，当彼此都听不懂对方说什么的时候还能把戏演好了，默契！【受访嘉宾手势体态语强调】

李：太有才！

金：第一次，第一场对完戏，这个人 OK 了。【受访嘉宾手势体态语强调】

李：就成了，到现在！

何：所以我说可以留在台湾了，金哥说 OK 了！【受访嘉宾手势体态语强调】

李：我看以前有个记者采访你，说你演展昭的时候，你的戏服是不洗的。直接上来就是。

何：没时间洗。

金：他不是不洗，他是衣服来不及换！【受访嘉宾手势体态语强调】譬如他两套，就两套，穿这一套，穿了一身汗了。

何：打到全湿透了。脱下来。

金：一脱下来穿这个，挂着风干！

（Q28）李：那不是有盐巴了吗？

（A28）金：是的。

何：就是它干了就过去拿衣服，【受访嘉宾手势体态语强调】一片白的，就拿东西（掸掸），拍一拍。

金：剧组拿那个盐巴就炒菜了。【受访嘉宾手势体态语强调，全场大笑】

何：你那个时候说用了多少粉条！我一个戏 236 集！我穿破了 78 双鞋！

李：78 双鞋啊！【主持人故意模仿受访嘉宾何家劲的广东腔】

金：靴子！【全场掌声，观众大笑】

李：真玩命啊，那时候。

金：那个时候真玩命，把命都卖给他们了！

（Q29）李：所以你的戏我知道，那你应该比较舒服吧？反正进了公堂就那么写！【主持人模仿】你有拍过很长时间的戏吗？

何：他用了 86 支毛笔。【主持人标志性大笑，全场掌声】

（A29）范：没有，没有这么多。

（Q30）李：不过呢，今天两位既然来到这儿，也是第一次做客《非常静距离》，我们觉得好像还有一点意犹未尽啊。这样的，我准备了一把剑！我们是否能请家劲兄现场给我们小舞一把呢？

（A30）何：我真不会。

（Q31）李：那你怎么摆得那么像呢？

（A31）何：拍戏啊！

范：他真会。他拍这十几年当中，每天学。他本来是不会的。这会儿可是功夫高深哪！

何：金哥他以前老会拍那个惊堂木了。【受访嘉宾手势体态语强调】就是拍戏学得，拍得那么像！

金：你看看范哥以前根本不认字啊【受访嘉宾手势体态语强调】，演公孙策就会了。【主持人大笑，观众鼓掌】

何：你有人现场教我，我就会。

金：那是替身，是别人替他打的【受访嘉宾手势体态语强调】。基本上那个时候是公孙策帮他替的。

（Q32）李：公孙策会吗？

（A32）金：会会会。

李：来来来，范老师！【全场掌声】

何：来，当年那个什么狂风！

范：不是啊。

金：乱风剑法！

范：【现场配乐】当年我演过武侠戏，演一个侠士，有没有三分样？苦练剑出鞘，不是剑不入鞘！宝剑出鞘！【受访嘉宾现场展示】一朵小剑花，剑不入鞘！【全场大笑】

何：这个我得演，演1993年版的那个，差不多都入鞘了。

范：1993年版来入鞘！【受访嘉宾何家劲干扰范鸿轩演示，全场大笑】

金：1993年版他会出的问题。

范：得抓紧抓紧，真的出过状况。

（Q33）李：真的出过状况？

（A33）金：这一定要重演一遍。1993年版的是他们两个站在一起，阿劲收剑！

何：本来呢，平常我收的就是看都不用看。【受访嘉宾何家劲演示，当时片花视频佐证】

范：是这样子的，因为这个角度不太好，我要闪一个位置出来。

何：不是，主要是它那个剑太软了。这个通常不用看的，一拿……

范：是的，我现在稍微动一下。

何：范哥在后面动。

李：他就一直的。【主持人大笑，观众鼓掌】

首先值得一提的是，本次演艺类人物访谈的演播大厅被节目组工作人员特意打造为审案公堂模式：现场不仅有木质太师椅和惊堂木，还有诸如"肃静"和"迴避"等古代官衙专用的开道牌，此外还有京剧版包青天四大干将：王朝、马汉、张龙和赵虎共同登台演绎此剧主题曲。很显然，所有这些都是为了能更好地营造出和谐融洽的访谈互动氛围，使受访嘉宾们能全身心投入本次人物专访。其次也可以进一步明确本次人物访谈的既定主旨是"讲述《包青天》剧组台前幕后的故事"。

就微观形态上语言学诸要素分析和话语轮次推进结构主框架搭建等方面综合来观照，通过统计分析我们可以明确其中共有33处问答相邻对。其涵盖内容也较为广泛，主要也涉及了主持人、受访嘉宾（们）以及现场观众等。其详细情况为：第一、二、五、六、七、八、九、十、十一、十二、十三、十四、十五、十六、十七、十八、十九、二十、二十一、二十二、二十三、二十四、二十五、二十七、二十八、三十二和三十三问答相邻对主要涉及主持人与受访嘉宾金超群，其实际占有比率约为81.7%，第三十、三十一问答相邻对涉及的是主持人和受访嘉宾何家劲，占有比率约为6.1%，第三、四问答相邻对涉及的是主持人与现场观众，占有比率约为6.1%，第二十六、二十九问答相邻对则涉及的是主持人与受访嘉宾范鸿轩，占有比率约为6.1%。就整体而言，其间涉及主持人与受访嘉宾（们）的问答相邻对相对多一些，实际共占了93.9%。

为了能更直观地看出这些问答相邻对在所选语料文本中的详细分别状态，我们可以尝试将其具体形成相关图表，详见表4-16和图4-12。

表 4 - 16

问答相邻对 涉及对象	具体问答相邻对数目	在总数中所占比例（%）
主持人与受访嘉宾金超群	27	81.7
主持人与受访嘉宾何家劲	2	6.1
主持人与受访嘉宾范鸿轩	2	6.1
主持人与现场观众	2	6.1

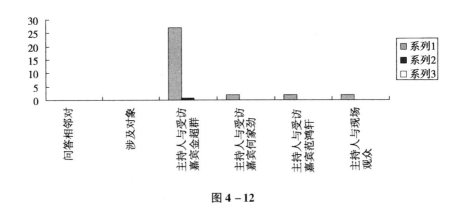

图 4 - 12

　　在此处，我们发现该柱状图已可很鲜明地彰显出演艺类人物访谈电视节目《非常静距离》一贯的定位："单方主控，多元互动。"其中"单方主控"主要指的是主持人全程主导，"多元互动"则着重指的是主持人与受访嘉宾（们）和主持人与现场观众互动交流这两类。换而言之，主持人力求能够全方位和立体化地"拉（静）近距离、静品人生和静看明星"，同时这也是其鲜活灵动主持风格的最好诠释。

　　由上文可知，此语料文本共有 33 处问答相邻对，相关互动主体们（主要指的是主持人和受访嘉宾们）正是借助于这 33 处相对独立的问答相邻对的具体落实，进而推进本次访谈互动活动的顺利展开，最终实现对既定总主旨的最大化追求。就整个语料文本综合来观照，主持人、受访嘉宾们和现场观众主要围绕着如下互动子话题按序进行了言语互动交流：（1）公堂如此设置对不对，（2）老《包青天》剧组相关人员简介，（3）新剧剧照摄于何时，（4）老剧拍摄距今已几年，（5）脸黑让岁月无痕（6）剧组其他成员是否老了，（7）访谈现场需要说真话还是假话，（8）剧组其他成员演技更加老派，（9）夸人是否违心，（10）只涂黑脸还是上全妆，（11）上全妆的秘密，（12）当年是否瘦，（13）当年体重揭秘，（14）是否曾为角色增重，（15）自制擦汗的"好工具"，（16）化妆的步骤，（17）化全妆所耗时间，（18）包青天额头上小月亮如何制作，（19）小月亮是否可以一直反复使用，（20）包公戏服曾穿坏多套，（21）原剧剧本是否现场写，（22）"烙饼"似的剧本趣解，（23）新剧仍用原班人马是亮点，（24）剧组成员感情深的原因，（25）如何称呼另两位受访嘉宾，（26）范鸿轩初见何家劲的印象，（27）金超群对何家劲的印象，（28）戏服风干后是否有盐巴，（29）范鸿轩是否拍过很长时间的戏，（30）何家劲是否会舞剑，（31）不会舞为何戏里却很逼真，（32）范鸿轩是否会舞剑，（33）93 版穿帮镜头回顾并现场演绎等。如前所述，这 33 个互动子话题又分别与主持人、受访嘉宾们和现场观众这三者之间有紧密关联。

　　值得一提的是，我们可以很明显发现经由这 33 个互动子话题，本次人物访谈的既定主旨在某种程度上也得到了实际彰显：（1）受访嘉宾们在拍戏时非常认真，一丝不苟。例如在化妆涂油彩时需要涂好几层，化妆时间需要很长，而且戏服和靴子也经常被穿坏。（2）三位受访嘉宾在拍戏过程中结下了深厚友谊。例如他们在一开始碰面时相互听不懂台词的表述口音，最后在磨合之下，竟然心有灵犀一点通，而且这段友谊还持续了十几年。试想一部包公戏拍了两次，三位主角都不曾更换，这样的情况也实属罕见了！

　　就整体效果呈现而言，在本次人物访谈活动中，受访嘉宾们在相互之间，抑或在与主持人互动交流时，话轮来回往复推进的频率往往比较快，尤其在该场人物访谈的后半部分。细究其原因，或与互动子话题的具体设置有关，抑或也与受访嘉宾们在节目后期敞开心扉随意调侃有关，客观上这也体现了本次人物专访互动氛围较为良好。同时我们也可发现，在本次人物访谈互动活动中，相关互动子话题的转换速率也较快。据统计，在长达 14 多分钟的视频语料中，总共出现了 33 个子话题，理论上平均每一分钟就要进行近 2.36 个互动子话题。

　　而就重音分布情况来观照，受访嘉宾金超群在整个节目言语表述过程中的重音强调竟然有 62 处，受访嘉宾何家劲有两处，受访嘉宾范鸿轩重音强调则有几乎没有，统计下来金超群一人竟然是其他两位总和的31倍。同时结合本视频资料整体来观照，我们也发现受访嘉宾金超群在本次人物访谈前期承担了绝大多数各类提问的趣答和妙答。此外，三位受访嘉宾各自运用身体体态语进行强调的详情为：金超群有29处，何家劲有6处，而范鸿轩不算后续中场演绎互动的话则一次都没有。值得一提的是，在本次人物访谈互动活动他们各自的回答过程中，受访嘉宾金超群在互动交流时喜欢兼用重音和身体体态语，何家劲则略微偏好于用身体体态语辅佐交际，范鸿轩则更倾向于采用一板一眼的严谨访谈范式，除了偶有调侃之语。

　　我们也可发现主持人在具体访谈提问过程中，运用单刀直入语言表达策略的地方有如下几处：第一问答相邻对中的"尤其这个位置对不对？"第二问答相邻对中的"在哪儿呢？"第三问答相邻对中的"大家看到这张照片猜猜是多少年前的？"第四问答相邻对中的"1993年距离今年多少年？"第六问答相邻对中的"嗯，其他人老了吗？"第八问答相邻对中的"反正就像什么展昭呀，公孙策呀他们老了吗？"第九问答相邻对中的"是不是有人在下面监视着，所以说的？"第十问答相邻对中的"您是只负责把脸涂黑还是都涂哪儿？"第十三问答相邻对中的"现在体重是多少？"第十四问答相邻对中的"您是为了这个角色去长的吗？"第十六问答相邻对中的"然后那个整个的化妆要多长时间呢？"第十七问答相邻对中的"那得捂多长时间啊？"第十八问答相邻对中的"还有粘那个小月亮呢？您跟我讲讲，小月亮是拿什么弄的？"第十九问答相邻对中的"您还用以前那个吗？"第二十一问答相邻对中的"那剧本呢？"第二十四问答相邻对中的"是什么？"第二十五问答相邻对中的"我应该怎么叫他们呀？"第二十六问答相邻对中的"就是谁能记得当时你们见到何家劲的印象？您还记得吗？"第二十七问答相邻对中的"金大哥对他的印象是什么？"第二十九问答相邻对中的"你有拍过很长时间的戏吗？"第三十一问答相邻对中的"那你怎么摆得那么像呢？"第三十二问答相邻对中的"公孙策会吗？"

　　而运用较为委婉语言表达策略的则有：第五问答相邻对中的"所以我觉得岁月总是不在男人身上留下痕迹，还是他们就没什么痕迹一直？"

第十一问答相邻对中的"他上到这儿显脸小?"第十二问答相邻对中的"您那时候脖子应该也挺长的?"第十五问答相邻对中的"太累了是不是?"第二十问答相邻对中的"穿坏?"第二十二问答相邻对中的"就在那儿写?"第二十三问答相邻对中的"这个新的包公,我听说您也参与了很多的想法?"第二十八问答相邻对中的"那不是有盐巴了吗?"第三十问答相邻对中的"我们是否能请家劲兄现场给我们小舞一把呢?"又如第三十三问答相邻对中的"真的出过状况?"

如对以上数据用柱形图进行统计,则可以直观表现表4-17、图4-13。

表 4 – 17

问答相邻对 语言表达策略	具体问答相邻对数目	在总数中所占比例（%）
单刀直入	22	68.75
较为委婉	10	31.25

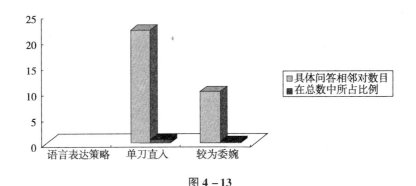

图 4 – 13

由此可见,主持人在本次人物访谈互动活动中所彰显出来的提问风格,总体上还是呈现出干净利落之势,她主要侧重于单刀直入言语表达策略的运用,当然同时也会辅以一定数量较为委婉言语表达策略。值得一提的是,同时在本次人物专访中,她也还经常别出心裁地模仿古人,多次向受访嘉宾们欠身施礼,客观上这也可看成是其惯用的"插科打诨"行为策略。

而三位受访嘉宾在具体回答过程中也综合运用了多种言语策略,总体上来观照，其回答风格呈现出刚柔并济的特点：既有不少正面回应，也有些许侧面巧避。正面回应的诸如：金超群在第一问答相邻对中对于公堂设置问题回应时的"直陈"，金超群在第十一问答相邻对中对于化妆化到前脸是否显脸小问题回应时的"直陈"，金超群在第十二问答相邻对中对于当时脖子粗细问题回应时的"直陈"，金超群在第十三问答相邻对中对于现在体重问题回应时的"直陈"，金超群在第十六问答相邻对中对于化整妆时间多久问题回应时的"直陈"，金超群在第十七问答相邻对中对于化妆细节问题探寻时的"直陈"，金超群在第十八问答相邻对中对于小月亮如何制作问题回应时的"直陈"，金超群在第十九问答相邻对中对于小月亮是否可以重复使用问题回应时的"直陈"，金超群在第二十问答相邻对中对于戏服穿坏问题回应时的"直陈"，金超群在第二十一问答相邻对中对于当时剧本创作问题回应时的"直陈"，金超群在第二十二问答相邻对中对于剧本是否是现场递交问题回应时的"直陈"，金超群在第二十五问答相邻对中对于如何称呼另外两位受访嘉宾问题回应时的"直陈"，何家劲在第二十五问答相邻对中对于如何称呼另外两位受访嘉宾问题回应时的"直陈"，范鸿轩在第二十六问答相邻对中对于初见何家劲印象问题回应时的"直陈"，金超群在第二十七问答相邻对中对于初见何家劲印象问题回应时的"直陈"，何家劲在第二十八问答相邻对中对于戏服风干后是否有盐巴问题探寻时的"直陈"，范鸿轩在第二十九问答相邻对中对于是否拍过很长时间戏问题回应时的"直陈"，何家劲在第三十问答相邻对中对于是否可以现场舞剑助兴问题回应时的"直陈"，何家劲在第三十一问答相邻对中对于为什么拍戏时如此善于舞剑问题回应时的"直陈"，金超群在第三十二问答相邻对中对于范鸿轩是否会舞剑问题回应时的"直陈"，范鸿轩在第三十二问答相邻对中对于范鸿轩是否会舞剑问题回应时的"直陈"，金超群在第三十三问答相邻对中对于老版穿帮问题回应时的"直陈"，何家劲在第三十三问答相邻对中对于老版穿帮问题回应时的"直陈"，范鸿轩在第三十三问答相邻对中对于老版穿帮问题回应时的"直陈"。

　　侧面巧避的表现在以下几处：金超群在第二问答相邻对中对于主持人关于狐朋狗友问题回应时的"曲答"，金超群在第五问答相邻对中对于岁月是否会在男人身上留下痕迹问题回应时的"曲答",金超群在第六问答相邻对中对于其他人是否老了问题回应时的"曲答",金超群在第八问答相邻对中对于展昭和公孙策是否老了问题回应时的"曲答",金超群在第九问答相邻对中对于如此夸人是否是事先约好问题回应时的"曲答",金超群在第十问答相邻对中对于上妆时是否只涂黑脸问题回应时的"曲答",金超群在第十四问答相邻对中对于体重是否因演戏而飙涨问题回应时的"曲答",金超群在第十五问答相邻对中对于体重飙涨是否因为是拍戏太累问题回应时的"曲答",金超群在第二十三问答相邻对中对于是否参与了新包公形象设计问题回应时的"曲答",金超群在第二十四问答相邻对中对于原班人马感情深原因探寻时的"曲答",金超群在第二十八问答相邻对中对于何家劲戏服风干后是否有盐巴问题探寻时的"曲答",范鸿轩在第三十一问答相邻对中对于何家劲为什么在拍戏时如此善于舞剑问题回应时的"曲答",何家劲在第三十一问答相邻对中对于为什么金超群会拍惊堂木问题回应时的"曲答",金超群在第三十一问答相邻对中对于范鸿轩为什么会认字问题回应时的"曲答"。

如对以上数据用柱形图进行统计,受访嘉宾金超群在访谈互动活动具体回答过程中语言表达策略的统计情况详见表 4-18 和图 4-14。

表 4-18

问答相邻对 / 语言表达策略	具体问答相邻对数目	在总数中所占比例(%)
正面回应	15	55.56
侧面巧避	12	44.44

在此次人物访谈互动活动中,受访嘉宾金超群在具体回答提问过程中,采用正面回应言语表达策略的数目略多于侧面巧避言语表达策略的使用数目。

而受访嘉宾范鸿轩在本次人物访谈互动活动具体回答过程中语言表达策略的统计详见表 4-19 和图 4-15:

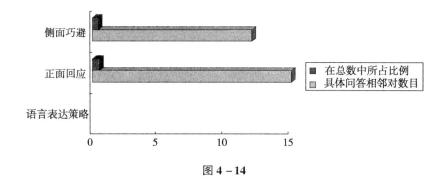

图 4 - 14

表 4 - 19

问答相邻对 语言表达策略	具体问答相邻对数目	在总数中所占比例（%）
正面回应	4	80
侧面巧避	1	20

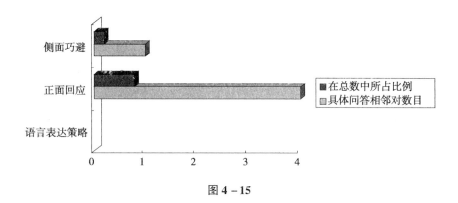

图 4 - 15

在此次人物访谈互动活动中，受访嘉宾范鸿轩在具体回答提问过程中，主要也是采用了正面回应言语表达策略，同时也辅以少量侧面巧避言语表达策略。

而受访嘉宾何家劲在访谈互动活动具体回答过程中语言表达策略的统计详见表 4 - 20 和图 4 - 16：

表 4 - 20

问答相邻对 语言表达策略	具体问答相邻对数目	在总数中所占比例（%）
正面回应	5	83.33
侧面巧避	1	16.67

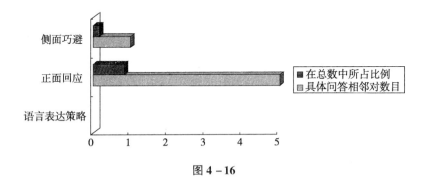

图 4 - 16

在此次人物访谈互动活动中，受访嘉宾何家劲在具体回答提问过程中，主要也是采用了正面回应言语表达策略，偶尔辅以少量侧面巧避言语表达策略。

如利用语言学研究方法来进行观照，我们也可对主持人李静所使用句子的长度专门进行数据统计，详见表 4 - 21 和图 4 - 17：

表 4 - 21

句子长度 相关数目	具体数目	所占比例（%）
1 字句	4	3.6
2 字句	7	6.31
3 字句	5	4.5
4 字句	5	4.5
5 字句	11	9.36
6 字句	6	5.41
7 字句	10	9
8 字句	8	7.21

续表

句子长度　　　　相关数目	具体数目	所占比例（%）
9 字句	10	9
10 字句	6	5.41
11 字句	3	2.7
12 字句	5	4.5
13 字句	2	1.8
14 字句	2	1.8
15 字句	4	3.6
16 字句	1	1
17 字句	2	1.8
18 字句	2	1.8
19 字句	2	1.8
20 字句	1	1
23 字句	2	1.8
24 字句	1	1
28 字句	2	1.8
29 字句	2	1.8
31 字句	1	1
32 字句	3	2.7
35 字句	2	1.8
40 字句	1	1
47 字句	1	1

我们在此可很直观地发现：主持人李静在本次访谈互动活动中所选用语句字数范围主要集中在 1—40 字，且具体出现数目自 1 到 11 个不等。加之其间长句中以逗号数目为主要区分度，进而导致所夹杂的短句数目颇多，可见她更喜欢采用中短句和散句来进行本次访谈互动交流。值得一提的是，她在其间也使用了一些具有较强主观感情色彩的积极修辞手法，如在第二问答相邻对中她还用比喻和反语的修辞手法来调侃受访嘉宾三人："听说今天包大人呢，带了您这个<u>很多</u>的<u>狐朋狗友</u>来到了

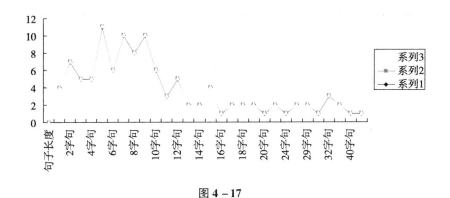

图 4 - 17

现场……" 又如在第二十二问答相邻对中她调侃："不是你们拿得都跟烙饼似的！都热乎乎地就开拍了！"，此处又是采用了比喻的修辞手法。这些修辞手法的多元运用不仅使她的言语表述饶有兴味，同时，也能够充分调动起人物访谈现场的欢乐氛围。同时，其遣词造句的口语化倾向也较浓。此外视频语料整体显示，主持人在提问具体过程中主要使用的疑问句类型为是非、选择和特指问句三类。

　　而在受访嘉宾金超群的言说过程中，我们也可以对其所使用句子的长度进行数据统计，详见表 4 - 22 和图 4 - 18：

表 4 - 22

句子长度　　　　　　相关数目	具体数目	所占比例（%）
1 字句	4	3.24
2 字句	7	5.67
3 字句	2	1.62
4 字句	5	4.05
5 字句	9	7.07
6 字句	9	7.07
7 字句	6	4.86
8 字句	7	5.67
9 字句	7	5.67
10 字句	4	3.24

续表

句子长度 相关数目	具体数目	所占比例（%）
11 字句	10	8. 1
12 字句	6	4. 86
13 字句	8	6. 48
14 字句	2	1. 62
15 字句	6	4. 86
17 字句	5	4. 05
18 字句	5	4. 05
19 字句	5	4. 05
20 字句	2	1. 62
22 字句	1	0. 81
23 字句	2	1. 62
24 字句	3	2. 43
27 字句	2	1. 62
28 字句	2	1. 62
29 字句	2	1. 62
33 字句	1	0. 81
38 字句	1	0. 81
42 字句	1	0. 81

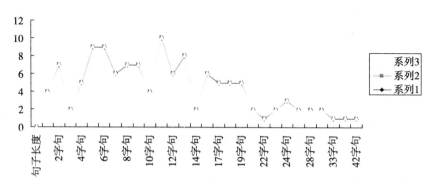

图 4－18

　　我们在此也可很直观地发现：受访嘉宾金超群在本次访谈互动活动中所选用语句字数范围主要集中在 1—42 字，且具体出现数目自 1 到 10 个不等。加之其间长句中以逗号数目为主要区分度，进而导致所夹杂的短句数目也颇多，可见其更喜欢采用中短句和散句来进行本次访谈互动交流。虽然他使用过少量具有较强主观感情色彩的积极修辞手法，如他经常在言语表述过程中调侃自己和其他两位受访嘉宾，如在第十一问答相邻对中的"肚脐眼没上"，在第二十四问答相邻对中的"他好想演包公！"，第二十八问答相邻对中的"剧组拿那个盐巴就炒菜了"，第三十一问答相邻对中的"你看看范哥以前根本不认字啊，演公孙策就会了"。这些充满生活气息的话语调侃手法的综合运用，不仅使他自己的言语表述饶有兴味，同时也能够充分调动起访谈现场的欢乐氛围。与此同时，其遣词造句的口语化倾向亦是非常浓烈。此外视频语料整体显示，他在具体交流过程中还运用了多处手势体态语进行强调。

　　而在受访嘉宾何家劲的言说过程中，我们也可以对其所使用句子的长度进行数据统计，详见表 4 - 23 和图 4 - 19：

表 4 - 23

句子长度 / 相关数目	具体数目	所占比例（%）
3 字句	2	8.7
4 字句	3	13.04
5 字句	1	4.35
6 字句	4	17.39
9 字句	1	4.35
10 字句	5	21.72
11 字句	1	4.35
12 字句	1	4.35
14 字句	1	4.35
15 字句	2	8.7
17 字句	1	4.35
27 字句	1	4.35

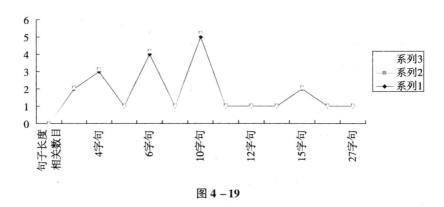

图 4 - 19

　　我们在此也可很直观地发现：受访嘉宾何家劲在本次访谈互动活动中所选用语句字数范围主要集中在 1—27 字，且具体出现数目自 1 到 5 个不等。加之其间长句中以逗号数目为主要区分度，进而导致所夹杂的短句数目颇多，可见其更喜欢采用中短句和散句来进行本次访谈互动交流。值得一提的是，虽然他在其间没有使用过很多具有较强主观感情色彩的积极修辞手法，但却经常在调侃自己和其他两位受访嘉宾时展现出极为夸张的表情，如在第二十六问答相邻对中的"不会吧?!"，在第二十九问答相邻对中的"他用了 86 支毛笔"，第三十一问答相邻对中的"金哥他以前老会拍那个惊堂木了。就是拍戏学得，拍得那么像！"，第三十二问答相邻对中的"来，当年那个什么狂风！"，这些调侃手法的运用，不仅使他自己的言语表述饶有兴味，进而张扬了自己的独特个性，同时也能够充分调动起访谈现场的欢乐氛围。与此同时其遣词造句的口语化倾向也非常浓。此外视频语料整体显示，他在具体交流过程中也运用了多处手势体态语进行强调。

　　在受访嘉宾范鸿轩的言说过程中，我们也可以对其所使用句子的长度进行数据统计，详见表 4 - 24 和图 4 - 20：

表 4 - 24

句子长度　　　　　　相关数目	具体数目	所占比例（%）
3 字句	2	11. 11
4 字句	3	16. 66

续表

句子长度 相关数目	具体数目	所占比例（%）
7 字句	3	16.66
9 字句	1	5.56
10 字句	2	11.11
11 字句	3	16.66
15 字句	2	11.11
19 字句	1	5.56
23 字句	1	5.56

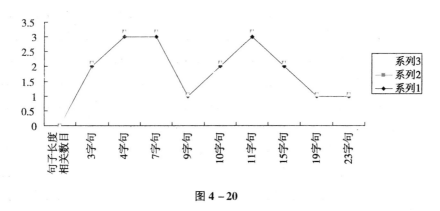

图 4-20

　　我们在此也可很直观地发现：受访嘉宾范鸿轩在本次访谈互动活动中所选用语句字数范围主要集中在 3—23 字，且具体出现数目自 1 到 3 个不等。加之其间长句中以逗号数目为主要区分度，进而导致所夹杂的短句数目也颇多，可见其更喜欢采用中短句和散句来进行本次访谈互动交流。值得一提的是，虽然在其间并没有使用过很多具有较强主观感情色彩的积极修辞手法，但他在调侃自己和其他两位受访嘉宾时却有着自己独特的搞怪办法，如在第二十五问答相邻对中的"静姐，你好！学生这厢有礼了！"，第三十一问答相邻对中的"他真会。他拍这十几年当中，每天学。他本来是不会的。这会儿可是功夫高深哪！"，第三十二问答相邻对中的"当年我演过武侠戏，演一个侠士，有没有三分样？苦练剑出鞘，不是剑不入鞘！宝剑出鞘！一朵小剑花，剑不入鞘！"显然这些调侃手法的灵活运用，不仅使他自己的言语表述饶有兴味，进而展露出其性格中不为人知的搞怪一面，同时也能够充分调动起访谈现场的欢乐氛围。与此同时，其遣词造句的口语化倾向也较为浓烈。

值得一提的是，在这期电视节目中曾多次出现过诸如"嗯""对"和"是"等单音节词语，其实这也是访谈交流中的言语性积极反馈的重要表现形态之一。

当然，我们完全可以发现，有时候积极性反馈也会通过一些体态语（如点头、微笑）等手段来进行，但无论如何，所有这些都在强调一个意思："你的话题我很感兴趣，请继续说!"而且与此同时，主持人也往往会通过适当重复受访嘉宾的话语信息，以引起受访嘉宾或现场内观众的注意，进而起到强调或补充的作用。事实上，也只有通过这样的鼓励，主体双方之间的各种互动活动才能更顺利地进展下去，也才能使整个人物活动受控于主持人，显然这其实也是主持人技巧娴熟的一种重要表现形态。例如在第二十八和二十九问答相邻对之间，受访嘉宾何家劲说自己当时在拍摄老版《包青天》电视剧时很辛苦，一共穿坏了78双鞋，主持人李静立马就重复了受访嘉宾的话语信息，进而使后续互动子话题得以顺利推进下去。

就整体上来观照，主持人与受访嘉宾（们）的互动交流很多时候往往需要经由主持人与受访嘉宾们之间一问一答和一问多答这些典型表现形式，方能共同完成。而且他们在语言资源具体配置方式处理上也较为灵活多变，其各式各样的性格特质也能让现场内外观众较为直观地感受到。语料显示，他们三者气质性格各有特色：金超群老辣搞笑，尤其喜欢在互动交流中突然冒出一些让人意想不到的词语，来达到逗人发笑的话语表述效果，例如他在第七问答相邻对中还曾反客为主略带调侃式地反问了主持人："所以我得说实话，还是说假话?"何家劲则真性直率，往往喜欢用一些搞怪的行为策略来凸显自己的独特个性。而范鸿轩相比较而言还算温文儒雅，但亦不乏偶有调侃之语。

此外，在整个访谈电视节目后半段中，主持人和受访嘉宾们之间闲聊调侃的成分占据了重要比例，故而在搞笑演绎之时，他们几者之间的话语轮次往复频率推进，往往也是呈现出较快发展态势，这在现场比较活跃的互动氛围中也得到了极为鲜明的印证。值得一提的是，主持人还

较善于调节现场互动气氛，使受访嘉宾能够抛开拘束随意相互调侃和自
我展示。她在实际操作时能够综合运用各种形式的搞怪行为，来拉近与
受访嘉宾之间的距离。例如受访嘉宾金超群一上来她就调侃"包公带来
狐朋狗友"以及与受访嘉宾们相互欠身行古礼等，而且其标志性大笑的
广泛运用，也是其增加现场观众笑点和感染现场氛围的一大利器。例
如，在原先要求受访嘉宾何家劲舞剑未果的情况下，又立马顺应情境地
将互动子话题进行灵活转换，进而使众受访嘉宾又合力重现老版细节瑕
疵，使后续互动子话题得到了较为顺利的发展。概而述之，所有这一切
又都是为了能够圆满实现本次访谈的既定主旨"讲述《包青天》剧组
台前幕后的故事"。

第五章

语境理论统辖下低高互动活动
横向修辞学分析

关于电视传媒语境顺应理论，在前文中已有详述，此处仅作一些补充。在本书研究视域中，我们赞同王建华、周明强和盛爱萍将语境本身看成是一个有机系统的观点："（语境本身）有稳定的核心因素，也有较自由的外围因素……所谓核心构成因素是指在现实交际中与语用过程同现的、并与之伴随始终的种种因素，它们相当的稳定，与语用交际须臾不可分离。这些因素常见的有：时间、地点、场合、境况、话题、事件、目的、对象等不可少的现场语境因素；另外还有社会心理、时代环境、民族习俗、思维方式和文化传统等，也是语境的核心构成因素……语境的外围构成因素主要指的是在语用交际中出现的一些带有临时性质的因素，如交际者的身势、体态、关系、情绪，语用的载体、语体、风格等。同上述核心因素相比较，这些因素或不是伴随始终的，而是可选择的；或不是必有的，而是可缺的；或出现频率不很高；或性质和功能不太稳定，更多的带有临时的、自由的色彩。"[1]

此外，在具体分类问题的探讨上，王建华、周明强和盛爱萍还倾向于将语境分为言外语境（认知背景、社会文化）、言内语境（语篇、句际）和言伴语境（伴随、现场），其中言伴语境又更多地体现为其他两种语境的中间过渡地带。我们认为此分类还较为贴近言语交际实际，尤其是针对言伴语境的区分，更是将诸如语体、情绪、媒介、时间、地点、场合、目的、对象和其他种种临时性限制因素都涵盖了。

---

① 王建华、周明强、盛爱萍：《现代汉语语境研究》，浙江大学出版社 2002 年版，第 69—70 页。

结合目前所掌握语料的实际情况，在完成前几章深入研讨后，我们还可以从特定主旨、时期、场合、对象和文化等五方面再进行后续横向专题分析，以期能够从其他不同视角对本书研究内容有所深入。

第一节　特定主旨角度分析

众所周知，在大多数正常情况下，一个心智健全的人去从事任何社会活动，总是或多或少因为其内心里有些许特定考虑在努力驱使。而这种考虑往往可以看成是主体对于其自身种种需要的一种独特体验方式，亦可将其统称为"动机"。

就理论层面来观照，动机既可表现为想要追求某一具体事物或开展某一具体活动的意图，亦可以表现为希望规避某一具体事物或停止某一具体活动的想法。甚至它也可能是一种极为复杂的心理现象，下辖冲动、发泄和认同等内容。这主要是因为动机一般是指"引起个体活动，维持已引起的活动，并促使该活动朝向某一目标进行的内在作用"①。动机从心理学角度又可以进一步定义为激励和维持人的行动，并将行动导向某一目标，以满足个体某种需要的内部动因。动机是在目标或对象的引导下，激发和维持个体活动的内在心理过程或内部动力，它是一种内部心理过程，很多时候不能直接观察，但是可以通过任务选择、努力程度、活动的坚持性和言语表示等行为进行推断，因此它具有激活、指向、维持和调整功能。

其实在国内，古代一些学者就已曾论及此问题，例如《毛诗大序》曰："诗者，志之所之也，在心为志，发言为诗。情动于中而形于言。"这里面的"情"其实我们可进一步理解为人类表达欲望的激发。吴礼权也在《修辞心理学》中对修辞动机有过这样的界定："所谓'修辞动机'，就是修辞的目的……修辞动机的产生是由于修辞主体（即说写者）的生理主要是心理上的需要。"② 此外，张宗正也曾认为在修辞活动中人们"对理想交际效果的关注、期望和追求的心理状态，才是修辞

---

① 张春兴：《现代心理学》，上海人民出版社 1994 年版，第 489 页。
② 吴礼权：《修辞心理学》，云南人民出版社 2002 年版，第 5—6 页。

行为的动机"①。

　　而在国外修辞学界，古希腊学者亚里士多德其实也已在关注类似问题了，如他在"修辞五艺"中首先探讨了构思（也有学者译成"发明"），主张在材料的选择过程中激发起特定思想主张，这同时也恰恰正是其他四艺能够顺利开展的前提条件。但对于动机有深刻见解的还当属美国学者肯尼斯·伯克。他对于动机的研究，首先在于提出戏剧"五位一体"（行为、人物、手段、场景和目的）理论，其实就意在探索这五者之间蕴藉着的本质性关联："在一个关于动机的全面综述中，必须用某个词来命名行为（命名在思想和行为上发生什么），命名场景（行为的背景，行为发生的情境），同时，必须指出什么人或哪种人（人物）进行的行为，他用什么样的手段或工具（手段）以及目的。"② 其次，伯克也认为形式是欲望的激发和满足，而且这种形式还是产生效果的过程："一个作品具有形式，因而其中的一部分引导读者预见到其他部分，读者被连续性所满足。同一性或劝说产生于形式与内容的相互作用，一个修辞作品透过它的形式，引起紧张或期望，听众以此达到同一。"③

　　众所周知，其实每个人内心里除了有衣食住行的生理动机，往往还有社会交往的动机，这主要是因为人是使用符号的群居动物，互动交际原本就是人的天性和自由。但实际情况发展却往往与理想状态有着一定距离：有时囿于诸种因素，作为单个现实存在体的我们，往往无法进行有效沟通交流，而后续需要又导源于先前缺失，故而一旦时机成熟，这种缺失就会转化为需要，需要则又促使强烈交流意愿的形成。值得一提的是，此处所谈到的时机成熟，不仅是指人们在内心不平衡状态下的修正意向的释放，也包括外在诱因的积累爆发。我们认为，动机在某种程度上来说是这二者的复合函数关系，可以被记作 $F = p \sum N \times W$，其中 N 代表内心的修正意向，W 则指代外在的诱因，F 是动机的具体衡量指

　　① 张宗正：《理论修辞学——宏观视野下的大修辞》，中国社会科学出版社 2004 年版，第 212 页。

　　② 温科学：《20 世纪西方修辞学理论研究》，中国社会科学出版社 2006 年版，第 169—170 页。

　　③ 同上书，第 162 页。

标。只有二者的发力方向都趋向一致时，方才能够产生合力进而推动动机的产生，而 P 则是综合考虑现实中某些偶然性事件发生概率所随机进行调整的相关参数值。动机的这种特征，又被张春兴称为中介变项，这主要是因为"就心理学上研究的变项而言，动机不属于自变项，也不属于依变项，动机是介于两类变项之间的"①。

我们之所以认为动机是访谈互动活动得以顺利开展的先决条件之一，主要是因为参与交际的主体双方只有首先明确此次交际意图后，方才能更好地进行交际，也诚如张宗正认为的那样："在交际活动之前、之始，作为信息编码发送角色的修辞主体应当明确参与交际活动的目的和意图，然后才能根据交际的目的意图去选择、组织、加工信息，才能恰当地编码、发送；而作为接收解码角色的另一方修辞主体也只有明确自己参与交际活动的目的、意图，才能根据自己的需要，调动定向注意，获取有效、有用的信息。"② 在访谈互动活动实际开展过程中，所谓动机，不仅指代主体双方之间一种言说表达接受的本能欲望，同时也在或多或少彰显着后续交际行为的具体施行意图。并且动机也往往可以看成是一个"合力"集合：一个总动机经常是由一些子动机丛簇而成，换而言之亦即，动机并非单一冲动，它是由许多次动机复合而成的，而且它往往也会随着我们交际活动的深入和相关题旨情境的转换而发生即时转换。所以说能否抓住其间的主要动机，并有效凝聚其他次要动机为我所用，往往就需要互动主体双方充分发挥主观能动性，这点也诚如荀子认为的那样："辨说也者，心之象道也。心也者，道之工宰也。道也者，治之经理也。心合于道，说合于心，辞合于说，正名而期，质请而喻。"其中"心合于道"是指内心的意图要合于天道纲常，"说合于心"是指辩说要合于人内心的意图，"辞合于说"是指言语行为要合于辩说的目的。这三者的关系是：天道纲常—内心意图—辩说行为，这里面其实也蕴藏着一个动机和主体行为把握的问题。所以说我们在处理动机和主体之间的关联时也不应忽略这样的细节：动机如何为主体所掌握，以

① 张春兴：《现代心理学——现代人研究自身问题的科学》（第二版），上海人民出版社2005年版，第384页。

② 张宗正：《理论修辞学——宏观视野下的大修辞》，中国社会科学出版社2004年版，第94页。

及主体行为对动机的产生有何反作用。

值得一提的是，在本书研究视域中，特定动机往往又与特定主旨有着千丝万缕的联系。所以说，特定动机也往往会影响人物访谈互动活动中特定主旨的设定。

接下来，我们可结合具体语料分别来作进一步观照。此外，鉴于所选视频语料时长一般都在 30 分钟以上，囿于篇幅，限制我们在这一章研究中可统一再次改换研究模式：首先将整个互动活动重要部分划分出几个互动子话题，然后进一步了解相关语境子要素对互动子话题顺利推进的诸多影响，即围绕各互动子话题，分别从主持人和受访嘉宾角度总结其具体言（行）策略的使用规律，与此同时，偶而也附带进行一定程度的数据统计。

（一）低互动度访谈活动层面探索

我们首先在此处选取杨澜的《杨澜访谈录·专访重庆市市长黄奇帆先生》（2010 年 8 月 21 日）这个视频语料来进行分析。

首先可以明确，此次人物访谈的既定主旨即"户籍改革，重庆破冰"。

本视频长达 42 分 52 秒，主体双方在其间总共运营了多个互动子话题，其详情如下：

从 2 分 35 秒到 3 分 28 秒的"重庆户籍改革试点反响如何？"是第一个互动子话题。在这里，主持人在提问时总共进行了 3 次手势体态语强调，而受访嘉宾在回答时则有 8 次手势体态语强调。

从 3 分 49 秒到 5 分 51 秒的"农民工反响如何？"是第二个互动子话题。在这里，主持人在提问时总共进行了 5 次手势体态语强调，而受访嘉宾在回答时则有 32 次，几乎是每句都有手势体态语进行强调。在这个子话题中，受访嘉宾着重就主持人的提问和质疑耐心细致地进行了政策法规和具体落实双结合层面的诸多解释。

从 6 分 11 秒到 7 分 12 秒的是"面向的重庆中、职专学生的首批转户政策"是第三个互动子话题。在这个子话题中，受访嘉宾主要是介绍了此项政策的具体落实情况。主持人在这里提问时总共进行了 1 次手势体态语强调，而受访嘉宾在回答时则有 28 次，也几乎是每句都有手势体态语进行强调，同时其手势体态语也呈现出逐渐丰富的状态：不仅有单指强调，还有单手强调，而且亦有双手强调。

从 8 分 57 秒到 12 分 49 秒的是"户籍改革制度所往何方"是第四个互动子话题。在这里，主持人在提问时总共进行了 6 次手势体态语强调，而受访嘉宾在回答时则有 117 次，也几乎是每句话都伴随着手势体态语。其手势体态语也呈现逐渐丰富的状态，除上述提及的几种手势体态语之外，还有单手捏圆、单掌下劈和双掌下劈等几种。显然在此处，受访嘉宾主要阐述的是及时有效完成农民工户籍转换的五点重要意义。

自 13 分 19 秒到 14 分 33 秒的是"农民工与城市原住民的待遇差异"是第五个互动子话题，这其实是延续第四个互动子话题而来的。在此次，主持人在提问时总共进行了 6 次手势体态语强调，而受访嘉宾在回答时则有 47 次，也几乎每句都有手势体态语在着重强调。值得一提的是，在此主体双方访谈互动过程中，主持人在耐心倾听的同时，也时不时会对受访嘉宾的诸多见解进行分析解读。例如在谈及农民工小孩与城市原住民小孩在读书方面的差异时，主持人就曾分析了现行"高考移民"政策的诸多不合理性。

从 16 分 6 秒到 18 分 56 秒的是"其他城市户籍改革失败的教训"是第六个互动子话题。在此处，主持人在提问时总共进行了 19 次手势体态语强调，而受访嘉宾在回答时则有 86 次，几乎每句话都有诸多手势体态语在进行强调。值得一提的是，手势体态语的种类也较为多元：除却前文提到的几种手势体态语，另外还有单指前倾、双指合并和单掌上倾等一些手势体态语。在这里，我们可以发现主持人先是从石家庄等其他尝试过户籍改革城市的失败教训出发，进而追问受访嘉宾以探求重庆模式的真正特点，其开门见山的访谈风格也使受访嘉宾坦承这个互动子话题的确是"说到要害的"。在这里，受访嘉宾在主持人的逐渐引导下深入探讨了重庆户籍改革模式的根本亮点所在，他们还从对于国内其他一些城市的失败教训和美国模式的深入分析中，逐渐将本次谈话重点集中到了重庆户籍改革模式中城市五个保障和农村三个保障相结合问题的具体阐述上。

从 19 分 36 秒到 21 分 53 秒的是"重庆户籍改革的新亮点"是第七个互动子话题。在此处，主持人在提问时总共进行了 0 次手势体态语强调，而受访嘉宾黄奇帆在回答时则有 105 次，也几乎是每句都有手势体态语在相伴随进行语势强调。我们在此发现受访嘉宾还是沿着上个互动子话题在进行后续阐述,例如黄奇帆在其间就用了一个很形象的比喻来阐释重庆户籍改革的新亮点所在:城市"五件衣服"(养老、医疗、教育、住房和就业)相当于五个保障,而农村"三件衣服"(宅基地、承包地和林地)就相当于是三个保障。由此显然已经可以明确重庆户籍改革的亮点就是:要充分尊重农民工的自身意愿,使其在相关利益综合比较之后,自愿褪去农村的"三件衣服"。

从 23 分 4 秒到 25 分 35 秒的是"重庆户籍改革模式的实际支出"是第八个互动子话题。在此处,主持人在提问时总共进行了 3 次手势体态语强调,而受访嘉宾在回答时则有 118 次,几乎也是每句都有手势体态语,在进行即时强调。受访嘉宾在此主要论述了重庆户籍改革所需花费政府财政支出的具体数额,以及这些补贴支出的具体流向。而主持人在此更多的则是处在一个倾听者的基准上在推进该次访谈互动。

从 25 分 59 秒到 29 分 33 秒的是"重庆户籍改革模式的如何说服城市原住民接受新政"是第九个互动子话题。主持人在此处提问时总共进行了 23 次手势体态语强调,而受访嘉宾在回答时则有 112 次,也是几乎每句都有手势体态语在进行即时强调。主持人首先以"田螺姑娘"为喻分析了城市原住民对于进城农民工所持有的复杂心态,进而犀利提问黄奇帆。受访嘉宾则在分析户籍改革对于城市原住民的种种好处时,更是以自身经历回顾来强调:给进城多年的农民工以城市居民待遇正是社会公平正义价值的完美体现。

自 30 分 42 秒到 34 分 29 秒的是"重庆户籍改革模式的公租房建设新政"是第十个互动子话题。主持人在这里,提问时总共进行了 0 次手势体态语强调,而受访嘉宾在回答时则有 152 次,几乎每句都有手势体态语进行强调。黄奇帆主要是阐述了重庆的公租房建设政策,认为公租房的建设更有利于为户籍改革的有效深入做好相关配套措施,因为诸如惠普、富士康和英伟达等知名 IT 企业的引入亦能给农民工提供很大数量的稳定工作。主持人在此处则更多是以"嗯""啊"等带有情绪认同性的语气词,向受访嘉宾积极传递倾听意愿,逐渐引导和鼓励受访嘉宾对此问题又进行深入阐释,进而保障能从多方面推进本次访谈既定主旨的圆满实现。

从 34 分 45 秒到 35 分 40 秒的是，"重庆户籍改革模式的教育建设新政"是第十一个互动子话题。主持人在此处，在提问时总共进行了 0 次手势体态语强调，而受访嘉宾黄奇帆在回答时则有 42 次，也几乎每句都有手势体态语在即时进行强调。值得一提的是，受访嘉宾关于重庆教育建设新政的论述，其实也意在于从侧面说明重庆推行户籍改革模式变更的时机已较为成熟。

而从 36 分 1 秒直到 41 分 7 秒则与本次访谈的既定主旨之间的联系不如先前那样紧密，主要是受访嘉宾介绍自己考察民情民意的具体措施等，故而在此不单列为一个互动子话题。

值得一提的是，节目组在整个访谈互动活动中，也插播了十个具有针对性的视频资料短片，不仅有利于更好传递背景性信息，而且也有利于场外观众更好品味本次访谈精髓。

综上所述，我们发现为实现此项既定主旨，主持人共设置了 11 处互动子话题在细节落实方面对其进行分解。从相关互动子话题的具体名称中，我们也不难看出此次人物访谈互动活动的整体演进轨迹：1 "重庆户籍改革试点反响如何？"→2 "农民工反响如何？"→3 "面向的重庆中、职专学生的首批转户政策"→4 "户籍改革制度所往何方"→5 "农民工与城市原住民的待遇差异"→6 "其他城市户籍改革失败的教训"→7 "重庆户籍改革的新亮点"→8 "重庆户籍改革模式的实际支出"→9 "重庆户籍改革模式的如何说服城市原住民接受新政"→10 "重庆户籍改革模式的公租房建设新政"→11 "重庆户籍改革模式的教育建设新政"。

显然，这是一个典型的"剥笋式"互动子话题设置模式：首先是从政策实施后其具体反响如何，然后逐渐深入到政策本身的解读上，由农民工与城市原住民现有户籍政策不公平性出发，也结合其他城市户籍改革教训，进而提出重庆户籍改革模式的亮点所在，最后又围绕着这个亮点，再谈到重庆户籍改革相关配套政策的具体落实情况上。与此同时，我们也可发现在本次低互动度人物访谈进行过程中，该互动子话题设置模式的最大优点就是逻辑脉络清晰，因为这样不仅可以由浅入深、由表及里推进访谈互动活动，而且也易于保障所设互动子话题能与该次人物访谈既定主旨尽可能最大化地保持紧密关联。

　　而就整体访谈效果呈现层面来观照，我们也可发现在这次人物访谈互动活动中，主持人和受访嘉宾之间较为圆满地实现了默契配合：双方围绕相关互动子话题进行了一系列卓有成效的探讨，同时客观上也可将讨论结果尽可能明晰地展现给电视机前观众。在访谈互动活动开展之前，我们发现主持人亦是做了较为充分的"功课"，相关视频短片资料也较有针对性。

　　在本次人物访谈互动活动中，主持人主要是以逼近式提问和语气词的适时回应为具体抓手，逐步引导受访嘉宾就重庆户籍改革这个严肃问题共同进行深入解读。显然她在该次访谈互动活动当中所起到的作用，也正如喻国明在《杨澜访谈》系列图书序言中表述的一样："一个一流的访谈节目主持人应该是主流大气，站在时代发展的制高点上的。这其实包含两层意思：一是指他或（她）主持节目的社会品质，即他（或她）不应该是自恋式的自言自语和卡拉 OK 式的自娱自乐，而是紧紧把握着时代脉动的守望者；二是指他（或她）主持节目的价值品质，他（或她）不是隔靴搔痒的泛泛而谈，而应善于击中社会绷得最紧的那根弦。"[①]

　　此外，视频资料显示，在本次互动访谈活动中，受访嘉宾的手势体态语强调比主持人的手势体态语强调多出好几倍，几乎每句话都有相应的体态手势语在进行辅助性强调，这或许是出于受访嘉宾自身的表达习惯，同时抑或与着本次人物访谈相关互动子话题设置的严肃性有关。但毫无疑问的是，受访嘉宾的确也是逐渐在被主持人调动起积极的访谈互动情绪，进而就重庆户籍改革破冰之旅的具体运行状况，从各个方面进行了综合解读。总而言之，在双方共同努力之下，本次人物访谈互动可谓获得圆满成功——既定主旨获得了最大化实现。

　　（二）高互动度访谈活动层面探索

　　在这里，我们选取的是 2011 年 11 月 19 日李静在《非常静距离》电视节目中专访台湾摇滚歌手张震岳这个典型语料来进行分析。

　　首先可以明确此次访谈的既定主旨即是"赤子之心——探寻张震岳从事十八年摇滚歌唱事业的点滴心路发展历程"。

---

①　喻国明：《杨澜访谈·序言》，中国城市出版社 2006 年版，第 1 页。

本视频长达 37 分 49 秒，主体双方在其间也围绕着多个子话题进行了相关互动交流，其详情如下：

从 7 分 4 秒到 7 分 57 秒的"为什么老戴墨镜？"是第一个互动子话题。在这里主持人在现场观众向受访嘉宾意外表白后，灵活地选择围绕着张震岳的穿着装束来进行第一个提问，而且在其间还充分发挥其惯有的插科打诨主持风格调侃：嘉宾不敢拿下墨镜是因为刚拉完双眼皮。进而"诱使"受访嘉宾当众摘下眼镜，在承认自己有点斗鸡眼的同时，也自我调侃不摘墨镜是不想让人很快看穿自己，使现场互动氛围得到初步渲染。

从 7 分 58 秒到 11 分 10 秒的"为什么老戴帽子？"是第二个互动子话题。主持人在此处又立马将焦点转移到受访嘉宾长年累月带着的帽子上面，这也是其中一个细节把握的重要节点之一，客观上这个细节把握也源自主持人敏锐的观察力，与前个互动子话题一脉相承。与此相适应，现场大屏幕也立马并排呈现出张震岳少年、青年和中年期三张照片。而在这之余，主持人又故作不经意地示意导播播放出受访嘉宾 1993 年刚出道时歌曲《就是喜欢你》的 MTV 录影带，进而才继续手舞足蹈地"调侃"受访嘉宾曾经也有"奶油的一面"。这样一来也就很自然地促使受访嘉宾将访谈重心逐渐放到往事的回忆上。

从 11 分 40 秒到 13 分 13 秒的"为什么你的音乐像一双长满老茧的双手？"是第三个互动子话题。在这里，主持人借由其他音乐人的表述圆满完成对于受访嘉宾音乐独特风格的评价（张震岳的音乐像一双长满老茧的双手，有点扎手却很温暖，一个柔情似水，一个愤怒如火，30 岁的心态与 20 岁很不同）来继续后续话题，进而也促使受访嘉宾在谈及自己从艺 18 年以来对于自身定位之时，能自我调侃为"纯种男人"。在调侃之余，张震岳现场突来雅兴：在现今 37 岁时也不禁深情回忆起自己早年极富冲动的青葱岁月。在受访嘉宾逐渐进入访谈情绪后，主持人也极为自然地改变主持风格，对受访嘉宾进行共情式的感悟："早年的冲动是无人赏识的愤怒，现今的冲动是没事偷着乐的淡定。"

从 13 分 14 秒到 17 分 52 秒的"生活感受成为创作素材"是第四个互动子话题。在认同主持人的人生感悟后，受访嘉宾也打开话匣，举例说明其实在人生旅途中很多生活感受可以成为创作素材，如在深情解读

《两手空空》这首歌曲的艰辛创作心路历程之余，以至于忍不住现场放声高歌，情绪激昂地抱着吉他演绎歌曲《两手空空》，最后自己总结其摇滚曲风是"事情都已发生过了，只能苦笑而过"。

主持人看到现场氛围业已略呈感伤，就又充分发挥其"插科打诨"能力，手舞足蹈地再度将互动子话题转换到受访嘉宾早年创作的经典歌曲《爱之初体验》上。她调侃这首歌只能在喝醉了去 KTV 才能唱，随后竟然也与受访嘉宾一起连唱带跳地现场演绎这首歌曲，不禁引得现场观众和拍齐唱，瞬间再将访谈互动现场氛围推至高潮。

从 17 分 59 秒到 23 分 26 秒的"歌曲可以有不同版本的演绎"是第五个互动子话题。在认同主持人可以将歌曲的功能界定为记录心情变幻后，受访嘉宾现场又即兴将《爱之初体验》换一个慢唱版进行全新演绎。主持人又趁机再将场外微博粉丝网友共同录制的一个名叫"当世界不再那么美好，只有爱才会让我们更美好"的视频现场播放给受访嘉宾，并现场邀请受访嘉宾与其中一位到场的粉丝就《小宇》这首歌进行互动交流，竟又使受访嘉宾再度流下感动的眼泪。

自 23 分 27 秒到 27 分 27 秒的"音乐里的张震岳细腻敏感"是第六个互动子话题。主持人在进行完一轮互动后，又将访谈话题逐渐拉回到受访嘉宾的音乐创作点滴心路历程回忆上来，再加上演播大厅现场一直淡淡地播放着受访嘉宾的经典歌曲，不禁使受访嘉宾在继续回顾自己音乐创作经历时，又再度流下眼泪：至今每次仍会在自己的歌曲中寻找到细微的感动。

而主持人此时又继续拉近与受访嘉宾之间的情感距离，将其自认为"简单、好听、感动的"的创作风格，进一步深情表述为"阿岳音乐带给我的音乐感觉特别像我上大学的时候，然后永远楼道里窗台上有一个男生这样弹琴，并不觉得他是一个多么伟大的音乐家，高高在上，需要膜拜他的音乐，但是你发现你有的时候就想停住那儿，听听这个男生会弹些什么，然后哭一鼻子或者想一想再走"①。虽然仅有些许朴素语言弥漫在主持人的想象中，但其实这段话已极为精辟地总结出受访嘉宾

---

① 主持人这段表述意在强调受访嘉宾创作的歌曲本身具有极大地情绪感染力，其词约而旨远。

18年摇滚音乐创作的终极体悟，感慨之余也使张震岳不禁又再度抱着吉他演绎经典歌曲《小宇》，进而又引爆现场氛围。

从27分28秒到29分35秒的"人生中最低潮经历回顾"是第七个互动子话题。受访嘉宾在这里首次敞开心扉谈论起两位挚爱好友自杀离世所带给他自己的巨大痛楚。主持人此时则认为受访嘉宾在37岁这个年纪已经该对人生有所感悟："发现了男人内心深处的一种小的东西。这种小东西，你说它是事儿吧，又好像不是，男人的那种矛盾，男人的尴尬，男人的空白……"进而获得了受访嘉宾发自内心的认同①，只言片语之间已完成情感交融。

从29分36秒到32分9秒的"张震岳的爱情观"是第八个互动子话题。受访嘉宾在此处首次谈到了自己独特的"慢节奏"爱情观。主持人则又趁机追问探究受访嘉宾打算何时成婚的隐私，插科打诨之间又极为自然地促成互动话题的深入，在受到张震岳的"抱怨"后，又"死皮赖脸"地调侃这个问题是"受张妈妈的委托才来问的"。受访嘉宾最终只得直接回应道"暂时还没想到那个部分"。主持人则依旧不依不饶，并以自己先前对于爱情的看法来推测这种说法只是受访嘉宾还未遇上正确的人的一种托辞罢了。

自32分10秒到33分41秒的"张震岳大爱的玩乐方式"是第九个互动子话题。在这里受访嘉宾通过谈论自己先前喜欢的夜店泡吧生活，进一步谈到了自己年届不惑才转换的另一些玩乐方式：登山露营、骑车、冲浪。

从33分42秒开始到37分49秒更多的是受访嘉宾与现场观众进行的"演唱"互动活动，已与本次访谈既定的访谈主旨关联不大，严格意义上来看已经不能算作一个独立的互动子话题，故而从略。

值得一提的是，节目组在整个访谈互动活动中插播了五个有具有针对性的视频资料短片，着重从背景性信息传递等方面，为本次访谈互动活动的深入进行了铺垫。

综上所述，为实现本次人物专访的既定主旨，主持人总共设置了9

---

① 受访嘉宾此处认同主持人的是，人生难免会有挫折，无能为力的时候就应先端正自己的心态，然后再花时间和精力去解决这些烦恼。

处互动子话题对其进行细节分解。从相关互动子话题的层层推进过程中，我们已可以看出此次访谈互动的演进轨迹：1 "为什么老戴墨镜?"→2 "为什么老戴帽子?"→3 "为什么你的音乐像一双长满老茧的双手?"→4 "生活感受成为创作素材"→5 "歌曲可以有不同版本的演绎"→6 "音乐里的张震岳细腻敏感"→7 "人生中最低潮经历回顾"→8 "张震岳的爱情观"→9 "张震岳大爱的玩乐方式"。显然，这是典型的"远近远"互动子话题设置模式：其中第一、二互动子话题仅是互动前期的引桥过程，意在逐渐在调动起受访嘉宾的访谈情绪。而第三、四、五和六互动子话题则是凸显本次访谈既定主旨的重点部分，这里面不仅有别人对于受访嘉宾音乐风格的准确评价，也有受访嘉宾出道18 年来对于摇滚音乐创作的心路历程回忆，甚至还有受访嘉宾自身和受访嘉宾、主持人歌舞相结合这两种现场动态高级互动形式的频繁出现。

就其实际效果呈现而言，这种手段形式更是进而数次引爆全场气氛，与此同时也多次让受访嘉宾情难自禁地感动落泪。而剩下的第七、八和九三个互动子话题是本次访谈互动的收尾部分，是对于本次人物访谈既定主旨的补充延伸。这种设置模式的最大好处是：由远趋近再到远的相关互动子话题流设置，不仅可以在有限的篇幅内容纳尽可能多的互动子话题，而且互动主体在其间双方可即兴发挥的空间范围较大，不会经常造成访谈互动氛围的意外凝滞和前后相继互动子话题的突兀演进，尤其适用于一些受限性较小、自由度较高的演艺类人物访谈节目。

值得一提的是，主持人在本次访谈互动活动中，时而表现出其惯有的"插科打诨"式主持风格，时而又立马择机转换为深情感悟式主持风格，无论表象如何，均是意在拉近她与受访嘉宾的情感距离。这种灵动鲜活主持风格的有效运营，可以充分展现出一个优秀资深主持人在高级别访谈互动活动中，对于全场局面的综合掌控和对于受访嘉宾情绪的有效引导。细究之下，她不光在这期间采用了些许言语策略，同时也或多或少地采用了一些诸如现场共同演绎受访嘉宾经典歌曲等形式的行为策略。与此同时，再加上受访嘉宾自身的努力配合，一场多姿多彩的人物访谈互动交际活动自然也就随之水到渠成了。

第二节　特定时期角度分析

众所周知，每一期人物访谈互动活动都有其特定的发生时期，它往往既可呈现为事件发展全过程中某一个特定的时间段，也可是某个具体的时间节点。而所有这些时间要素，在某种程度上或多或少又会对整个人物访谈互动活动进行背景性信息补充。

我们可结合语料文本实际分别来进行分析。

（一）低互动度访谈活动层面探索

我们选取的是 2010 年 11 月 13 日崔艳在《中国经营者》中对腾讯公司的总裁马化腾进行专访的视频资料。

在 2010 年 11 月 3 日，同为国内知名 IT 企业的腾讯和奇虎 360 两家大公司曾在网上爆发大战，互相指责对方窃取中国网民的隐私信息。

正如主持人在起始时提到的那样："虽然这场口水仗暂时告一段落，但我们心中却仍然充满疑惑。一家是中国最大的互联网公司，而另外一个是中国最大的在线杀毒公司。这两家原本看似并没有太多恩怨的公司到底为什么要斗得你死我活？这场争斗的背后到底是为了什么？还有哪些是我们所不知道的真相？到底是 360 劫持了 QQ 软件，还是腾信绑架用户打击对手？新技术时代商业竞争的边界到底在哪里？行业应该如何自律？法律法规应该如何及时跟进？好，今天我们请到了身处风暴中心的腾讯董事长……"显而易见，本次人物专访必将是一场有着鲜明指向性的交际活动。

在本期长达 21 分 47 秒的人物访谈电视节目中，我们将进一步来分析这种特殊时期对于相关互动子话题的设置有何直接或间接影响。

从 2 分到 3 分 52 秒，是本次访谈的第一个互动子话题"初闻 3Q 大战的惊愕"。在这里，主持人从受访嘉宾在 10 月 29 日生日当天没有收到生日礼物却收到一份生日炸弹角度进行访谈切入，受访嘉宾随即直言不讳地承认假如再不应战，不出三天腾讯 QQ 必将全军覆没。

自 3 分 53 秒到 5 分 37 秒，则是本次访谈的第二个互动子话题"3Q 大战的真相"。受访嘉宾在此处，明确将这一事件真相定义为"一个公司为了实现其商业目的，针对另一公司制作外挂软件进行恶性劫持的事件"。而主持人在此则又以"丰田车换车轮子"为喻转述了网上一种流行说法，即腾讯以其技术霸权为垄断，禁止其他企业发展与 QQ 具有衍生关系的 IT 产品。受访嘉宾立即针锋相对地以"银行柜员机"为喻进行驳斥：假如只有让自己的隐私信息被银行自动柜员机过滤后才能取到钱，那么存在卡里的其他钱也是非常危险的。显然，现场访谈互动气氛已在日趋严肃。

从 5 分 47 秒到 7 分 50 秒，是本次访谈的第三个互动子话题"3Q大战的方式"。主持人在这里，直接质疑腾讯公司在数亿网民电脑上采用"弹窗大战"的形式是否妥当，虽然其广告接收效果高达 12 亿人次。而受访嘉宾在此时也委婉承认这种方式有待商榷，但在紧急条件下采用却也是无可厚非的，主要因为这是"目前唯一能在最短时间内以最快方式告诉用户真相"的一种方式。在面对主持人认为腾讯公司在逼全国网友做二选一选择题的质疑时，受访嘉宾也坦承此举乃是经过三思后所作出的无奈之举，但假如再重新来一次的话，除了"措辞会写得更好一点外，其实还是没有第二个方法"。

从 8 分 23 秒到 10 分 35 秒，是本次访谈的第四个互动子话题"腾讯到底有没有在上传用户隐私信息"。面对主持人的直接质询，受访嘉宾明确承认腾讯绝对没有扫描用户的隐私信息，也没有上传。而且马化腾也就这一误解进行了专门性权威解释：源于用户将后台防止木马盗号的安全扫描，或被公众误认为是隐私信息的恶性上传，并且也坦承今后将选用特定方法，让客户进行自行选择体验方式。

从 10 分 36 秒到 14 分 9 秒，是本次访谈的第五个互动子话题"3Q大战原因探讨"。受访嘉宾在面对主持人的质疑时，明确承认 3Q 大战的导火索或许是奇虎 360 公司误认为腾讯正在做的 QQ 安全产品会直接威胁到自身的生存，故而才率先发起攻击。同时马化腾在此也对奇虎360 公司这种"既做裁判员又做运动员"的经营模式产生强烈质疑，认为其无异于"直接抢地盘"，故而腾讯为了防止市场份额被侵蚀才会涉足自身 QQ 产品的安全领域。

自 14 分 31 秒到 18 分 29 秒，是本次访谈的第六个互动子话题"腾讯如何看待自身发展度的问题"。其间主持人直接引述有些人士对于受访嘉宾的负面评价"马化腾做企业就是自己走自己的路，让别人无路可走"来进行强势切入。受访嘉宾则委婉回应：其实这是外界误将腾讯的一些基础设施建设看作越界之举，其实腾讯也一直在扶持很多中小型创业公司的运营。马化腾继而在节目中向因此事件受到困扰的用户致以真诚歉意。

自 19 分 3 秒到 20 分 58 秒更多的是涉及马化腾对于今后中国互联网混战时期的一些看法的发表问题，这与本节内容已经关联不大，故而略去。

值得一提的是，在本次节目中共有 6 个视频资料短片来对这个 3Q 大战特定时期进行信息补充。

综上所述，此亦为"剥笋式"互动子话题设置模式：我们可以鲜明地发现，在这 6 个互动子话题的具体设置中，前五个都与 3Q 大战这个特定时期紧密相关，其中第四个互动子话题的设置其实更多的只是在为第五个互动子话题的顺利引出进行引导，第一、二、三和五互动子话题分别主要涉及的是此次 3Q 大战的反应、真相、方式和原因等四部分内容。而第六个互动子话题则是在一定程度上起承上启下的作用，为后续访谈互动活动的开展进行相关铺垫。

就总体来进行观照，鉴于本次人物访谈节目距离 3Q 大战这个特定时期只有短短近 10 天时间，故而本次人物访谈相关互动子话题的设置必将会与此事件紧密相连。

此外，主持人也一改先前一贯的温婉柔和主持风格，在本次人物访谈互动活动中，她在某些时候出于特定需要也往往在采用一些较为强势的言语表达策略，试图以此套出受访嘉宾的真实想法，以促成整个访谈互动活动走向深入。这在某种程度上，与王志在"非典期间"采访王岐山时所运用的策略颇有异曲同工之妙。

（二）高互动度访谈活动层面探索

在这里我们选取的是 2010 年 8 月 28 日周瑾在《波士堂》中对圣元国际集团公司董事长张亮进行专访的视频资料。

在 2010 年 8 月 5 日，《健康时报》曾报道了武汉有三例女婴性早熟病例，许多媒体都不约而同地怀疑其致病缘由乃是因为服用了圣元优博奶粉。

本次视频资料长达 47 分 3 秒。视频资料显示，受访嘉宾在正式接受采访之前先与三位观察员握手致意，这在《波士堂》电视节目开播以来尚无先例。究其原因，张亮之所以采用这样的行为策略，或许不仅在于表示礼貌，而更多地是出于试图拉近与观察员情感距离①的考虑。

其中从 5 分 1 秒开始到 5 分 44 秒，是本次访谈的第一个互动子话题"为何此时选择面对观众"。受访嘉宾在这里坦承：此时接受采访或会遭遇到公司内部的多重阻力，但作为一个企业负责人还是有责任和义务来直面众多消费、员工和投资人。

其中从 5 分 45 秒开始到 8 分 13 秒，是本次访谈的第二个互动子话题"何时听说'早熟门'"。受访嘉宾在接受主持人的继续提问后，也坦承事发当时并没有第一时间看到报纸，但听闻此事后感到非常着急。主要是因为圣元公司在奶粉生产过程中的确并没有去人为添加过任何形式的激素。为强调此意，在这阶段整个话语表述过程中，张亮先后采用了多次手势体态语进行强调，据统计其次数为 6 次。

其中自 8 分 14 秒开始到 10 分 26 秒，是本次访谈的第三个互动子话题"此批圣元奶粉的原料供应是否有问题"。观察员赵民则直接强硬要求受访嘉宾公布当时批次奶粉采购和生产的相关编号。受访嘉宾则选择在此正面回应观察员的提问：婴儿奶粉的主料只有乳清和奶粉两种，而且圣元采用的奶粉来源于新西兰，乳清则来源于法国，两者都是公司长期使用的知名品牌。观察员赵民以"葡萄酒"为喻依旧希望受访嘉宾能进一步公布产地。受访嘉宾也继续直面质询：新西兰方塔拉的奶粉和法国的乳清都占有全世界 30% 以上的市场份额。在此基础上赵民仍旧继续要求受访嘉宾公布那批质疑产品的具体批号。受访嘉宾也只得继续直接回应：所有原材料都是来源于这两处地方的供应。显而易见，此时互动访谈的氛围也逐渐紧张起来。在此情势之下，主持人只得赶紧出来打圆场调控现场互动氛围：要说有问题就是每一批次都有问题，要说没问题那也就是每一批次都没有问题。受访嘉宾在认同此观点基础上，更是斩钉截铁地强调（据统计短短一句话中竟有 5 次手势体态语强调，可见语气之强烈）：只要是任何批次的圣元奶粉都经得起抽检，如有问

---

① 因为在《波士堂》电视节目中，如前所述，三位观察员往往起着"隐形主持人"的作用，且为了体现节目定位，其提问风格往往更为尖锐。

题，自己均可全权负责。

其中从 10 分 27 秒开始到 13 分 30 秒，是本次访谈的第四个互动子话题"如何处理消费者投诉"。在接受观察员丁海英的提问后，受访嘉宾坦承此次事件中婴儿产品的售后咨询也的确较为困难，主要是因为此问题具体涉及的是产品问题与病理性问题的综合比较。观察员丁海英则进一步追问是否在第一时间找到鉴定机构进行鉴定。受访嘉宾也继续选择柔性话语策略进行解释：医疗评测机构其实早就已经开展检测，只是由于程序复杂才未在第一时间进行公布。与此同时，张亮也坦承复杂的本质性原因就在于目前还没有具有权威性的激素检测标准出台。主持人则在此基础上进一步追问：是中国还是全世界都没有相关检测标准？受访嘉宾援引世界卫生组织专家的意见进一步佐证关于激素具体检测标准设定是个世界性难题，而且表明中国关于婴幼儿奶粉检测标准已是全世界最严格。

其中自 13 分 34 秒开始到 14 分 51 秒，是本次访谈的第五个互动子话题"中国标准为何最严"。在应观察员朱红军立马要求受访嘉宾进行实例枚举说明的要求后，受访嘉宾就举了其中蛋白质的一种检测标准：在国外其营养素参考值检测标准仅有二十多项，但中国却有五十多项。此外，受访嘉宾同时也就观察员朱红军提及的乳业新国标问题，阐述了自己的见解。

其中自 14 分 53 秒开始到 15 分 46 秒，是本次访谈的第六个互动子话题"为何当时不用钱来解决问题"。在此处面对观察员朱红军转引某些媒体"当时不花 20 万，现在却亏 20 个亿"的观点后，张亮则坚持认为是否进行赔偿是一个企业的原则底线问题，不能随意更改。

其中从 15 分 47 秒开始到 16 分 19 秒，是本次访谈的第七个互动子话题"你的孩子喝圣元吗"。在这里面对主持人的提问，受访嘉宾坦承：老大不是，老二已经不喝，老三现在还在喝，这是因为圣元奶粉根本不存在出不出事之说。客观而言，这种言说策略的采用也略微起到了缓和现场气氛的作用。

其中自 16 分 20 秒开始到 17 分 47 秒，是本次访谈的第八个互动子话题"为什么出事的是圣元"。在此处，面对观察员的提问，受访嘉宾认为是圣元的市场份额较大，所以遇到的事故几率也会更高一些，目前最重要的不是去指责别人，更应积极去开展自救。

其中从 17 分 48 秒开始到 18 分 27 秒，是本次访谈的第九个互动子话题"此次事件对行业的影响"。对主持人和观察员的轮番提问，受访嘉宾将自己无意间的一声叹息趣解为是"同行为自己捏了一把汗"，同时也打趣整个行业都只能赶紧去自查生产标准去了。

其中自 18 分 29 秒开始到 19 分 49 秒，是本次访谈的第十个互动子话题"此次事件的成因"。面对观察员的轮番提问，张亮坦承此次事件的具体成因，就目前情况来说还是个"医学难题"。而且在面对质疑时，受访嘉宾还机智地反击道：圣元没有在上海卖过，但上海也有"性早熟"案例。而且面对观察员朱红军转引媒体的"三种阴谋论"，受访嘉宾更是斩钉截铁地施展个人处事魅力进行强硬表态："我以我的性格，我说，我不想。真的，我不想，除非有证据，我去看！"这在客观上也能为受访嘉宾赢得不少印象分，这是因为在现实生活中公众很难认为：一个具有很强正义感企业家所经营的企业会坏到哪里去，尽管有时可能也只是受访嘉宾的一面之词罢了。

其中从 19 分 50 秒开始到 21 分 53 秒，是本次访谈的第十一个互动子话题"如何评价圣元此次危机公关"。面对观察员们的轮番提问，张亮也坦承曾陷入过被动局面，因为没有第一时间去主动沟通，同时也主要是因为关于此次事件的成因，圣元公司自身不是权威，所以很难主动地去拿出证据澄清此次事件，目前只能是表达一个自信的态度，同时再尽自己最大能力去做点实事去增强消费者的信心。值得一提的是，整个人物访谈进展到此，当初剑拔弩张的紧张气氛已经稍有舒缓。

自 22 分 35 秒到 40 分 46 秒，主持人、观察员和受访嘉宾主要谈论了中国食品安全和自身企业经营等问题，已与本次访谈特殊时期互动子话题的选择关联不大，故而从略。

此外，也有两个视频资料为本次访谈进行了资讯补充。

就整体上来观照，本次人物访谈的互动氛围自身也有一个内在发展轨迹：从先期剑拔弩张，到中期略为调和，最后到后期的逐渐舒缓。细究其变化的直接原因，这或许主要还是得益于受访嘉宾个人言说魅力的完美展现。结合本次视频资料，我们也可以鲜明地发现在这 11 个互动子话题的具体推进过程中，张亮也是极为完满地展现出了其刚柔并济的言说风格：既不止一次地采用了向公众坦承较为委婉的言说策略，据统计前后次数竟达 6 次，同时又在需要强硬的时候痛下寸土必争的决心，在这两种相辅相成策略的综合运用之下，方才逐渐扭转颓势，进而逐渐赢得本次访谈的主动权。

此外，就相关互动子话题的实际设置情况来观照，这几个互动子话题先从事件外围着手，逐渐深入到事件本身原因的探寻上，最后又再延伸到后续影响的讨论上，总体上设置思路清晰、重点突出，其内在脉络关联基点也都紧紧地扣住了本次人物访谈赖以开展的特定时间背景。

而单就受访嘉宾在此次"舌战群儒"式人物专访中的综合表现来进行解读，我们认为这种可圈可点的言说技巧正是对于吴礼权在《修辞心理学》中所提两点原则的完美诠释："所谓'恰切性原则'，就是修辞主体所建构的修辞文本要对修辞受体有较强的针对性，即与修辞接受者所能接受或理解的知识层面、心理状态、情感情绪等方面的情况大致相符合。所谓'有效性原则'，就是修辞者所建构的文本要使修辞受体能够理解且乐于接受，不可使接受者有晦涩不可理解之感或有情感抵触而不愿接受的情况发生。也就是说，前者是要求修辞主体所建构的修辞文本具有一定的艺术性，后者则要求修辞主体所建构的修辞文本具有可解读性、可接受性。两者是互为因果的，只有有了'恰切性'，才会有'有效性'；凡是'有效的'，总是'恰切'的。"① 在某种意味上，对张亮而言，本次人物专访活动同时也是一次成功的"危机公关"。

第三节　特定场合角度分析

众所周知，每一期访谈互动活动都有其特定的发生场合。而在某种程度上，这些场合的选择或多或少又会对整个人物访谈互动活动产生某种影响。

以下我们可以结合语料文本分别来进行分析。

（一）低互动度访谈活动层面探索

在此处，我们选取的是 2011 年 8 月 20 日崔艳在其《亚洲经营者》

---

① 吴礼权：《修辞心理学》，云南人民出版社 2002 年版，第 42 页。

中分别对星巴克咖啡总裁霍华德·舒尔茨和香啡缤咖啡总裁迈尔·伊莱亚斯进行的专访视频资料。值得一提的是，这两次人物专访都是以各自专属的咖啡店为具体访谈演播厅，而且还不时插进各自咖啡店员工现场工作场景作为补充。就某种意味上而言，这或多或少也是访谈节目组在努力为本次人物访谈互动活动的顺利开展进行相关互动氛围的烘托。

在对星巴克总裁进行正式采访之前，节目组特意播放了他在采访记者陪同下对星巴克店面进行工作视察的视频资料。受访嘉宾也在节目中坦承："我爱我的店面，几乎就像爱我的家庭一样，为了保护和改善星巴克，我愿意做任何事情。"这些视频资料的播放正是极好地印证了这句话。

而在具体访谈互动活动进行时，现场采访记者首先选择了一个与其店面设置有关的互动子话题来进行前期切入。据所选语料视频显示，此过程自 2 分 18 秒开始到 2 分 58 秒结束：

> 记者（全英文采访）：你做了非常困难的决定。关闭了主要位于美国的 900 多家门店，进行了大量的裁员。作为 CEO，你如何站在员工面前宣布如此困难的决定？（手势体态语强调）
>
> 舒尔茨（全英文回答）：在我的整个职业生涯中，那个下午是最困难的时刻。前一晚，我在想站在公司所有员工面前告诉他们有史以来的第一次关店和裁员，他们会是什么反应。那一晚，我没有睡着，因为我知道将要面对怎样的挑战。（手势体态语强调）问题是我知道，告诉大家这么做是为了拯救我们的公司。

这也就随之顺利调动起了该次人物访谈互动活动的现场氛围，进而使受访嘉宾能够调整好自己的情绪状态，与主持人一道共同努力完成本次访谈互动活动。在随后 8 分多钟采访中，受访嘉宾充分打开话匣，与采访记者探讨了诸如 2010 年星巴克公司收入重获新高和公司今后商业模式展望等诸多互动子话题，进而也使整个访谈节目能够顺畅地录制下去，可谓是"一个良好的开头乃是成功的一半"。

而在对香啡缤咖啡总裁迈尔·伊莱亚斯的采访中，我们同样看到了他在正式接受采访之前，也陪同采访记者一道现场观看店里某种香草咖啡的具体制作工艺流程。诚如伊莱亚斯即兴讲述的那样："（在公司创业之初），那是一段令人兴奋的时期，我们在大约一年半的时间在新加坡和马来西亚开设的店面数量就差不多和他们在美国开的一样多了，而他们（香啡缤咖啡前任创业者）已经营了 30 年了……"短短数语之间，其自豪之情也已溢于言表。其实正是有这样一段现场参观经历作铺垫，伴随着后续相关互动子话题的不断展开，我们方才由此知道伊莱亚斯原先从事的竟是法律业，显然这恰巧也就是特定场合前期展示，能为本次人物访谈互动活动深入提供背景信息性铺垫的有力证据之一。

进而在自 11 分 51 秒开始到 12 分 37 秒结束这个视频语料片段中，受访嘉宾逐渐开始打开话匣，首次对采访记者提及了其公司的具体管理风格：

> 伊莱亚斯（全英文）：如果一定要有风格的话，可能是英才管理。（手势体态语强调）选择正确的事情，正确的想法，我通过道德权威来领导员工。从而刺激公司内部的创新，人们可以走进我的办公室，找我谈话。实际上（手势体态语强调），我鼓励他们给我诚实和客观的反馈意见，这是最重要的。
>
> 采访记者（全英文）：即使是不好的反馈意见？
>
> 伊莱亚斯：当然。我创造的就是这样一种人际关系。（手势体态语强调）他们可以走进我的办公室谈他们的看法。有时候，当你坐在象牙塔里，你会看不清真相。因为你信赖的人不敢当面告诉你你错了，所以我需要反馈和辩论。（手势体态语强调）

由此我们可以发现，在很多时候互动主体双方如若能够对特定场合有着准确把握，那么后续访谈互动活动的成功深入往往就能事半功倍。

（二）高互动度访谈活动层面探索

我们在这里选取的是 2011 年 4 月 23 日李静在其电视节目《非常静距离》中对台湾影视演员明道进行专访的视频资料。而值得一提的是，本次人物访谈的具体采访地点，竟然是受访嘉宾在台北的私宅。

在对受访嘉宾房间进行全局性参观后，李静和明道齐聚露台，一边吃着水果冰激凌，一边品着马提尼酒，共同开展一次别具一格、轻松而浪漫的访谈互动活动。

从10分36秒开始到12分17秒，互动主宾双方共同就一些感兴趣的话题进行了"老友闲谈式"的采访前期预热：

> 李静：好像是你回来（台湾）以后，就是感觉，我说不出来，喷。就是会感觉特别的轻松，反正就在自己家里，然后赖在自己家里就是最真实的状态那种感觉。（此时受访嘉宾正在自顾自吃水果和喝酒）所以这差不多两年，我觉得你好像都是在内地。
>
> 明道：对。
>
> 李静：你再次回到人们的视线当中。因为我们知道，有很多很多的机会在等你。你的目的是什么？
>
> 明道：其实我主要是，唔，我觉得有好多的原因。（受访嘉宾开始一边跷着二郎腿，一边挠着耳朵）一方面我在内地其实拍戏，然后大家的，托大家的福，就是其实成绩也还不错。
>
> 李静：内地一哥，内地一哥！对。
>
> 明道：但有一阵子没有回来拍戏。可是我很难，就讲一个最简单的，
>
> 李静：你怕人家忘了你？（手势体态语强调）
>
> 明道：我在内地，其实一直是一个喜欢找到，新东西的人。所以当初我在台湾拍，拍，拍。哎，好像我觉得，好像在某一个情况下我自己觉得停住了。我想要到内地去，然后找一些新的刺激。（手势体态语强调）然后找完了以后，哎，在内地现在拍，我又发现了台湾这一边有一些我想要的东西，所以我就回来。那另外一方面，其实我也很希望就是，喷，在台湾的，在台湾这一块地方上，
>
> 李静：影响力应该持续？
>
> 明道：对。其实我回来拍，其实我很想让台湾的观众也知道说，明道在你们面前，好像消失了两年，但其实我并没有消失，我到别的地方然后学了更多的东西回来。

由此我们可很明显地感受到高互动度访谈活动所彰显出来的独特魅力。原来人物访谈类电视节目竟然可以这样包装设计，演艺类明星专访

互动活动竟然也可以有如此独特的表现形态：主持人和受访嘉宾可以像朋友似的一边吃着冰激凌、喝着马提尼酒，一边又跷着二郎腿闲谈。而且相关互动子话题的选取也是那么随意自然，主持人一张口，受访嘉宾想都没想就可以随意答了上来，前提仅是只要他愿意①。就其客观形态展现而言，我们发现其提问和回答形式均可以是如此不拘一格，其访谈互动氛围竟然是那么浪漫轻松。值得一提的是，我们有理由认为今后某些人物专访也完全可以适当借鉴这种悠然自得的访谈模式。而这种模式的关键就在于互动主宾双方要对特定场合信息有较为准确的把握，从而真正进入状态完成该次访谈互动活动。

第四节　特定对象角度分析

关于特定对象的有效选取问题，我们发现其落脚点归根到底还在于主体内涵外延的界定问题上。

众所周知，所谓主体，《现代汉语词典》中曾有三个义项："一、事物的主要部分，二、哲学上指有认识和实践能力的人，三、法律上指依法享有权利和承担义务的自然人、法人或国家。"②

在国内修辞学界，吴礼权认为修辞主体应是："是指那些有正常语言能力、在说写时有使自己的达意传情尽可能圆满的意向且朝着这一目标作出努力的人。"③ 在谭学纯和朱玲在《广义修辞学》中则持这样的观点："作为修辞活动的主体，表达者和接受者处于修辞活动的两极，二者统一在同一的言语交际过程中，又各有不同的角色分工。"④

再就西方修辞学研究传统来观照，我们发现古罗马时代学者昆提利安在其著作《演说家的教育》中已将雄辩家界定为"贤者"，更是"善于演说的贤者"，且其"贤者"论还影响颇大。美国当代修辞学家肯尼斯·伯克也曾认为作为修辞主体的"人"总是在谋求趋利避害，而且

---

① 经由此处，我们或许可以一窥特定人物访谈节目的独特魅力，这或许在某种程度上也代表着国内人物访谈电视节目未来的一种多元化发展趋势。

② 《现代汉语词典》（修订本），商务印书馆 1996 年版，第 1643 页。

③ 吴礼权：《修辞心理学》，云南人民出版社 2002 年版，第 24 页。

④ 谭学纯、朱玲：《广义修辞学》，安徽教育出版社 2001 年版，第 108 页。

又总是在象征性地与环境保持一定形态的互动。此外，我们知道一些西方修辞学者也在热忱希望：对于修辞学主体的研究，其实不仅应该将目光投向广阔的社会世界，同时也该将视野落到人与人之间各式各样交际行为的深入探讨中去。

在这些理论资源的滋润下，我们认为在国内主流人物访谈类电视节目互动活动修辞化研究过程中，所谓主体，亦即在具体情势语境中，从事修辞活动权利和义务并重的个人或集群组织体。换而言之，他们（包括表达接受双方）在具体访谈互动活动开展过程中，以追求修辞最大效能化为主要目标，并在其间谋求获得特有的精神愉悦和审美感受。也正如谭学纯和朱玲认为的那样："修辞通过审美化的言说和理解，沟通自我和他者。修辞活动是把表达者的主体经验转化为审美化的单元话语，并期待接受者的接受反应：通过表达者完成对世界的审美化言说，通过接收者完成对世界的审美化体验，也就是说，对世界的审美化言说和审美化体验，构成修辞活动的两极。"①

要追求访谈互动活动实现最大效能化，就势必要求我们在实际交往过程中，希冀能以最经济的方式获取最大的交际效益，就其本质而言，这更多应算是一种基于成效利益诉求追逐的理性考虑。众所周知，作为互动交际主体的人，不仅应是一种具有理性逻辑思维的交际动物，同时也应是一种具有感性形象思维的交际动物。我们可以毫不怀疑地认为，人身上体现着其最为真实和可爱的一面，就是该个主体自身的纯粹性，因为人们在内心深处或许都渴望笼罩在真、善和美的光环照耀下也正如日本学者黑田鹏信认为的那样："满足这美欲的，是艺术；但其目的是美。又在人间有知识欲和道德欲，知识欲由科学满足，其目的是真；道德欲由道德满足，而目的为善。这美与真与善，即人生的理想。"②

以下我们可以结合相关语料文本，分别来进行后续探讨。

（一）低互动度访谈活动层面探索

我们在这里选取的语料是2006年2月20日水均益在《高端访问》中对时任巴基斯坦总统的穆沙拉夫在钓鱼台国宾馆进行专访的视频资料

---

① 谭学纯、朱玲：《广义修辞学》，安徽教育出版社2001年版，第97页。
② ［日］黑田鹏信：《艺术概论》，丰子恺译，开明书店1948年版，第107页。

短片。

本视频长达 39 分 3 秒，互动主宾双方全程均用英文进行交流。

从 2 分 31 秒开始到 3 分 56 秒进行的是本次访谈的第一个互动子话题 "中巴友谊"。在这里主持人首先以巴基斯坦民间说法："比海深，比山高，比蜜甜" 来喻指中巴关系，并以此为契机正式切入本次互动访谈活动。受访嘉宾则进一步喜悦地补充道："或许比大洋还要深，比珠穆朗玛峰还要高，总之两国关系进展得很好。"

从 5 分 50 秒开始到 7 分 30 秒进行的则是本次访谈的第二个互动子话题 "中巴能源合作愿景"。主持人以某些媒体对于受访嘉宾此次国事访问意图推测进行切入，受访嘉宾也较为配合地进一步从巴基斯坦具体地理位置优势分析中得出：中国必须与巴基斯坦进行合作才能更方便地得到海湾地区传输来的石油。

自 8 分 2 秒开始到 9 分 36 秒进行的是本次访谈的第三个互动子话题 "近期中国工程师在巴遇袭事件"。在这里主持人从受访嘉宾当时发表的声明着眼认为 "我想现在您面对着镜头，面对着数百万计的中国观众，您一定有话要说……"，进而一步步引导穆沙拉夫对中国人民进行一次现场小型 "演说"。受访嘉宾也较为配合地发言道："对于此次事件在惭愧之余，我们对此（更是）表示强烈谴责，会尽最大努力找出犯罪分子并对他们施以最严厉的惩罚。此外希望中国人民能够知道，广大巴基斯坦人民还是爱你们的。"

从 9 分 37 秒开始到 12 分 56 秒进行的是本次访谈的第四个互动子话题 "近期中国工程师在巴遇袭事件的原因"。在此处，主持人代表广大中国人民，以真诚的态度向受访嘉宾请教近些年来类似针对中国人恐怖事件频发的原因。受访嘉宾则耐心分析认为是俾路支省的两三个反动军阀，为阻挠当地发展所采取的反动军事行为，同时也再次就这一事件进行真诚道歉。主持人则进一步追问受访嘉宾今后是否会有进一步切实行动，来保护在巴中国人民的生命和财产安全，受访嘉宾在明确表态后，又再度 "代表他个人和全体巴基斯坦人民向遇难者家属表示同情和哀悼"。

从 14 分 36 秒开始到 16 分 46 秒进行的是本次访谈的第五个互动子话题 "是否后悔支持美国发动阿富汗战争"。在此处，主持人客观认为："自'9·11'事件以后，您勇敢和大胆的决策，从某种程度上改变了巴基斯坦以及整个民族的面貌。与此同时，您也遇到了一些批评，甚至是责备和人身攻击，它们分别来自于巴基斯坦国内外的一些极端势力。"在被问及是否后悔当初决定时，受访嘉宾不禁先笑着更正了主持人的一个说法："我不知道什么是某种程度上，我认为是很大程度上的改变。"然后，进一步明确表态这个决定是基于巴基斯坦国家安全全局考虑，并且为大多数巴基斯坦人民所接受后才做出的，是"完完全全正确的抉择。"

从18分5秒开始到21分57秒进行的是本次访谈的第六个互动子话题"本·拉登是否藏身于巴基斯坦"。在此，主持人援引基地组织头目本·拉登的原话"宁可去死，也不愿被活捉"，向受访嘉宾提个老问题：您认为他在哪里？受访嘉宾则坦承并不知情，并积极陈述了他还在巴基斯坦某个地区活动的相关主客观原因。

自25分6秒开始到37分13秒进行的是本次访谈的第七个互动子话题"穆沙拉夫本人轶闻趣事"。主持人认为在过去两次专访中已经谈论了很多国际化问题，此次需要根据国内观众意愿，想来了解一下受访嘉宾自身的点滴琐事。受访嘉宾在欣然答应之余，也不禁调侃只要水均益不问及太多隐私问题，必将知无不言、言无不尽。在随后较为轻松的访谈互动氛围中，受访嘉宾就两次被暗杀经历回顾、最大挑战、签名中所体现出性格、家庭生活、子女问题和是否希望永远得到百姓纪念等问题进行了真诚回答，进而揭示了他在总统光环之下，这些年来所走过的一些心路历程。

此外，本次访谈中还有10个视频资料短片穿插其中，为整个电视节目的顺利推进做了相关背景性信息补充。就活动整体来观照，面对这样一位具有特殊身份的重量级受访嘉宾，虽然业已采访过两次，但主持人在此次专访实际提问时显然还是经过慎重考虑：水均益很多时候都是尽量从客观事实中选择特定突破点，来进行后续切入，如第二个互动子话题"中巴能源合作愿景"、第三个互动子话题"近期中国工程师在巴遇袭事件"和第五个互动子话题"是否后悔支持美国发动阿富汗战争"等。而且他在提问过程中遣词造句总体上还是较为谨慎，如在第六个互动子话题"本·拉登是否藏身于巴基斯坦"中，主持人在提问前首先援引本·拉登的原话："宁可去死，也不愿被活捉。"进而才再向受访嘉宾提问："您认为他在哪里？"同时语气也较为婉转。除却最后一个互动子话题稍微轻松一些，在其他六个互动子话题中，我们发现访谈互动氛围在整体上还是呈现出较为庄重的色彩。

（二）高互动度访谈活动层面探索

我们在这里选取的语料是 2011 年 3 月 24 日陈鲁豫在其节目《爱传万家说出你的故事》中，对张铁林和王刚进行专访的视频资料。本视频长达 35 分 4 秒。

从 7 分 37 秒嘉宾好友王刚登场到 10 分 36 秒是本次访谈第一个互动子话题"买瓷碗趣事——王刚反击张铁林"。在这里，受访嘉宾张铁林和嘉宾好友王刚一登场就相互耍贫嘴调侃"辈分"，逗得主持人陈鲁豫和现场观众捧腹大笑，其实一上来三人这种相互"捧哏逗哏式"的言语交流就已为后续访谈互动轻松氛围的顺利维持奠定了基调。王刚在反击张铁林对其"污蔑"时还不忘一边比画，一边"酸"他一下："因为那个是个女店主，这边是个女主持人，你想想他能不来劲吗？这两边，这这，这……"

自 10 分 37 秒到 14 分 1 秒是本次访谈的第二个互动子话题"十一年合作"。王刚在此处不仅惟妙惟肖地模仿着受访嘉宾在当时《铁齿铜牙纪晓岚》电视剧拍摄现场的滑稽举动，逗得主持人和现场观众大笑不止，而且还进一步调侃：好友铁三角之一的张国立擅长把京剧唱成梆子味。张铁林则进一步补充这是拍戏之余的闲情逸致。

从 14 分 2 秒到 15 分 29 秒则是本次访谈的第三个互动子话题"男人之间的友谊"。主持人在这里着重努力引导两位嘉宾进一步谈论男人之间的友谊。但不想受访嘉宾却调侃这是"把他们往沟里带，坚决不能上钩"。而王刚也先故意一本正经地打趣道："无所谓，掉沟里再爬上来呗。"随后才正式回答主持人的提问。

自 15 分 30 秒到 19 分 50 秒是本次人物访谈的第四个互动子话题"迟到成优点"。在此处，王刚迫不及待地反问主持人张铁林是否正点到达演播现场，得到否定答案后，才开始继续调侃这就是张铁林常常自诩的"名士之风"。在张铁林解释缘由之时，王刚又强行进行"拆台"："反正他总有各式各样的理由，明儿指不定他们家房子就给拆喽！不过迟到还真是优点，因为他真的不在乎。"不过在拆完台之后，王刚倒真是开始真诚赞美了一通张铁林这种使他在上海也能有一个文化交友圈的独特性格。主持人要求张铁林谈论他对王刚的第一印象时，他则"反唇相讥"地夸奖王刚也颇具当今名士之风。

从 19 分 51 秒到 22 分 1 秒是本次访谈的第五个互动子话题"演员生活太没意思"。在这里，王刚一上来就强调："演戏实在是太没意思了。"主持人则赶紧趁机寻找互动子话题，以求能让他和受访嘉宾一起爆爆料，吐吐苦水，不过遭到了张铁林搞怪式的"断然拒绝"。陈鲁豫则赶紧笑着圆场道："这是我们没有想到的，我们总觉得你们就像是做梦，恨不得做梦都在想演戏的事"，结果顺利引得王刚接过话茬开始大吐苦水："每天盼着头一句是开工了，然后就是盼着最后一句收工啦。"他接下来更是爆料好友张国立特爱演戏，因为一回家就不知道去干什么了。

从 22 分 2 秒到 25 分 50 秒是本次访谈的第六个互动子话题"家庭生活趣事"。主持人在此处先是故意挑起"战火"："我觉得在做父亲方面，如果评分的话，我觉得王老师得分应该比你高一些。你自己觉得呢？"张铁林和王刚也就只能乖乖地接着话茬，分别谈起了自己对于女儿成长点滴故事中的无尽感慨。王刚更是不忘调侃："做父亲的最害怕就是哪天闺女给你领回一个小流氓来。要是真到了二十五六，二十七八了，你又盼着这个小流氓怎么还不出现呢？"不禁引得主持人与现场观众捧腹大笑。张铁林更是坦言还不知道在女儿出嫁时自己会不会哭。主持人则趁机引导张铁林谈及他女儿管他抽烟的事情，进而总结道："其实女儿管父亲，也是一件幸福的事情。"加上现场的舒缓配乐，不禁也让王刚感慨万千。

从 25 分 51 秒到 35 分 4 秒是本次访谈的第七个互动子话题"不愿告别"。在主持人谈及告别女儿时会不会不忍心时，张铁林坦言自己向来不愿意告别。王刚则趁机又爆料张铁林助理周毛的趣事。张铁林则又爆出自己经常受张国立和王刚的欺负等内幕。

值得一提的是，本次视频语料也有 5 个视频资料短片进行相关背景信息的补充。

此外，主持人在此次专访中，其实并没有长篇累牍的说教，也没有刻意去针对每个嘉宾精心设计每次提问，在很多时候，她总是选择静静倾听和放声大笑。值得一提的是，就算当时有再多疑问，她很多时候，也只是选择简单地表述为几个字或一句话，尽量不去破坏两位受访嘉宾之间"说相声式"的谈话风格，除非有时需要担负起引出全新互动子话题之责时。受访嘉宾们在相互调侃之余，也经常调侃主持人，进而在总体上也使该次人物访谈现场总是呈现出较为轻松有趣的访谈互动氛围。值得一提的是，假如频繁使用这种主持风格而不加以改变创新的话，自然也难免会造成审美疲劳，进而影响节目的收视率，更有甚者，主持人有时还会为此背上"不作为"的黑锅。

第五节　特定文化角度分析

在中国古代"文"的本义是指各色交错而形成的纹理。故《周易·系辞下》也曾有"物相杂，故曰文"的表述，而"化"的本义，则是改变生成的意思。

而在国外，美国社会学家戴维·波普诺（David Popenoe）则从抽象角度认为它是一个群体或社会就共同具有的价值观和意义体系，它包括这些价值观和意义在物质形态上的具体化。

张岱年和方克立也曾对其有过更深入的论述："（文化结构包含）：由人类加工自然创制的各种器物，即'物化的知识力量'构成的物态文化层……由人类社会在社会实践中建立的各种社会规范、社会组织构成的制度文化层……由人类社会在社会实践，尤其是在人际交往中约定俗成的习惯性定势构成的行为文化层……由人类社会实践和意识活动中长期絪蕴化出来的价值观念、审美情趣、思维方式等构成的心态文化层，这是文化的核心部分。"① 简而要之，我们认为文化应是人类在生存生产活动中，共同形成的特定框架及其内涵象征架构范式，同时也是传承历史传统的因子。值得一提的是，其中共同生产生活是先决条件，象征化的语言则是文化的典型凸显形式。这点也正如德国哲学家卡西尔

---

① 张岱年、方克立：《中国文化概论》（修订版），北京师范大学出版社 2004 年版，第 4 页。

在其著作《人论》中曾说过的那样："符号化的思维和符号化的行为是人类生活中最富于代表性的特征，并且人类文化的全部发展都依赖于这些条件。"① 在我国修辞学界，陈炯又曾撰文归纳："一定的文化总是在一定民族的机体上生长起来的。民族群体是民族文化的土壤和载体……文化符合性。任何民族文化都表现为该民族在创造和使用一些象征符号系统过程中的思维和行为方式……文化的整合性。文化是一定民族为满足其生存需要而创造的整套生活、思想、行为的模式，它是一个由多方要素综合而成的复杂的整体……文化的承袭性与可变性……文化的显性与隐性。显性文化指与主观意识、狭义文化联系明显的一种文化；隐性文化指与主观意识、狭义文化联系不明显的文化。修辞属于显性文化。"②

众所周知，中西方各自有着不同的文化发展渊源。对此，申小龙认为："汉民族从不把语言仅仅看作一个客观、静止、孤立、在形式上自足的对象。而把语言看作一个人参与其中、与人文环境互为观照、动态的、内容上自足的表达与阐释过程……如果说西方语言是思维客体化的产物，那么汉语是思维主体化的产物……前者是以神统形，后者是以形摄神。"③ 在中国人的集体无意识中，一直存在这样一个古老的命题："天人合一"，这主要是因为我们中国人在思维方式上更注重强调的是世间万物的整体性和统一性，与此同时，在生活实践中也很注重人与社会的和谐共处。相比较而言，西方人则更加向往自由，更加注重人性的解放，更加强调社会的公平、公正，也更希望能通过征服自然来实现挑战自我的夙愿，这里面其实早已掺杂着些许宗教的成分。例如，石海兵和刘继平在分析其宗教经典著作《圣经》时，就曾认为："（《圣经》）这些说法中隐含着一系列对人与自然关系的思想观念。其一，人是凌驾于自然之上的，有统治自然界的权力；其二，人与自然界是敌对的；其三，人只有在征服、战胜自然的艰苦斗争中才能求得生存。这些观念的

---

① ［德］卡西尔：《人论》，甘阳译，上海译文出版社 1985 年版，第 35 页。
② 陈炯：《关于中国文化修辞学的几点构想》，《江南学院学报》2000 年第 1 期。
③ 申小龙：《汉语与中国文化》（修订本），复旦大学出版社 2008 年版，第 2 页。

影响非常深远，在很大程度上造就了西方文化在自然观上的基本态度。"①

其实也正如有些学者认为的那样："这种区分是相对的，因为在任何环境里，这两种类型的交际都可能同时存在。在跨文化交际中，对交际环境的依赖程度可能大同小异，也可能有天壤之别。东方与西方在这方面的差异是悬殊的。通常人们认为，东方文化属于高语境文化，西方文化属于低语境文化。所以，在东方文化中，以中国人为代表，人们交际中重'意会'、'领会'，'尚象'，尚'言象互动'，而在西方人，尤其是美国人交际中，十分重视'言传'，即'尚言'。"②

以下我们可以结合具体语料文本，分别来进行后续分析。

（一）低互动度访谈活动层面探索

我们在这里选取的语料是 2005 年 3 月 12 日杨澜在《杨澜访谈录》中对美国前总统克林顿进行专访的视频资料。

本视频长达 23 分 46 秒。本次访谈全程均采用英文。

从 1 分 14 秒到 4 分 1 秒是本次访谈的第一个互动子话题"善于交际的克林顿"。在这里，主持人首先援引时任美国总统小布什对于受访嘉宾的评价切入话题："（克林顿）可以同时正视人们的眼睛，与他们握手，抱他们的宝宝和拍拍他们的狗。"受访嘉宾则应主持人的引导继续谈到了与美国前总统老布什打交道的经历："在 1992 与老布什同台竞选总统是个艰难的抉择，虽然自己个人很喜欢老布什，但对于他当时的国内政策其实是完全不认同的，因为那对美国不利。"虽然事后主持人也调侃道："你们其实还是远亲关系。"显而易见，这其实是美国政客惯用的一种委婉修辞手段，其言下之意仍旧是：其实我与他也只是泛泛之交罢了。

自 4 分 21 秒到 10 分 11 秒是本次访谈的第二个互动子话题"退而不休的生活经历"。在此处受访嘉宾着重介绍了出于各种原因，他在退休后仍然还要活跃于地球各处继续努力工作的经历。主持人则继续微笑

---

① 石海兵、刘继平：《天人合一与征服自然——中西自然观的比较》，《辽宁工程技术大学学报》（社会科学版）2000 年第 3 期。

② 参见胡超《高语境与低语境交际的文化渊源》，《宁波大学学报》（人文科学版）2009 年第 4 期。

着进行调侃："联合国秘书长的职位对您是否还有吸引力？虽然赫尔姆斯参议员一直认为您不适合担任这样的职务。"受访嘉宾则避过锋芒转而应答道："至少赫尔姆斯参议员他反复说过，在帮助改善联合国的管理方面，克林顿政府要比以前任何一届美国政府更为出色。"主持人根据所掌握克林顿在心脏搭桥手术完成不久后，又作为联合国特使在海啸地区开展工作的资料，进而又向受访嘉宾问及其日常恢复性训练内容，受访嘉宾克林顿则笑着回答："通过此次手术后，每天让我更加心怀感激，因为我差一点就犯心脏病，所以我更加享受每一天。"在杨澜提问是否已经付清先前拖欠的诉讼费用时，克林顿又不失幽默感地继续调侃道："我是一个非常老派的男人，所以我做的第一件事就是还债。"在问及此次在海啸灾区最大的感受是什么时，受访嘉宾的回答则是："多得可怕的死亡人数和人们重新面对生活的勇气。"值得一提的是，整个访谈互动现场突然响起舒缓的配乐，意在进行气氛烘托。

自 10 分 12 秒到 11 分 7 秒是本次访谈的第三个互动子话题"艾滋病防御工作的开展"。受访嘉宾在此处披露会准备利用旗下的基金会为中国、印度和整个加勒比海地区的艾滋病防御工作做一些力所能及的贡献。

从 11 分 8 秒到 12 分 19 秒是本次访谈的第四个互动子话题"克林顿全球论坛工作的开展"。在这里受访嘉宾再被问及该论坛的特色时，受访嘉宾则进一步回答："事实上没有一个论坛会明确告诉参加会议的人，在他们离开之后应该具体做些什么，这就是我需要解决的问题。"其实这种回应方式一般只会较为典型地出现在西方人士的具体回答之中，这同时也可看作西方政客所惯用的一种委婉修辞方式。究其实质而言，这种手段其实与英语语法的构建体系有着些许内在关联。此后，克林顿也还就其筹备论坛的具体形式、规模和召开时间进行了相关介绍，并且还不忘在其中继续自我调侃："我最大的长处就在于督促别人工作，这也是科菲·安南为什么会任命我当海啸救援特使的原因。"在紧张回答之余还能不忘自我调侃，这同时也是其受到美国自由主义文化熏陶的鲜明体现之一。

从 13 分 13 秒到 17 分 49 秒是本次访谈的第五个互动子话题"1998年弹劾风波回顾"。在被问到在阿肯色州小石城克林顿图书馆专门开辟一个专区存放相关历史文献是否是其本人主意时，受访嘉宾在大方承认的同时，也进一步希望人们能尽量客观地去评价已经发生的事情，因为"在过去七年来他们（新共和党人）一直想把我赶下台，弹劾只不过是这种矛盾积聚到高峰时期爆发的结果，因为我与他们有着不同的政见"。克林顿同时也谈到了支撑自己挺过来的信念主要是："首先是我母亲从小就教育我不要放弃，她的生活也很艰难。我们认为敌意是生活的一部分，就如同快乐。其次我知道我在为什么而战，我努力地寻找着我的理想，我觉得我们已经做到了，我不想一切颠倒过来。第三是很多人，包括那些和我交谈、写东西给我的人提醒了我发生的事只占据生活的一小部分。生活中很大一部分是你该如何面对所发生的事，人们无法通过施压把你摧毁，除非你允许他们这么做。换句话说，他们努力要改变我的想法、我的感受、我对自己和工作的看法，我只是把握住自己，不受它们干扰，因为我知道这背后意味着什么。"同时，他也坚称由于从小生活在一个暴力的家庭中，自己不习惯去跟别人探讨自己的隐私，无论是好事还是坏事，但自从与家人（妻子希拉里和女儿切尔西）沟通和知道自己遭受了一个政治迫害后，自己却反而释怀了。

自17分50秒到19分39秒是本次访谈的第六个互动子话题"白宫画像揭幕相关趣事"。在被问到看到自己的画像挂在白宫的感受时，受访嘉宾坦承自己倍感自豪，但同时又不忘自我打趣道："但是我不想感觉好像我已经死了。"他也不忘"抱怨"：当了总统后就没有了个人时间，而自己却是一个很喜欢有自我空间的人。

从19分40秒到20分9秒是本次访谈的第七个互动子话题"如何适应平民生活"。在被问到如何再度适应平民生活时，受访嘉宾还不忘调侃自己早年连任阿肯色州州长失败的经历："是最年轻的前任州长"。但还是坦承自己还是喜欢那份工作，而非那个地位。

自20分34秒到23分15秒是本次访谈的第八个互动子话题"全力支持妻子希拉里从政"。在被问到是否相信妻子希拉里在2008年能再度入主白宫时，受访嘉宾还是坚信一旦当选，希拉里必将会是一位好总统，自己将无条件支持妻子参加选举，并调侃"自结婚后，希拉里全力支持自己27年，自己也将在下一个27年里全力支持她"。在最后，受访嘉宾也罕见地公开表达了一个父亲对于女儿切尔西的美好祝愿。

此外，整个访谈中共有 5 个视频和多幅珍贵照片全程进行相关背景信息传递和佐证。

在整个视频资料中，我们发现主持人不仅有着较强的现场主持调控能力，而且同时她也还有着较为全面的西方文化知识，而这点又鲜明地体现在她的提问风格中，由此也方才能带给我们一场完美的视听盛宴。主持人也曾在《一问一世界》中展露过自己的心声：她觉得采访其实像是一次探险，是一种对人心的探险。做专访常常是交浅而言深，就像一个从未见面的人坐在你面前，短短的半个小时、一个小时的时间，你希望挖掘出一些更深层的东西，但人家凭什么要告诉你？这就好像你进入一个丛林，你只是大概知道一个方向，并不知道你中间会遇到什么河流，什么沟壑，是否会在山穷水尽之际突然柳暗花明，眼前开阔。但如果你一直能有一份好奇心，那么访谈就能变成一次有趣的旅行。① 值得一提的是，在本次访谈互动活动中，受访嘉宾也充分展现出西方成功人士惯有的幽默，不仅圆满完成了与主持人的默契配合，同时也淋漓尽致地展现出了自己的独特气质。

（二）高互动度访谈活动层面探索

我们在这里选取的语料是 2011 年 4 月 16 日李静在《非常静距离》中，对韩裔美籍歌星李玖哲进行专访的视频资料。

本视频长达 37 分 53 秒。本次访谈全程采用中文，虽然受访嘉宾的中文水平并不高。

从 3 分 29 秒到 7 分 52 秒是本次访谈的第一个互动子话题"首次触电自毁形象出演恶霸"。主持人首先从受访嘉宾的体重变化切入话题，引导李玖哲自己主动提及参与《花木兰》电影剧组拍摄的经历。当大屏幕播放出其搞怪剧照时，全场观众也不禁笑成一团。主持人也趁机调侃受访嘉宾："在拍摄时吃了好多沙子，是不是因为沙子好吃？"李玖哲还自我解嘲道："味道脆脆的，只是在回去的时候才发现全身上下都是沙子。"李静则趁机又充分搞怪，一边摆出各种洗澡姿势一边继续调侃："这个澡洗得蛮吃力。"继而在主持人"怂恿"和配合下，受访嘉宾又跟着配乐摆出各种搞怪的恶霸姿势，顿时笑翻了全场。

---

① 参见《一问一世界》第一章中"世有疑惑，必须发问"（6）一节。

　　自 7 分 53 秒到 9 分 6 秒是本次访谈的第二个互动子话题"表演过分夸张片场趣事连连"。当主持人李静问及具体拍戏感受时，受访嘉宾又现场重现当时在片场各种很"二"的夸张举动，也不禁引得现场观众大笑不止。

　　而从 9 分 19 秒到 10 分 59 秒则是本次访谈的第三个互动子话题"中文水平差总闹笑话"。在这里受访嘉宾自爆前几天在沈阳演唱会上，因为中文水平差曾闹出的不少笑话：一直以为"解脱"是"离开"的意思。

　　从 11 分到 12 分 21 秒是本次访谈的第四个互动子话题"小胖子绰号的来由"。在这里，受访嘉宾又再度掉入主持人所设的"陷阱"：将自己初到台湾时的第一个中文名字"小胖子"曝光于世。在被问及具体原因时，受访嘉宾竟然称当时自己根本不知道"小胖子"的真正含义，一直误以为是"肌肉男"之类的好名字，还经常拿出来炫耀，顿时自然又是笑翻全场。

　　自 12 分到 16 分 50 秒是本次访谈的第五个互动子话题"说成语趣事"。在此处受访嘉宾又应主持人要求，一连串说了诸如长长久久、健健康康、幸幸福福和快快乐乐等"成语"，在被质疑时还不忘"装可怜"道："不是四个字都是成语吗？"顿时又是笑翻全场。

　　在随后的环节中，主持人、受访嘉宾与现场观众又进行了《成语随堂考》互动小游戏，其间李玖哲对诸如"对牛弹琴"和"驴唇不对马嘴"等成语都有着些许自己独特的搞笑解释，这点弄得主持人和现场观众又真的很是"欲哭无泪"。

　　从 16 分 51 秒到 28 分 38 秒是本次访谈的第六个互动子话题"新专辑制作"。应主持人要求在配乐伴奏下，受访嘉宾现场演绎了新专辑中多首歌曲，同时也附带讲述了周杰伦为其写歌的经历。最后拗不过主持人的"怪异要求"，李玖哲又与现场观众和主持人一起进行了周杰伦模仿秀、现场街舞秀和李玖哲现场歌曲模仿秀，结果自然又是笑料百出。

　　从 28 分 59 秒到 33 分 38 秒是本次访谈的第七个互动子话题"从艺经历回顾"。受访嘉宾在此处一改先前的欢声笑语，深情回顾了自己早年在台湾从事歌唱事业时受到的诸多心酸挫折，使访谈氛围顿时有所变化。

自 33 分 39 秒到 36 分 31 秒是本次访谈的第八个互动子话题"为母亲开韩国餐厅"。受访嘉宾一改先前的欢声笑语，深情回顾了自己早年在贫民区与父母度过的时光，于是才决定为母亲开一家韩国餐厅，结果竟然让母亲感动落泪。

此处共有 7 个视频资料进行相关背景性信息佐证。

从这八个互动子话题实际开展过程中，我们能鲜明发现身为韩裔美籍的受访嘉宾，在中文运用上的确存在着不少问题，但主持人不愧是经验老到的娱乐访谈主持人，她非常善于挖掘其中蕴藏的潜在笑点，进而通过各种各样的互动小游戏将其淋漓尽致地呈现出来，并在轻松诙谐的互动氛围中，尽可能带给现场内外观众以最完美的视听体验。在挖掘笑点的同时，主持人在第七、八个互动子话题中，也对受访嘉宾早年艰辛从艺经历和对母亲爱意表露等细腻感情呈现细节进行了回顾，进而也使本次人物访谈节目不仅仅只流于表面的搞怪。

通过以上诸小节的探讨，我们能进一步明确电视传媒动静态复合双语境结合理论与互动访谈活动的后续深入推进的确有着千丝万缕的关联，进而也完全值得我们在具体研究过程中重点加以关注。

第六节　相关后续问题研讨

在这一章末尾，我们也尝试着再对诸如人物访谈类电视节目中互动主体双方具体角色分工等细节问题进行些许后续探讨，以求能够尽量丰富本书研究内容。

借鉴社会角色分配理论，我们知道实际生活中的"人"往往是多重社会角色的复合丛，譬如对于警察这个角色，就往往包含着三层意义，其一是社会对警察惩恶锄奸、维护社会公义的角色期望，其二是警察执法的相关行为，其三才是警察在社会中的身份和地位。众所周知，人总是生活在一张由特定社会关系所结成的网中，与此相适应，人在社会生活中对自己或他人，或多或少总有一些定位和权衡。王德春和陈晨对话语角色曾有过这样的定义："我们把在言语行为方面具有社会规范等特征的社会角色，叫作话语角色或言语行为角色。话语角色是建立在社会角色基础上的，是社会角色的一个方面，是社会角色在言语交际领域中的具体化。"①

　　为便于展开研究，我们在此处仅讨论主持人的角色扮演问题，这主要是因为在一般情况下，主持人往往可以看成整个人物访谈电视节目的灵魂，也正如应天常认为的那样："主持人是在大众传播活动的特定节目情境中，以真实的个人身份和交谈性语言行为，通过直接、平等的人际交流方式主导、推动并完成节目进程、体现节目意图的人。"②

　　而这点具体落实到人物访谈类电视节目中，就是主持人一角色其实包含着三重意义：其一是现场内外观众对主持人掌握现场实现信息或情感传播的角色期望，其二是主持人相关的主持行为，其三是主持人在演播厅访谈现场的身份和地位。以下我们分别就角色扮演的一些影响因素来进行分析。

　　（一）生理性差对角色扮演的影响

　　值得一提的是，我们在此处所涉及的生理性差，不仅仅包括生理性别层面上的男女有别，同时也包括生理年龄层面上的长幼有别。

　　首先就生理性别层面上来讲看，我们知道除了视觉，女性在触、听、嗅和味觉等方面都较男性敏感，例如女性擅长形象、情感和运动记忆，倾向于形象思维，而男性则在逻辑记忆方面强于女性，更倾向于抽象思维。在语言运用方面，女性吐字清晰、口齿伶俐、体态表情丰富，更注重感性词语的选择，而男性则更偏重于理性词语的选用，体态表情则略显平淡。且进一步细化到语音上，女性的平均音值更高于男性，在音调上女性也往往高于男性。而在具体语言运用过程中，女性更喜欢带有怀疑和期待性的升调，男性则多喜欢用表示肯定的降调。很多时候女性打断别人说话的次数少，方式也会较为婉约，男性打断别人说话的次数多一些，方式也更直白一些。此外，女性一般交际情况下综合使用诸如"吗、吧、嗯、呢、啊、哩"等语气词的频次也往往较男性高一些，当然具体问题还需具体分析，这种情况也并不是完全确定不变的③。

　　①　王德春、陈晨：《现代修辞学》，上海外语教育出版社 2001 年版，第 503 页。
　　②　应天常：《节目主持语用学》，北京广播学院出版社 2001 年版，第 54 页。
　　③　比如中国社会科学院研究院的陈曼 2010 年提交的硕士学位论文《电视访谈节目中语气词使用的性别差异》一文，就常用的诸如"吗、吧、呢、啊"等语气词进行了定量分析，得出的结论是女性主持人使用语气词的频率较男性主持人要高。

　　而在生理年龄层面上来看，较之老年人，年轻人更富有朝气，说话音调也会更高一些，身体体态语更丰富一些，说话语速更快一点，遣词造句上也往往更随性一点。关于这点，赵忠祥曾在其书中对与杨澜共同搭档主持《正大综艺》的三年岁月有过这样的回忆："在台上，我们一老一小，一个沉稳，一个热情；一个充满了洞察世态的沧桑感，一个因涉世未深而理想单纯。于是动与静，热与冷，快与稳，亢奋与凝重，好奇与练达，浪漫与现实，奔放与徐缓，探奇与思索，坦率与含蓄，形成了我们的角色格局。既有各自特色，又相辅相成统一。"①

　　如将这两个层面因素，再结合主持人自身的气质性格和学识修养综合起来考虑，情况往往就会变得更为复杂。但有一点完全可以确证生理性差对于主持人的角色扮演必将会或多或少产生一些影响，这主要是因为主持人具体主持方式的采用，往往会或多或少地受制于这些生理性差因素的综合作用。

　　（二）节目定位对角色扮演的影响

　　结合传播学知识，我们可以知道每一档人物访谈类电视节目都有着自己专属的策划团队和节目定位（一般来说，节目定位就是主持人及其团队对节目的思想内容、目标群体、发行流程和制作风格事先有所策划），同时由于电视节目定位本身往往是就特定观众群体而言的，所以在某种意义上，也往往可以看成现场内外观众对主持人所掌握现场实现信息或情感传播角色期望的一种具象体现，换而言之，即主持人需要做好现场内外观众信息或情感传播"代理人"的工作。但就实际情况呈现而言，要想一档人物访谈类电视节目在某一个有限的时间段内，满足不同学识修养、生活阅历、年龄和性别层级观众群的所有观看需求是绝对不可能，也没有必要的。

　　相比之下，目标群体的具体定位对主持人角色扮演的影响也显得最为重要，这是因为它往往直接涉及的是节目主持人要"主持给谁看"的关键性问题。这就好比办事要抓住事物的主要矛盾和矛盾的主要方面一样，只有定位明确，方能稳固特定受众的基础面，进而才能谋求扩大节目的市场份额。

---

　　① 赵忠祥：《岁月随想》，上海人民出版社1995年版，第73页。

比如由第一财经和著名国际财经传媒——CNBC 亚太联手打造、崔艳主持的名牌访谈节目《亚洲经营者》，在亚洲已具有很高的知名度。在节目中，主持人和亚太地区最具影响力的商界精英实时进行轻松而深入的交流，为的就是能够剖析出其独特经营策略、先进管理理念以及鲜为人知的成功秘诀。其受众往往定位的就是国内外中高层公司白领和公司决策者。

受此定位影响，主持人崔艳就需要安排节目中现场实际采访的记者采用多种语言（主要为纯英文方式）来进行访谈，然后再全程配置中文字幕以供观众参详。她自己则被定位为其间相关互动子话题的有效组织者和衔接者，进而使国内外职业经理人和公司决策者受众可以直观便捷地了解每个成功企业案例背后的故事。值得一提的是，《亚洲经营者》整个电视节目总是洋溢着强烈的精英主义意识，其所选择的互动子话题集群也往往呈现出较为理性深邃的独特意味。

（三）现场因素对角色扮演的影响

众所周知，电视节目其实是由人物、音响、画面和字幕等多种因素现场共同整合而成，又按照一定时空逻辑演进顺序进行组合排列的有机复合形式。谈到现场因素对主持人角色扮演的影响，其实也就相当于谈到了主持人在访谈现场实际身份和地位的设置问题。

在本书研究视域中，主持人一般而言总是起着本节目相关访谈互动子话题的预先策划者、临场调控者和组织衔接者"三者合一"的作用。值得一提的是，主持人一词在英语中和主人一词一样，也可翻译成"HOST"。言下之意即是，主持人就相当于整个人物访谈互动活动的主人，一方面指其需要起到的"三者合一"的作用，另一方面或许也指谈话氛围需要如同在家庭生活中亲友闲聊一样轻松愉快。

比如财经类人物访谈电视节目《波士堂》的当家主持人袁鸣就拥有着较为丰富的主持经历：1993 年她曾是内地第一家直播谈话类节目《东方直播室》的主持人，1994 年则参与《正大综艺》的主持，其能力融采、编、播于一体，以"清纯、大方、活跃和亲和"被广大观众所认可。而在《波士堂》的主持中，我们发现她不仅口齿清楚、表达准确，而且思维反应敏捷，具有良好的现场处置能力。

如在 2011 年 4 月 9 日和 16 日这两期《波士堂》节目中，她曾对海派清口表演家周立波和胡洁夫妇进行了专访。在当现场众观察员们与受访嘉宾一直围绕着周立波海派工作室规模化不足等互动子话题唇枪舌剑一段时间未果后，为防止访谈由此而陷入僵局，袁鸣立马机智地对互动子话题进行更迭，进而将提问焦点落实到周立波夫人胡洁身上。从小处开始着手，从妙处开始提问，从而也活跃了现场原本紧张的氛围，继而引发大家对于胡洁该如何称谓这个互动子话题的风趣讨论：是要被称作是胡老板、周夫人，还应该是被称为周胡洁？由此客观上也使下面访谈的活动能避开这个现场紧急状况，进而顺利营建出一个全新的"谈话场"①：既找到了实现整个访谈互动活动"顺利下楼的梯子"，同时还"几全齐美"地照顾了台上众多观察员和受访嘉宾的面子，这种临场处置能力真可谓是极为强悍！

所以说，主持人现场应变能力的强弱，在很多时候往往关乎整个电视访谈节目中的重要结点能否得到顺利过渡和衔接。主持人一两句巧言妙语的灵光闪现，往往就会盘活整个人物访谈节目，进而带来"山重水复疑无路，柳暗花明又一村"的境地，而主持人应变能力在很多时候，又往往可以具体落实到特定言语或行为策略的运用上。也正如吴郁认为的那样："主持人的话语策略具体表现为'四结合'的特点：'传媒机构的视野'、'专家的深度'、'主持人独特的角度'和'百姓乐于接受的方式'……"② 显然，这几部分其实又分别对应于语言内容、话语态度、话语关系和话语方式几方面。

对此问题再进行深入分析的话也诚如我们在前文中曾提到的那样：人物访谈类电视节目中典型访谈互动活动的开展，往往可以视作是一系列互动话题流的有机串联衔接，所以说为了实现整个局面优化和访谈互动活动顺利向前推进，自然也离不开主持人在节目录制或直播现场的灵活调配，这点也诚如吴洪林认为的那样："对于话题的分配、对于话点的切入、对于话语的转换、对于沟通的调动——主持人要有一个缜密的思维布局。"③

而就观众收视需求层面而言，现场内外观众在观看人物访谈电视节

---

① 借鉴自物理学，在此则指国内主流人物访谈类电视节目中互动活动发生相互作用的区域范围集合。

② 吴郁：《当代广播电视播音主持》（第二版），复旦大学出版社 2008 年版，第 117 页。

③ 吴洪林：《主持艺术》，上海三联书店 2007 年版，第 193 页。

目时，总是或多或少带有着各自的既定需求：或追求信息获取；或关注情感共鸣；或单纯好奇观看；抑或仅是享受视听娱乐等。而这些既定需求，往往又直接或间接地影响人物访谈电视节目实际收视率。但如若还要涉及访谈互动整体运营效果的实际考量，则往往还需要结合场内人员（包括主持人、受访嘉宾和现场观众等）进行更全面的要素综合分析。

　　其实在中国修辞学界，童山东和吴礼权在其合著的《阐释修辞论》一书中就曾给出过这样一种实践途径："针对语言表达的目的、对象、场合、方式，作为修辞效果的整体控制行为，其相对的基本类型大致有四个：定向、定势、定量、定体……'向'是语言表达中的题旨，也即义向和意向……'势'是位差，是交际双方之间的差异……'量'包括质量和数量，是由交际场合决定的信息内容的质的规定和数的多少……'体'是指由于交际时信息传输所用的载体，它为交际的方式所决定……"① 我们认为这四类基本类型总结是卓有创见的，因为修辞效果其实总是处处显现在整个修辞活动过程当中，而且还往往是一个随情境实时变化的参数变量。换而言之，效果反馈也是制约互动交际活动能否顺利开展的核心要素之一。

　　而就人物访谈类电视节目中访谈互动活动的具体开展情况来分析，我们发现互动效果的反馈更多地还是体现为：一系列互动子话题流是否有效串联。因为假如我们把一系列话题流的联结看成是一个焊接钢管的工作，那么效果的反馈就是那其中的实际检验：焊接到极致即"无缝焊接"，焊接得不好则会暴露出一些破绽。这就往往需要主持人或受访嘉宾共同去努力调控，使之归于正道，并尽量达于圆满，而在其中起着指挥作用的即是题旨情境。其实我们对于上述效果影响要素的分析，也恰恰印证了美国传播学大师拉斯韦尔在 1948 年提出的 5W 模式②，亦即 Who（谁）、Say What（说什么）、In What Channel（通过什么渠道）、To Whom（对谁）、With What Effects（取得什么效果）。

---

① 童山东、吴礼权：《阐释修辞论》，首都师范大学出版社 1998 年版，第 57—68 页。

② 参见张国良《现代大众传播学》，四川人民出版社 1998 年版，第 49 页。

结　　语

社会呼唤修辞学，修辞学也应在社会发展中寻求新的突破。

众所周知，自远古至现今，出于在日常生活中进行交流沟通的主观需要，华夏先民在传情达意时，一直都很重视相关言语表达与接受规律的总结。与此同时，社会也一直在向前发展，尤其到了 21 世纪，全新的电视网络传媒已为人类编织了一张无边大网，进而直接引发了人类沟通范式的大革命。

面对这样一种情况，有些人将其视作百年一遇的灾难，而有些人则将其视作千载难逢的机遇，我们便属于后者，因为完全有理由相信：通过研究，一方面既可继承传统修辞学研究的优良传统，另一方面也可实现对于现代修辞学研究领域的多维拓展。

值得一提的是，由于本选题比较新颖，又兼跨几个学科，相关领域可资参考的研究成果较为有限，加之"人物访谈互动活动"本身所具有的复杂性，都使本书的深入研究显得步履维艰。

面对这一现实，经过综合权衡，我们最终选取了这样一个研究思路：首先明确本书研究深入赖以维系的基本支撑点之一，亦即"电视传媒语境顺应"与"调控适配协调化"两大基本理论，并且对其内涵进行了详细阐释。然后，我们又进一步明确了本书研究深入赖以维系的另一个基本支撑点，亦即对于典型语料的全面分析，进而在两大基本理论统率下，我们既选择了从纵向层面进行掘进，也选择了从横向层面进行切入，甚至还综合采用多种科研方法对其进行个案专题分析。

但如前所述，"人物访谈互动活动"原本就是一个较为复杂的客观存在，若要在有限篇幅内对其进行面面俱到的研究，其艰巨性自然可想而知。因此，在综合考虑本选题研究目的和主要内容等因素基础上，同时也囿于篇幅和精力所限，本书着重选取了择要法来开展具体研究。

虽然这种"抓住主要矛盾、实施定点爆破"的论述方式是切实可行，也是极有必要的，而且与此同时，我们在撰写过程中也经常进行推敲反思，尽量避免因阐述论证失当会有所偏失，不过遗漏、抱憾之处自然仍是在所难免。首先，从所涉及具体内容来看，本书并未对凡是与"人物访谈互动活动"有关的内容都不遗余力地加以同等关注，而仅是精心选取了几处要点来进行综合探讨。其次，就具体研究对象来看，本书的基本出发点是将所有人物群体分别看作一个整体，亦即主持人归为一类，受访嘉宾则归为另一类，暂时排除透彻分析其内部的个体差异，着重关注他们在修辞学层面上的共性特征，目的是要对本选题作出整体性思考。所以，对于在两大分类中因个体差异而所呈现出来的丰富性和多样性，本书并未作详细研究，亦有待学者们的进一步探索。

而且我们在书稿撰写后期也发现：其实国外很多人物访谈电视节目也可为本选题研究提供有益借鉴。但最后限于篇幅，我们也未能如愿。遗憾之余，我们也只能静待时机，在日后加以完善。

此外，鉴于诸多结论已在前文中有所体现，故而在此从略。

最后，我们希望能有越来越多的学者今后会全力以赴地投身到本选题的后续研究中去，希望中国现代口语修辞学的研究能因此而更上一层台阶，当然也希望其他跨学科领域亦能由拙作的微薄努力进而有所拓展，那就更让我们感到欣慰了。在此，谨以孙中山先生的名言草草作结："革命尚未成功，同志仍需努力！"

参考文献

一 中文著作

1. 陈望道：《修辞学发凡》，上海教育出版社 1979 年版。
2. 陈望道：《陈望道学术著作五种》，复旦大学出版社 2005 年版。
3. 陈望道：《修辞学发凡》，复旦大学出版社 2010 年版。
4. 陈光磊、王俊衡：《中国修辞学通史》（先秦两汉魏晋南北朝卷），吉林教育出版社 1998 年版。
5. 陈汝东：《社会心理修辞学导论》，北京大学出版社 1999 年版。
6. 陈原：《社会语言学》，商务印书馆 2000 年版。
7. 崔永元：《不过如此》，华艺出版社 2001 年版。
8. 曹京渊：《言语交际中的语境研究》，山东文艺出版社 2008 年版。
9. 代树兰：《电视访谈话语研究》，中国社会科学出版社 2009 年版。
10. 冯友兰：《中国哲学简史》，赵复三译，天津社会科学院出版社 2005 年版。
11. 冯广艺：《汉语修辞论》，华中师范大学出版社 2000 年版。
12. 高名凯：《语言论》，商务印书馆 1995 年版。
13. 高歌东：《广播语言专题研究》，天津古籍出版社 2003 年版。
14. 胡曙中：《美国新修辞学研究》，上海外语教育出版社 1999 年版。
15. 黄庆萱：《修辞学》，台湾三民书局 1978 年版。
16. 何自然：《语用学与英语学》，上海外语教育出版社 1997 年版。
17. 胡裕树：《现代汉语》（重订本），上海教育出版社 1995 年版。
18. 贾启艾：《人际沟通》（第三版），东南大学出版社 2010 年版。

19. 贾玉新：《跨文化交际学》，上海外语教育出版社 1997 年版。

20. 李振纲：《中国古代哲学史论》，中国社会科学出版社 2004 年版。

21. 李嘉耀、李熙宗：《实用语法修辞教程》，复旦大学出版社 1996 年版。

22. 李军：《话语修辞理论与实践》，上海外语教育出版社 2008 年版。

23. 李佐丰：《广播电视语言》，北京广播学院出版社 1998 年版。

24. 刘虹：《会话结构分析》，北京大学出版社 2004 年版。

25. 刘焕辉主编：《言语交际学基本原理》，江西教育出版社 1997 年版。

26. 刘学义：《话语权转移》，中国传媒大学出版社 2008 年版。

27. 林兴仁：《实用广播语体学》，广播电视出版社 1989 年版。

28. 黎运汉主编：《现代汉语语体修辞学》，广西教育出版社 1989 年版。

29. 吕叔湘：《现代汉语八百词》，商务印书馆 1980 年版。

30. 申小龙：《汉语与中国文化》（修订本），复旦大学出版社 2008 年版。

31. 申小龙：《语言学纲要》，复旦大学出版社 2003 年版。

32. 邵敬敏：《现代汉语通论》（第二版），上海教育出版社 2007 年版。

33. 邵敬敏：《现代汉语疑问句研究》，华东师范大学出版社 1996 年版。

34. 孙汝建：《修辞的社会心理分析》，上海外语教育出版社 2006 年版。

35. 史可扬：《电视栏目和频道辨析》，中山大学出版社 2007 年版。

36. 沈谦：《修辞学·自序》（上册），"国立"空中大学出版社 1991 年版。

37. 谭学纯、朱玲：《广义修辞学》，安徽教育出版社 2001 年版。

38. 谭学纯、唐跃、朱玲：《接受修辞学》，上海教育出版社 1992 年版。

39. 童山东、吴礼权：《阐释修辞论》，首都师范大学出版社 1998 年版。

40. 吴礼权：《语言策略秀》，上海文化出版社 2008 年版。

41. 吴礼权：《修辞心理学》，云南人民出版社 2002 年版。

42. 吴礼权：《现代汉语修辞学》，复旦大学出版社 2006 年版。

43. 吴礼权：《现代汉语修辞学》（修订版），复旦大学出版社 2012 年版。

44. 吴郁：《主持人的语言艺术》，北京广播学院出版社 1999 年版。

45. 吴郁：《当代广播电视播音主持》（第二版），复旦大学出版社 2008

年版。

46. 吴郁：《主持人语言表达技巧》，中国广播电视出版社 2002 年版。

47. 吴士文：《修辞格论析》，上海教育出版社 1986 年版。

48. 吴洪林：《主持艺术》，上海三联书店 2007 年版。

49. 温科学：《20 世纪西方修辞学理论研究》，中国社会科学出版社 2006 年版。

50. 王德春主编：《修辞学词典》，浙江教育出版社 1987 年版。

51. 王德春、陈晨：《现代修辞学》，上海外语教育出版社 2001 年版。

52. 王希杰：《汉语修辞学》（修订本），商务印书馆 2004 年版。

53. 王建华、周明强、盛爱萍：《现代汉语语境研究》，浙江大学出版社 2002 年版。

54. 王苹：《汉语修辞与文化》，浙江大学出版社 2007 年版。

55. 王群、曹可凡：《广播电视主持艺术》，上海外语教育出版社 2006 年版。

56. 熊学亮：《认知语用学概论》，上海外语教育出版社 1999 年版。

57. 邢福义：《现代汉语》，高等教育出版社 1991 年版。

58. 肖沛雄：《节目主持人语言传播艺术》，暨南大学出版社 2009 年版。

59. 夏中华：《口语修辞学》，远距离教育出版社 1993 年版。

60. 徐树华：《播音主持语言策略》，中国经济出版社 2004 年版。

61. 应天常：《节目主持语用学》，北京广播学院出版社 2001 年版。

62. 杨澜：《杨澜访谈》，中国城市出版社 2006 年版。

63. 游汝杰、邹嘉彦：《社会语言学教程》，复旦大学出版社 2004 年版。

64. 袁晖、李熙宗主编：《汉语语体概论》，商务印书馆 2005 年版。

65. 宗廷虎、李金苓：《汉语修辞学史纲》，吉林教育出版社 1989 年版。

66. 宗廷虎、陈光磊主编：《中国修辞史》，吉林教育出版社 2007 年版。

67. 宗廷虎、李金苓：《修辞史与修辞学史阐释》，山东文艺出版社 2008 年版。

68. 宗廷虎、邓明以、李熙宗、李金苓：《修辞新论》，上海教育出版社 1988 年版。

69. 宗守云：《修辞学的多视觉研究》，中国社会科学出版社 2005 年版。

70. 张宗正：《理论修辞学——宏观视野下的大修辞》，中国社会科学出版社 2004 年版。

71. 张春兴：《现代心理学》，上海人民出版社 1994 年版。

72. 张春兴：《现代心理学——现代人研究自身问题的科学》（第二版），上海人民出版社 2005 年版。

73. 张岱年、方克立：《中国文化概论》（修订版），北京师范大学出版社 2004 年版。

74. 张国良：《现代大众传播学》，四川人民出版社 1998 年版。

75. 郑荣馨：《语言交际艺术——修辞策略探索》，山西人民出版社 2007 年版。

76. 郑远汉：《修辞风格研究》，商务印书馆 2004 年版。

77. 赵忠祥著：《岁月随想》，上海人民出版社 1995 年版。

78. 赵艳芳：《认知语言学概论》，上海外语教育出版社 2000 年版。

79. 赵林森：《口语修辞》，河南大学出版社 2010 年版。

80. 朱宝荣：《心理哲学》，复旦大学出版社 2005 年版。

二 中文期刊论文

1. 陈佳璇、崔蓬克、胡范铸：《言者身份与修辞力量：国家形象修辞分析中的一个问题》，《当代修辞学》2011 年第 2 期。

2. 陈炯：《关于中国文化修辞学的几点构想》，《江南学院学报》2000 年第 1 期。

3. 陈鹤：《关联理论与话语误解的避免》，《吉林省教育学院学报》2009 年第 6 期。

4. 陈昶：《甲骨文修辞现象浅析》，《辽宁师专学报》（社会科学版）2009 年第 6 期。

5. 陈汝东：《论修辞研究的传播学视角》，《湖北师范学院学报》（哲学社会科学版）2004 年第 2 期。

6. 曹德和：《汉语文化修辞学论略》（上），《江苏教育学院学报》（社会科学版）1997 年第 1 期。

7. 段曹林、冯广艺：《对修辞心理学研究的几点思考——兼评吴礼权的〈修辞心理学〉》，《湖北师范学院学报》2003 年第 3 期。

8. 高万云、鹿晓燕：《关于修辞学理论与方法的再思考》，《福建师范大学学报》（哲学社会科学版）2007 年第 6 期。

9. 高万云：《中国修辞学的现状和出路》，《首都师范大学学报》（社会科学版）2004 年第 3 期。

10. 高万云：《浅谈修辞策略》，《修辞学习》2001 年第 5 期。

11. 高万云：《中国礼文化与汉语修辞学》，《修辞学习》1997 年第 4 期。

12. 高万云：《中国实用精神与汉语修辞学》，《修辞学习》1998 年第 5 期。

13. 胡范铸：《汉语修辞学与语用学整合的需要、困难与途径》，《福建师范大学学报》（哲学社会科学版）2004 年第 6 期。

14. 胡范铸：《"修辞"是什么？"修辞学"是什么？》，《修辞学习》2002 年第 2 期。

15. 胡习之：《论修辞效果及其评价》，《福建师范大学学报》（哲学社会科学版）2010 年第 4 期。

16. 胡超：《高语境与低语境交际的文化渊源》，《宁波大学学报》（人文科学版）2009 年第 4 期。

17. 韩明莲：《从"文本分析"到"理解媒介"——麦克卢汉媒介理论的发展》，《东岳论丛》2010 年第 11 期。

18. 刘大为：《语体是言语行为的类型》，《修辞学习》1994 年第 3 期。

19. 李军：《互动修辞理论——交际修辞观的建构》，《福建师范大学学报》（哲学社会科学版）2009 年第 2 期。

20. 李济中：《修辞学园地中一朵夺目的奇葩——评吴礼权〈中国修辞哲学史〉》，《修辞学习》1996 年第 2 期。

21. 凌婷：《中西话语修辞的比照与思考——读刘亚猛先生〈追求象征的力量：关于西方修辞学的思考〉》，《福建广播电视大学学报》2008 年第 2 期。

22. 马会梅：《现代社会与人的心理健康》，《教育探索》2005 年第 6 期。

23. 孙汉军：《修辞的运作原则和美学理念》，《解放军外国语学院学报》2010 年第 4 期。

24. 盛永生：《电视谈话节目的话回类别与功用》，《修辞学习》2005 年第 2 期。

25. 石海兵、刘继平：《天人合一与征服自然——中西自然观的比较》，《辽宁工程技术大学学报》（社会科学版）2000 年第 3 期。

26. 谭学纯：《中国修辞学研究转型论纲序》，《江汉大学学报》2008 年第 5 期。

27. 温科学：《当代西方修辞学理论的发展与创新》，《福建师范大学学报》（哲学社会科学版）2003 年第 6 期。

28. 王丽群、白解红：《语境移位的定义及其分类》，《南华大学学报》（社会科学版）2008 年第 6 期。

29. 王希杰：《当前的汉语修辞研究浅谈》，《毕节学院学报》2010 年第 1 期。

30. 王希杰：《论语言的环境》，《广西大学学报》（哲学社会科学版）1996 年第 1 期。

31. 王希杰：《当前的汉语修辞研究浅谈》，《毕节学院学报》2010 年第 1 期。

32. 王齐洲：《"修辞立其诚"本义探微》，《文史哲》2009 年第 6 期。

33. 吴礼权：《中国修辞哲学论略》，《云南师范大学学报》1997 年第 4 期。

34. 吴礼权：《修辞主体论》，《锦州师范学院学报》1999 年第 2 期。

35. 吴平：《汉语会话中的反馈信号》，《当代语言学》2001 年第 2 期。

36. 于全有：《文化修辞学的学科构建及其理论体系》，《沈阳师范学院学报》（社会科学版）2000 年第 5 期。

37. 俞毅成：《浅论肯尼斯·伯克的现代修辞哲学》，《青海师范大学学报》（哲学社会科学版）2010 年第 3 期。

38. 钟宇驰、王希杰：《中国当代修辞学的现状和未来》，《扬州大学学报》（人文社会科学版）2008 年第 6 期。

39. 祝敏青：《话语互动与语境》，《语言文字应用》2000 年第 3 期。

40. 朱玲、唐正华：《〈周易〉修辞理论和修辞方法的发生学意义》，《修辞学习》2009 年第 3 期。

41. 朱晓亚：《现代汉语问答的机构模式系统研究》，《汉语学习》1996 年第 2 期。

42. 赵胤伶、曾绪：《高语境文化与低语境文化中的交际差异比较》，《西南科技大学学报》（哲学社会科学版）2009 年第 2 期。

43. 张炼强：《"修辞学是边缘学科"的界定及其应用——兼评邹立志〈语言论稿〉》，《当代修辞学》2010 年第 5 期。

44. 宗廷虎：《论百年来与时俱进的汉语修辞学研究方法》，《福建师范大学学报》（哲学社会科学版）2003 年第 6 期。

45. 郑远汉：《漫谈修辞研究的兴衰与前景》，《修辞学习》1999 年第 1 期。

46. 张汝伦：《〈存在与时间〉为什么重要?》，《中国人民大学学报》2010 年第 2 期。

47. 张汝伦：《哈贝马斯交往行动理论批判》，《江苏行政学院学报》2008 年第 6 期。

48. 张会森：《从语体到言语体裁》，《修辞学习》2007 年第 5 期。

三　中文学术论文集

1. 陈光磊：《修辞论稿》，北京语言大学出版社 2001 年版。

2. 西槙光正编：《语境研究论文集》，北京语言学院出版社 1992 年版。

3. 郑奠、谭全基编：《古汉语修辞学资料汇编》，商务印书馆 1980 年版。

4. 陈望道：《陈望道修辞论集》，安徽教育出版社 1985 年版。

5. 蒋孔阳：《蒋孔阳全集》第三卷，安徽教育出版社 1999 年版。

四　中文译著

1. ［美］爱德华·霍尔：《无声的语言》，刘建荣译，上海人民出版社 1991 年版。

2. ［美］大卫·宁等：《当代西方修辞学：批评模式与方法》，常昌富、顾宝桐译，中国社会科学出版社 1998 年版。

3. ［美］爱德华·萨丕尔：《语言论——言语研究导论》，陆卓元译，商务印书馆 1985 年版。

4. ［美］布龙菲尔德：《语言论》，袁家骅、赵世开、甘世福译，商务印书馆 1980 年版。

5. ［德］弗里德里希·恩格斯：《自然辩证法》，人民出版社 1971 年版。

6. ［日］黑田鹏信：《艺术概论》，丰子恺译，开明书店 1948 年版。

7. ［德］卡西尔：《人论》，甘阳译，上海译文出版社 1985 年版。

8. ［美］罗伯特·博尔顿：《交互式听说训练（5 大技巧克服人际交流的 12 种障碍)》，新华出版社 2004 年版。

9. ［加拿大］麦克卢汉：《理解媒介》，何道宽译，商务印书馆 2001 年版。

10. ［美］诺伯特·维纳：《维纳著作选》，钟韧译，上海译文出版社 1978 年版。

11. ［德］威廉·冯·洪堡特：《论人类语言结构的差异及其对人类精神发展的影响》，姚小平译，商务印书馆 1999 年版。

12. ［德］乌尔里希·贝克：《风险社会》，何博闻译，译林出版社 2004 年版。

13. ［古希腊］亚里士多德：《修辞学》，罗念生译，三联书店 1991 年版。

14. ［美］亚拉伯罕·马斯洛：《洞察未来》，许金声译，改革出版社 1998 年版。

15. ［美］亚拉伯罕·马斯洛：《存在心理学探索》，李文恬译，云南人民出版社 1988 年版。

五 学位论文

1. 陈曼：《电视访谈节目中语气词使用的性别差异》，硕士学位论文，中国社会科学院，2010 年。

2. 袁影：《修辞批评新模式构建研究》，博士学位论文，上海外国语大学，2008 年。

3. 崔智英：《电视访谈的语体特征研究》，博士学位论文，复旦大学，2011 年。

4. 李佳音：《中国电视节目主持人口语修辞建构研究》，硕士学位论文，长春理工大学，2012 年。

六 外文文献

1. Sacks, Schegloff, Jeffersonl. A simplest systematics for the organization of turn – talking for conversation ［J］. Language, 1974, （50）.

2. Burk Kenneth. *A Rhetoric of Motives* ［M］. Berkeley: University of California Press, 1969.

3. Hutchby & Wooffitt. *Conversation Analysis: Principles, Practices, and Application* ［M］. Cambridge: Polity Press, 1999.

4. Horace Newcomb. *Encyclopedia of TV* ［M］. Rutledge: Rutledge Press, 1997.

致　　谢

光阴似箭，岁月如梭，三载春秋，犹如白驹过隙，转瞬即逝。蓦然回首，我似乎还刚在那个秋高气爽的九月踏进复旦的校门，转眼却已是毕业四年有余。

博士学位论文着重体现着我研究生学业的综合成果，所以在完成养家糊口工作的寻找后，我就立即返校继续毕业论文的最后删改工作，力求尽自己最大努力使拙作能有所承载。

从论文的开题到顺利完成，得到了师长和同窗们的鼎力相助，在此谨致以最诚挚的谢意！首先要感谢我的导师吴礼权教授，从论文选题、构思、撰写、修改到最后的定稿，都是在吴老师的悉心指导下完成的。

接下来，我也将敬意深深地献给著名修辞学史大家宗廷虎、李金苓教授。就像李老师经常说的那样："老师既是良师，亦是益友。"两位先生对我这个不成材的徒孙也操尽了心，不仅在生活上勉励我要作息有规律，而且更在学业上对我进行手把手、不厌其烦的教诲，我已经记不清两位先生给我打了多少次电话，写了多少份邮件。千言万语，唯有再次感激！谨愿两位高风亮节、和蔼可亲的先生康健长寿！

也深深地感激我的硕士生导师高万云教授，先生不仅教导我做人的道理，而且还三番四次熬夜给我找资料，提供建议，其情难没，其恩难忘。

也感谢复旦大学数学系的老教授华宣积先生，历史系的副教授姜鹏先生，两位先生是我的同乡，在我求学这三年里，也给予我很多的帮助，有些跨学科的思维火花的产生还得益于两位先生的点拨。

感谢我们2010级博士研究生班这个和谐快乐的大集体，与大家共同走过的这段时光将会是我一生美好的回忆。从浙江宁波来到上海这个陌生的大城市，是你们和我共同努力维系着那份家的融洽和温馨，无数个朝夕相处的点滴愉悦都将永是别后我们心灵深处的珍藏，祝愿我们能以感恩奋斗的心在未来的日子里继续努力实现自己执着追求的梦想。

再将感激奉给我的父母，也将感谢传给我的夫人俞子涵、女儿俞文瑾，同时也将感谢传给我的好兄弟薛东武、袁银锋、屠绍利、张爱杰、杨文波、刘敬华、王琦赟、赵秀品等先生，是你们对我的关心和照顾，是你们对我无微不至的关怀和望子成龙的期盼带给我前行的动力。而在疲劳之时，家则是永远最温馨的港湾。

感谢中国社会科学出版社的宫京蕾等编校老师，没有你们的辛勤付出也就没有本书的最终付梓刊印。

感谢我的母校复旦大学。能够在上海这个美丽的城市度过人生中最美好的三年青春岁月，是我一生难得的缘分和幸福。幽长宁谧的林荫道、宏伟庄严的光华楼、古朴典雅的教学楼，还有小树林里那可爱的小鸟们……

一切都将伴随着别离钟声的响起，渐行渐远，但我们不会长久地难过，这只是短暂的别离，因为我们承诺十年，或者是五年之后再相聚在这美丽的校园，相聚在老师的身旁，相聚在修辞学泰斗陈望道先生雕像身边！

届时我们再一起畅谈人生，感悟生活，继续着我们曾经，并将一直传承下去的意气风发！

最后，感谢我们那些在复旦大学度过的每一个快乐的日子，感谢校园里所有我认识或不认识的同学，来过的和走了的朋友，同时也愿你们珍惜现在，努力奋斗未来！

炜利谨志

2017 年早春